教师家庭教育指导培训指南

杭州市教育学会　杭州市教育局家长学校总校　编

北京理工大学出版社
BEIJING INSTITUTE OF TECHNOLOGY PRESS

内容提要

本书根据《中华人民共和国家庭教育促进法》、杭州市《教师家庭教育指导能力评定规范》等文件、政策的要求，从"认知与诊断""沟通与干预""策划与组织""研究与发展"等四个方面为中小学教师开展家庭教育指导提供培训指南。本书分六章，绪论部分主要论述了杭州市学校家庭教育指导研究与发展历程；第二章界定了"家庭教育指导"的理解；第三章至第五章面向全体教师、班主任、培训者分别提供了培训主题；第六章主要论述了家庭教育指导培训的组织管理、评价等内容。

本书适用于中小学教师、班主任、培训者以及家长。

版权专有　侵权必究

图书在版编目（CIP）数据

教师家庭教育指导培训指南 / 杭州市教育学会，杭州市教育局家长学校总校编. -- 北京：北京理工大学出版社，2024.8.
ISBN 978-7-5763-4442-4

Ⅰ.G782-62

中国国家版本馆CIP数据核字第202404G2F1号

责任编辑：李　薇		**文案编辑**：李　薇	
责任校对：周瑞红		**责任印制**：王美丽	

出版发行 / 北京理工大学出版社有限责任公司

社　　址 / 北京市丰台区四合庄路6号

邮　　编 / 100070

电　　话 /（010）68914026（教材售后服务热线）

　　　　　　（010）68944437（课件资源服务热线）

网　　址 / http：//www.bitpress.com.cn

版 印 次 / 2024年8月第1版第1次印刷

印　　刷 / 河北鑫彩博图印刷有限公司

开　　本 / 787 mm × 1092 mm　1/16

印　　张 / 16.5

字　　数 / 360千字

定　　价 / 50.00元

图书出现印装质量问题，请拨打售后服务热线，负责调换

编 委 会

顾　　问：边玉芳
主　　编：金卫国
执行主编：王红娟
编写成员（排列不分先后）：
　　　　　　陈　燕　韩志凤　赵纪华
　　　　　　徐杭君　徐大有　方丽兰
　　　　　　周李萍　边玉臣　牛　娟
　　　　　　刘颖红　陈剑琦　杨明菲
　　　　　　王红娟　金卫国

PREFACE 序

  学校教育、家庭教育与社会教育三者构成了每个个体一生发展所需教育的全部，这三种教育特点和方式都不尽相同，它们各司其职又互相补充，为每个人一生的发展提供重要条件。随着社会迅速发展，家庭结构逐渐多样化，家庭问题频出，家庭教育的重要性日益凸显。2021年10月23日，第十三届全国人民代表大会常务委员会第三十一次会议表决通过了《中华人民共和国家庭教育促进法》（以下简称《家庭教育促进法》），而且于2022年1月1日正式施行。这是我国首部家庭教育立法，是大力弘扬中华民族家庭美德的法治体现，也是促进未成年人健康成长和全面发展的法治保障，它既要求每个家长要尽到家庭教育的主体责任，又要求全社会为家长赋能，提升家长的家庭教育能力，其中学校和教师作为家长身边最近、最专业的教育机构和专业人员，是家长家庭教育能力提升的基础，也是职责。《家庭教育促进法》第三十九条提出，中小学校、幼儿园应当将家庭教育指导服务纳入工作计划，作为教师业务培训的内容，这表明家庭教育指导已经成为教师业务工作的重要组成部分。为贯彻落实习近平总书记关于家庭教育的重要讲话精神，加快推进《家庭教育促进法》《浙江省家庭教育促进条例》等政策法规的实施，有效提升学校教师的家庭教育指导能力，助力家长履行家庭教育主体责任，杭州市教育科学研究院与浙江省产品与工程标准化协会联合制定了杭州市《教师家庭教育指导能力评定规范》（T/ZS 0292—2022）（以下简称《规范》），并于2022年8月22日在全国团体标准信息平台正式发布。该《规范》制定了教师家庭教育指导能力等级与评定规范，为杭州市的家庭教育指导工作奠定了重要基础。

  为切实推进杭州市《规范》的具体实施，杭州市教育局家长学校总校联合杭州市教育科学研究院、杭州市教育学会组织专业团队，历时一年，编写出《教师家庭教育指导培训指南》，旨在帮助教师更好地理解和掌握家庭教育指导的理论和实践、促进教师家庭教育指导培训有效开展，全面提升杭州市教师家庭教育指导能力。本书以专业化、系统化、实用化为原则，结合国内外家庭教育研究和实践经验，为开展家庭教育指导能力培训提供了一份全面而实用的培训教材。

教师是开展家庭教育指导的重要角色，在家庭教育多元化的今天，教师需要具备更加全面和专业的能力。2023年1月，教育部等十三部门联合发布《关于健全学校家庭社会协同育人机制的意见》，同时，随着我国教育强国的建设，教师家庭教育指导能力的提升成为每个教师的必修课。我们相信，《教师家庭教育指导培训指南》的面世，将为投身家庭教育的教师提供一份重要的学习工具，希望教师们通过学习和实践，不断提升自身的家庭教育指导能力，为学生和家庭的健康成长贡献自己的力量，为家庭教育事业的发展做出有力的贡献！

CONTENTS 目录

第一章 绪 论 ·· 001
  第一节 家庭教育指导成为新时代教师的重要职责 ······················· 001
  第二节 杭州市学校家庭教育指导的发展轨迹 ······························ 003
  第三节 全面提升教师家庭教育指导能力面临的挑战 ···················· 006

第二章 家庭教育指导 ·· 009
  第一节 理性认识 ·· 009
  第二节 家庭教育指导的培训形式 ··· 012
  第三节 家庭教育指导的能力结构 ··· 018

第三章 初级水平：基于全体教师的培训主题 ······························ 025
  主题1 教师在家庭教育中的定位与职责 ···································· 025
  主题2 家庭教育的目标、内容与教养方式 ································· 029
  主题3 成长型思维与家庭教育 ·· 035
  主题4 儿童身心发展特点与养育要点 ······································· 042
  主题5 家庭教育常见问题与应对 ··· 049
  主题6 亲师沟通的角色与需求 ·· 054
  主题7 亲子沟通方法与技巧指导 ··· 058
  主题8 家访的形式与方法 ·· 063

第四章 中级水平：基于班主任的培训主题 ·································· 070
  主题1 家长会的策划与组织 ··· 070
  主题2 班级家委会的功能与运作 ··· 074
  主题3 家校突发事件的应对 ··· 080
  主题4 特殊学生的识别与支持 ·· 084
  主题5 特需家庭的识别与指导 ·· 090
  主题6 指导家长做好孩子的手机管理 ······································· 094
  主题7 指导家长做好孩子的睡眠管理 ······································· 099
  主题8 指导家长做好孩子的作业管理 ······································· 103

主题9　指导家长做好孩子的体质管理 ································ 108
　　主题10　指导家长做好孩子的读物管理 ······························· 113
　　主题11　预防孩子厌学方法与技巧指导 ······························· 117
　　主题12　指导家长建立良好亲子关系 ·································· 123
　　主题13　"正面管教"与家庭教育指导 ································ 128
　　主题14　指导家长做好孩子的压力管理 ······························· 133
　　主题15　亲子活动的策划与指导 ·· 138
　　主题16　建设儿童友好家庭 ··· 142

第五章　高级水平：基于培训者的培训主题 ································ 147
　　主题1　新时代家庭教育指导的使命与作为 ·························· 147
　　主题2　家庭教育指导的比较与启示 ·································· 152
　　主题3　家校社协同育人机制建设 ···································· 157
　　主题4　家长学校的建设与管理 ······································· 161
　　主题5　"家长开放日"策划与组织 ·································· 168
　　主题6　学校家委会的组建与运行 ···································· 176
　　主题7　家长志愿者队伍的组建与运行 ······························· 181
　　主题8　家庭教育指导工作坊的策划与组织 ·························· 186
　　主题9　"家庭教育指导培训"策划与组织 ·························· 192
　　主题10　家庭教育案例督导与行动指导 ······························· 197
　　主题11　积极心理学与家庭教育指导 ·································· 204
　　主题12　焦点解决与家庭教育指导 ······································ 210
　　主题13　新媒体与家庭教育指导 ·· 214
　　主题14　家庭教育指导的危机管理 ······································ 222
　　主题15　家庭教育指导的研究方法 ······································ 227
　　主题16　家庭教育指导研究成果的提炼 ································ 233

第六章　管　理 ·· 239
　　第一节　等级认定 ·· 239
　　第二节　证书备案 ·· 241
　　第三节　政策保障 ·· 246

后　记 ··· 251

参考文献 ·· 253

第一章 绪 论

家庭教育关乎每个个体的成长，也关乎国民素质的发展，是教育体系的重要组成部分，历来受到党和政府的高度重视。2015 年，习近平总书记在春节团拜会上强调："家庭是社会的基本细胞，是人生的第一所学校。不论时代发生多大变化，不论生活格局发生多大变化，我们都要重视家庭建设，注重家庭、注重家教、注重家风。"2022 年 1 月，《家庭教育促进法》正式施行，意味着家庭教育从传统的"家事"成为重要的"国事"，"学校、家庭和社会协同育人"的理念逐渐深入人心，家长主体、国家支持、社会协同的家庭赋能体系全面建构。

学校作为从事教育的专门机构，对在校学生的家长进行家庭教育指导方面有着不可替代的优势和无可推卸的责任，是推进家庭教育指导工作的重要组成部分。尤其是随着近几年家庭教育新政迭出，家庭教育指导已经成为学校的重要职责，家庭教育指导能力也成为新时代教师的必备素养。

第一节 家庭教育指导成为新时代教师的重要职责

我国已进入一个高速发展的时期，各个领域的成效与问题也交互出现，教育领域也不例外，虽然涌现了大量高学历、高素质人才，但各类与道德品行、心理健康相关的问题也日益凸显，种种令人痛心的现象频出，令人不得不重新审视我们的教育。

2018 年，习近平总书记在全国教育大会上指出，办好教育事业，家庭、学校、政府、社会都有责任。家庭是人生的第一所学校，家长是孩子的第一任老师，要给孩子讲好"人生第一课"，帮助孩子扣好人生第一粒扣子。教育、妇联等部门要统筹协调社会资源支持服务家庭教育。这是国家首次将教育部门放在了"统筹协调社会资源支持服务家庭教育"的首位，意味着教育部门服务家庭教育有了新责任、新要求。新的时代要求和复杂的育人环境，都需要教师认同并承担起家庭教育指导的重要职责。

一、家庭教育对孩子成长起着重要作用

说到教育，很多人认为对孩子成长最重要的肯定是学校教育。其实不然，儿童从家庭

中来，最终要走向家庭，因而作为伴随人生发展的终身性教育——家庭教育，对孩子的健康成长起着举足轻重的作用。有数据表明，孩子的成长受三大教育环境影响，分别是学校教育、社会教育、家庭教育，其中学校教育占比25%，社会教育占比11%，家庭教育占比64%。由此可见，家庭教育才是重中之重。很多研究和实践也表明，青少年要获得良好的发展，有两个条件会发挥重要的作用：一是有利的环境；二是积极的性格特征。而这两个条件都与家庭因素密切相关，那些发展较好的青少年，背后往往都有家人的高度支持和爱，往往会有父母高质量的陪伴和培养。而我国在长期实践中总结出的"三岁看大，七岁看老"，也早已说明早期教育对孩子成长的重要影响，而这种早期教育基本上是以家庭为主。

俗语说："龙生龙凤生凤，老鼠的儿子会打洞。"说的就是家长的影响力。家长是孩子的第一任老师，也是影响孩子的重要因素，苏霍姆林斯基说："每个瞬间，你看到孩子，也就看到了自己；你教育孩子，也就是教育自己，并检验自己的人格。"每个父母都是孩子的一面镜子，父母的以身示范便是教育孩子的最好途径。新东方总裁俞敏洪在演讲时多次提及父母对他的影响力，尤其是他父亲的豁达和母亲的善良滋养了他的良好品格，也是他日后取得成就的关键因素相反，一些不恰当的家庭教育，就会对孩子产生负面影响。目前中小学生普遍面临的心理健康，主要还是与家庭教育有关。

二、家长实施家庭教育亟须教师的指导和赋能

家庭教育对孩子成长有着不可替代的作用，只有父母树立正确的教育理念，实施科学的教养方法，才能真正促进孩子健康发展，为其幸福成长提供滋养。然而现实情况是，家长在实施家庭教育过程中存在诸多问题。

首先，很多家长对自身的教育责任认识不足。据2018年全国家庭教育状况调查显示，七成以上家长认为教育孩子主要是学校和老师的责任，六成左右家长参与沟通的积极性不高。近些年，随着党和国家对家庭教育的重视度越来越高，家长重视家庭教育的程度已在不断提升，但完全依靠学校教育的观念还是为很多家长所持有。其次，受各种因素影响，家长实施家庭教育的能力堪忧。因为父母开展家庭教育，不像其他工作需要持证上岗，更没有接受过相关的专业培训，大多依靠长辈教育自己的经验，这些经验多有落后、不科学之处，因此缺乏科学的育儿方法，亟须指导和赋能。有些家长虽有较强的家庭教育意识，但重智轻德、重知识轻能力等功利化意识也较强，家庭教育功能呈窄化趋势，"鸡娃""虎妈""内卷"等现象的背后，都折射出家庭教育学校化的倾向与家长严重的育儿焦虑。

种种问题表明，家长实施家庭教育亟须专业力量的指导和赋能。谁能担此重任呢？无论从教育优势来看，还是从家长意愿来看，教师都是最佳人选。因为教师是家长在教育方面最信任的人，更容易让家长接受其指导和建议。另外，教师也是除家长之外最了解学生的人，能更有针对性地指导家长；教师积累的教育经验，也会让家庭教育指导更加科学、更加有效。

三、教育新政逐步明确教师家庭教育指导职责

从 2015 年至今，习近平总书记关于家庭教育的重要讲话和一系列家庭教育新政的出台，凸显了学校家庭教育指导的必要性和重要性，也逐步明确了教师在家庭教育指导方面的重要职责，为全面提升教师家庭教育指导能力提供了有力的政策支持。

2015 年 10 月，教育部颁布了《关于加强家庭教育工作的指导意见》，将家庭教育指导工作正式列入教育系统工作序列。这是彰显现代教育思想的一个标志性文件。2017 年，《中小学德育工作指南》提出："加强家庭教育指导。要建立健全家庭教育工作机制，统筹家长委员会、家长学校、家长会、家访、家长开放日、家长接待日等各种家校沟通渠道，丰富学校指导服务内容，及时了解、沟通和反馈学生的思想状况和行为表现，认真听取家长对学校的意见和建议，促进家长了解学校的办学理念、教育教学改进措施，帮助家长提高家教水平。"这进一步明确了学校进行家庭教育指导的内容和方式。2019 年 9 月通过的《浙江省家庭教育促进条例》中明确规定：学校应当建立健全家庭教育指导工作制度，将家庭教育指导工作纳入学校工作计划，建立家庭教育指导教师队伍，将家庭教育指导工作纳入师资培训内容。

2021 年 10 月 23 日，《家庭教育促进法》正式通过。这是我国首部家庭教育立法，彰显了家庭教育的重要地位和作用，也从法律层面明确了学校开展家庭教育指导工作的职责要求：中小学校、幼儿园应当"将家庭教育指导服务纳入工作计划，作为教师业务培训的内容"；"以采取建立家长学校等方式，针对不同年龄段未成年人的特点，定期组织公益性家庭教育指导服务和实践活动，并及时联系、督促未成年人的父母或其他监护人参加"；"提供有针对性的家庭教育指导服务……"自此，开展家庭教育指导不再是教师意愿之事，而是执法之行。2023 年 1 月，教育部等十三部门联合印发的《关于健全学校家庭社会协同育人机制的意见》（以下简称《意见》），再次明确强调了教师在家庭教育指导中的重要职责。《意见》指出："学校要把做好家庭教育指导服务作为重要职责，纳入学校工作计划，充分发挥学校专业指导优势；切实加强教师家庭教育指导能力建设，将教师家庭教育指导水平与绩效纳入教师考评体系……"显然，家庭教育指导能力已经成为教师专业结构中不可或缺的部分，是每一个新时代教师的必备素养。

第二节 杭州市学校家庭教育指导的发展轨迹

杭州市学校家庭教育指导工作历来受到重视。在原教科所书记、浙江省德育特级教师韩似萍老师的引领下，三十多年来凭借扎实的课题研究和高质量的活动推进，取得了显著的成绩，并且形成了具有杭州特色的家庭教育指导品牌，在全国享有较高的知名度。

回顾杭州学校家庭教育指导研究历程，可以说是起点早、站位高、成果丰，大致可以分为以下几个阶段。

一、初步发展阶段

早在"七五"期间,杭州市就认识到家庭教育指导研究是"抓一代,带两代"的重要工程。在韩似萍老师的带领下,凭借科研先导、团队合作、关注热点等有效方式,杭州市学校家庭教育指导研究一起步便进入发展轨道。研究团队进行了大量的调查,并与多所学校协作,就学校如何对家庭教育进行指导开展实践研究;同期,重点关注青春期孩子的家庭教育问题,对初中学生的青春期教育进行调查研究。到了"九五"时期,"学校对家庭教育的指导模式研究"课题被列入浙江省教育科学"九五"规划重点课题,青春期教育研究范围也扩大到小学高年级,同时编印了多期家长学校教育资料,并组织力量对学校和家长进行指导。

二、高位发展阶段

2000年6月,在杭州市教育局领导的重视下,杭州市教育局家长学校总校(以下简称总校)成立,开始全面负责杭州市学校家庭教育工作的管理、研究与指导,也标志着杭州市学校家庭教育指导进入高位发展阶段。之后的十余年,随着工作的进展,逐渐形成了学校家庭教育指导的杭州品牌,成效显著。

(1)建章立制,工作机制规范化。为保证家庭教育工作规范化运作和实效化落实,杭州市建立起"市教育局家长学校总校——区、县(市)分校——学校指导站"三级家庭教育指导工作模式,总校和各分校之间既有统一的原则要求,又有各自的工作特色。同时加强对家庭教育工作的指导和管理,健全了家庭教育若干工作制度,如工作例会制度、讲师聘用制度、集体备课制度、先进评选制度、送教下乡制度等,制定完善了《杭州市家长学校教学指导纲要》《杭州市家庭教育指导工作管理办法(试行)》《杭州市家庭教育学会课题管理办法(试行)》《杭州市家庭教育实验基地管理办法(试行)》《杭州市家长学校(家庭教育指导中心)负责人、家庭教育讲师培训课程纲要(试行)》《杭州市合格家长学校(家庭教育指导中心)评估标准(试行)》《杭州市示范家长学校(家庭教育指导中心)评估标准(试行)》等制度文件,促进了家庭教育工作的科学化、制度化和规范化。

(2)在队伍建设上,建立了总校、分校两级家庭教育指导讲师团、家庭教育热点问题调研队和学校家庭教育指导站站长等多支专业队伍,并多次举行高规格的专业培训,如开展家庭教育指导站站长两轮培训等,培养了一大批家庭教育指导骨干教师。

(3)在科研引领上,总校秉持"没有调查就没有发言权""科研先导"等理念,开展了大量的调查和课题研究,获取了许多宝贵的一线资料,取得了丰硕的课题成果。另外,在课程建设过程中,开发了家长学校"四个学会"系列课程和不同类型家长的专项课堂,并编写相关教材资料,规范、有效地开展家庭教育指导。

基于家长群体庞大,总校还着力通过活动造势来扩大宣传面。多次举办大规模、高质量的家庭教育指导活动,极大地推动了家庭教育科学理念的传播和科学方法的引导,如

2004年的"家庭教育热点话题万人谈"、2005年的"教育话题四方谈"、2006年开始的杭州市"智慧家长"评比活动和百场报告会、2008年的"关注每一个新杭州儿童"万人牵手活动、2010年启动的"十万家长同读一本书：青春期请家长同行"活动、2011年开始的"家庭教育指导农村十校行"等，有些活动一直延续下来，成为杭州市学校家庭教育指导品牌。

另外，在指导途径优化上，充分利用现代技术和媒介，设立了"一线一网"咨询服务平台：2004年6月开通了"奥迪"家庭教育指导热线，面向社会提供公益咨询，由"家庭教育讲师团"成员担任咨询员，每年都会接到近200个咨询电话；杭州市家庭教育学会开通了杭州市家庭教育网，总校主持了"韩老师信箱""家长沙龙""热线实录""智慧课堂""视频教学""四方论坛"等多个栏目，点击率超过150万人次。其中，"韩老师信箱"成为当时一些家长和学生求助的主要对象。

在大量的研究和实践探索中，杭州市学校家庭教育指导工作进入了快速发展轨道，体现了较强的时代性、规律性、操作性和创新性，产生了巨大的社会效应，为杭州市家庭教育指导工作做出了积极的贡献。2013年3月，杭州市家长学校总校被授予"全国维护妇女儿童权益先进集体"。

三、平稳推进阶段

"十三五"期间，杭州市学校家庭教育指导在前期迅猛发展的基础上，借助家庭教育新政的东风，更加注重品牌优势传承和新领域的拓展创新，进入了平稳推进阶段。

在品牌优势的传承上，杭州市家长学校总校继续组织开展一些大型的活动，以服务家长和提升教师家庭教育指导能力。如举办每年一次不同主题的家长征文活动、学校家庭教育指导论文评比活动、家庭教育指导研究论坛、每学期一次的家庭教育"送教下乡"等大型活动，用"请进来、走出去"的方式继续开展学校指导站站长培训活动，提升教师家庭教育指导能力；正常运行家庭教育热线，并联合区县热线扩大咨询范围，提升服务能力；定期开展家庭教育指导工作年会，在总结工作的基础上，分享交流区域和学校的优秀经验，宣传家庭教育指导领域的理论前沿和实践探究。

与此同时，全市学校家庭教育指导工作也非常注重新领域的拓展创新，主要体现在以下几个方面。

（1）注重加强区域合作和交流，如2020年9月举办了第三届长三角家校合作论坛，邀请了国内家庭教育领域里的多位大咖来做学术报告，并在各个学段举行了现场式分享交流活动，打开了杭州市家庭教育指导工作的新局面。

（2）重点关注教师家庭教育指导能力的提升，努力打造家庭教育指导专业队伍。2022年，杭州研制并发布国内首例《教师家庭教育指导能力评定规范》（以下简称《评定规范》），受到中央电视台和多家媒体的关注报道。依照《评定规范》，总校举办了四期教师家庭教育指导能力培训活动，250多位教师在培训之后获得了相应的等级证书；2023年，总校又举办了密集式的"家庭教育讲师团种子讲师"系列指导活动,为杭州市家庭教育指导领域培养种子人才,引领全市教师提升家庭教育指导能力。另外,各区域和学校也立足实际,纷纷开展教师家庭教育指导培训,并形成区域特色。

(3)继续开展家庭教育指导研究,提升家庭教育指导实效,为行政决策提供智库服务。总校多次参与制定杭州市家庭教育工作的五年规划,为杭州市的家庭教育工作出谋划策;2021年,总校在全市范围开展中小学校教师家访制度调研工作,为杭州市教育局出台的《杭州市家访工作指引》提供依据。另外,总校着力开展课程建设和教材编写,联合区县家庭教育讲师团成员共同打造"亲子沟通"课程群,编写并出版了《家庭教育100问》(幼儿版、小学版、初中版、高中版全套),与铭师堂和教育技术中心合作打造"家庭教育微课堂",就家庭教育的一些重点、难点问题答疑解惑;连续两年与杭州电视台联合打造"家庭教育名家讲堂",内容涵盖家庭文化建设、学习习惯、学习成绩的影响因素、心理健康和心理危机干预、亲子沟通、幼小衔接、人际交往、应考和择业等,最大范围指导家长开展有效教育,助力孩子健康成长。

第三节　全面提升教师家庭教育指导能力面临的挑战

杭州市学校家庭教育指导工作已经步入良性发展轨道,然而在新时代教育背景下,学校家庭教育指导不再是一群人的事,而是全体教育人必须担负的重要职责。必须清醒地认识到,要全面提升杭州市教师家庭教育指导能力,还面临着诸多挑战,只有勇于迎接挑战,努力突破创新,才能在杭州市学校家庭教育指导高位发展的基础上再上一个台阶。

一、教育观念的挑战

虽然家庭教育的重要性和家校社协同育人的理念已深入人心,但因诸多因素影响,全面提升教师家庭教育指导能力在各个层面还存在着观念上的挑战。

学校家庭教育指导工作在很长一段时间都是妇联牵头,近年来在家庭教育新政的推动下,教育部门在重视学校家庭教育指导工作的基础上,获得了更多的政策支持和更大的行政管理力度,但受长期工作机制的影响,学校和教师对家庭教育指导工作的重视程度仍需加强。

对于中小学校(幼儿园)管理层来说,因受主流教学观念等影响,往往偏重于教师教学水平和育人能力的提升,对于家庭教育指导的要求,基本集中在一些遇到问题的教师身上;在对教师绩效考核上,一般也没有家庭教育指导相关内容。另外,很多中小学教师对家庭教育指导角色的认同度不高。曾有调查显示,教师对"教师应成为学校家庭教育指导的第一实施者"的认同度不到一半,小学教师认同度虽然稍高于中学教师,但整体来看,教师对自身开展家庭教育指导的职责普遍存在认知不到位的情况。教师在大学院校进行专业学习时，基本没有接受过家庭教育指导相关的课程学习；学校入职选拔也偏重于学历水平和课堂教学，对家庭教育指导没有刚性规定；另外，受传统思想影响，许多教师会认为家庭教育指导是班主任和德育干部的事，是学校领导的事，是教学之外的事，也有教师认为学校和家庭应该各司其职。

二、专业建设的挑战

家庭教育指导是一项科学性和针对性很强的工作，需要从业者具有较好的专业素养。然而，当前家庭教育指导培训还未形成独立、系统的学科和专业，加之上述观念的影响，家庭教育指导专业建设存在较大的挑战。

首先，教师家庭教育指导专业素养普遍较低。因为目前大学院校基本没有相应的家庭教育指导课程，教师缺少接受专业学习的机会，相关知识严重缺乏。入职后，学校也很少会安排全员性的相关专业培训和引领，教师开展家庭教育指导缺乏有效的支持。此外，部分年轻教师连基本的家庭教育经验也没有，面对家长甚至有些担心或害怕，更不要说指导了。

其次，家庭教育指导培训体系还有很大发展空间。明确的培训标准、科学的课程设置和多样化的培训形式，是有效开展家庭教育指导培训的三大基础。目前，杭州市学校家庭教育指导工作在这三方面虽已积累了丰富的理论和实践经验，但要全面提升教师家庭教育指导能力，还需要进行系统化、专业化和分层分类的设计和实践。2022年，杭州市编制的《教师家庭教育指导能力评定规范》就是基于不同教龄和工作岗位的教师设计了初级、中级和高级水平的能力标准。而这次《教师家庭教育指导培训指南》（以下简称《培训指南》）的编写，正是构建与之相应的培训课程，重在凸显层级递进分明、主要问题导向、内容科学合理等特点。当然，《培训指南》不仅涉及课程内容的设计，也兼顾适用场景、活动形式、实施策略等多方面内容，旨在为杭州市教师家庭教育指导培训建立一个范本。

三、管理机制的挑战

要全面提升杭州市教师的家庭教育指导能力，有效的管理机制是不可或缺的保障。尽管杭州市已经普遍开启相应的提升工程，但在管理机制上，还面临着组织架构单薄、推进力度不大、评价保障不力等挑战，需要从上到下重视起来，建立有效的管理机制，才能加快教师家庭教育指导能力提升工作的进程。

目前，杭州市已构建起市总校——各区县分校——学校三级工作体系。但是在各层面的组织架构上，还存在人员缺乏甚至是单打独斗等问题，如学校家庭教育指导工作，往往是家庭教育指导站站长在负责这方面工作，缺乏上级领导的指导和调度，又没有组员可以配合和协调，所以工作很难系统性地开展。同样，市级和区县也存在类似问题，想要系统性地开展工作，还需要加强领导小组的组建，考虑到编制和人员缺乏等问题，可以联合下一级指导机构的骨干力量，从而构建起人员充足、职能完备的组织架构。

在推进机制的建设上，目前还普遍存在着缺乏章法、零散无序、联动不足等问题，需要加大建设力度。如市级层面需考虑到各区域不平衡现象，应构建起联动机制，创建优秀经验示范点，由点到面地带动其他区域快速推进。在区域层面，可以探索符合区域实际情况的工作推进机制，目前有些区域已经构建起有效的工作机制，如西湖区建立的依托"和谐心团队"开展全区教师家庭教育指导能力培训机制，上城区按照"德育副校长——家庭教育指导站站长——班主任——全员教师"的层级开展分层、分类、分步推进家庭教育指导培训。但从全市来看，很多区域推进速度不够明显，机制也不够健全，还需规划设计，加快践行。从学校层面看，需要将教师家庭教育指导能力培训工作纳入学校的工作计划，注重将专家引领与本校骨干带动相结合，探索符合本校实际的推进机制。

另外，还需在评价监督机制上下功夫。当前杭州市各级层面在这方面的探索还处于较浅层面。尽管总校在高位发展期间建立诸多机制，但受到教育大环境的影响，有些机制没能很好地延续下来。2022年，总校启动了对全市教师的三级水平能力证书考核评估，但是在管理监督机制上，还没有真正出台政策，仍处于探索阶段，这在本书最后一章会有详细阐述。个别区域家长和学校虽有考评机制，但大部分也缺少更高层面的引领指导。另外，目前除家长学校讲师团"种子讲师"、等级证书等较少荣誉外，缺少相应的评优评先，也大大削弱了教师提升的积极性。基于此，各个层级还需要积极探索，争取打造包含资格证书、家庭教育指导名师、家庭教育指导科研成果等多项荣誉的激励机制，这样才能形成氛围浓厚、工作积极、成效明显的良好态势。

第二章
家庭教育指导

家庭教育指导是中小学、幼儿园实施家校协同育人的组成部分。然而,"家庭教育指导"这一概念的使用,一直以来存在误差。决策层、学校、家长以及学者,在不同场景中使用"家庭教育指导"这一概念的方法不同,例如,用"家庭教育"替代"家庭教育指导";又如,家庭教育指导的对象是教师还是家长?这些说法看上去相似,实质上"差之毫厘,谬以千里"。

第一节　理性认识

对家庭教育指导的理性认识是建立在学校教育这一基础上的,离开了这一基础,谈论家庭教育指导都会偏离"初心",以及模糊家庭教育指导的边界。明确中小学、幼儿园作为"社会协同"的一方,承担"家庭教育指导服务"的任务,可以是中小学、幼儿园教师给予家庭教育指导服务,也可以邀请专业人员为家长开展家庭教育指导服务。这是对"家庭教育指导"这一说法的理性认识基础与逻辑起点。

一、家庭教育指导

家庭教育指导,简单来说就是中小学、幼儿园教师对学生家长传递家庭教育理念、普及家庭教育知识、传授家庭教育方法的一种服务活动。家庭教育指导不是家庭教育,不是教师替代家长实施家庭教育,这是每一位中小学、幼儿园教师在实施家庭教育指导服务时应该明确的基本定位。

1. 家庭教育

家庭教育是中小学、幼儿园教师实施家庭教育指导内容的基础。《家庭教育促进法》第二条对"家庭教育"给出了明确的定义:"是指父母或者其他监护人为促进未成年人全面健康成长,对其实施的道德品质、身体素质、生活技能、文化修养、行为习惯等方面的培育、引导和影响。"这一定义,确定了"家庭教育"的实施者、实施内容与实施方式。

家庭教育的实施者是指"父母或者其他监护人"。所以,"家庭是孩子成长的第一课堂""父母是孩子成长的第一任老师",而且也是终身不能辞职的老师。这是法律赋予的义务,也是父母应尽的职责。

家庭教育的实施内容包含孩子成长所需要的"道德品质、身体素质、生活技能、文化修养、行为习惯等方面"内容。父母不能只关心孩子的学业成绩,而忽视了家庭教育真正应该有的内容。

家庭教育的实施方法,特别强调"培育、引导和影响"等潜移默化且持久的方法,而不是生硬的、短平快的方法。父母正,孩子正,父母想要孩子怎样发展,就应该为孩子创设一个怎样的发展环境。

2. 指导家长

家庭教育的对象是孩子,而中小学、幼儿园教师家庭教育指导的对象是学生家长。家长实施家庭教育,需要指导吗?回答自然是肯定的。尤其是学生家长面对孩子进入学校,开始接受学校正规教育所产生的一系列问题时,若没有适当的指导,一定会产生众多焦虑情绪,从而影响对孩子的教育。

"生而不养,养而不教,教而不当"是对当前家庭教育存在问题的高度概括。没有哪位父母生来就是位优秀的家庭教育者,他们也是在养育孩子的过程中逐渐积累经验,走向成功。更多的年轻父母,当孩子进入学习阶段时,都会感到焦虑,如果在0~6岁阶段父母不是"亲自养育"孩子,那么,对孩子能否适应学习是极其"陌生"的,因此,当孩子进入小学阶段学习时,年轻父母就会感到焦虑。正因为如此,学校家庭教育指导,围绕孩子健康成长,协同家庭共同育人的同时,需要对学生家长进行家庭教育方面的专业指导。

3. 指导教师

家庭教育指导,还有一层理解,就是对教师的家庭教育指导进行指导,即对中小学、幼儿园教师如何指导家长开展家庭教育的指导。《家庭教育促进法》第三十九条明确规定:"中小学校、幼儿园应当将家庭教育指导服务纳入工作计划,作为教师业务培训的内容。"不是每一位教师走上工作岗位就会指导家长开展家庭教育的,尤其是新入职的年轻教师,还未结婚生子成为父母的教师没有养育孩子的经历,在与家长沟通时,就会缺乏专业性。因此,学校家庭教育指导还有一层含义就是对教师的家庭教育指导进行的指导。

作为学校教育而言,对教师的家庭教育指导进行指导显得尤为重要。而这恰恰正是学校教育中容易被忽视的一件事。教师一般注重的是教育教学,面向的是学生。只要学生不出现异常现象,就可以不与家长进行接触,也无须涉及家庭教育指导,但这是理想状态。现实是,教师的教育教学工作需要家长的支持,也就是说,学生在校学习效果的巩固及这种效果的持续,需要得到家长的协同,那么,家长对学生"在校学习效果"的认知及协同方法却是千差万别,部分家长会因此产生焦虑,并且将这种焦虑转化为负面情绪影响孩子。这就是目前"家庭教育指导"面临的难题,也是教师需要接受家庭教育指导培训与学习的主要原因。

因此,家庭教育指导是在学校教育系统范围内探讨的一个实践概念,与第三方教育机构所指向的"家庭教育指导"有所区别。在这一系统中主要涉及家校协同育人,而不是纯粹的家庭教育指导。

二、指导者与培训者

基于学校教育系统与家校协同育人这两个前提，对学生家长进行家庭教育指导就成了教师的工作内容。由此延伸，指向学校教师培训时，"家庭教育指导"特指对教师"家庭教育指导"的指导，也就成了培训内容。"家庭教育指导"作为一种培训内容时，包含两种角色，即指导者与培训者。

1. 指导者

通过培训，教师应该成为家庭教育的指导者，胜任对家长进行家庭教育指导的工作。"培训"是一种载体；"家庭教育的指导者"，这是培训的内容；而"胜任"，是培训的目标。因此，指导者是学校家庭教育指导培训的内容之一。

教师是家庭教育的指导者，不是家庭教育者。这是每一位教师应该非常明确的基本判断，教师不能替代家长实施家庭教育。为协同育人，教师依法担负指导家长实施家庭教育的基本任务。《家庭教育促进法》在论述"社会协同"时共有10条，其中有5条涉及中小学、幼儿园，主要从学校层面进行规定，相对于作为一名家庭教育指导者的教师来说，过于宽泛，缺乏明确的内容指导。比如，作为指导者，教师应该注意什么，教师应如何指导家长应对学生出现的各种问题，如何指导家长学会控制情绪，如何指导家长营造良好的家庭教育环境，如何指导家长与学校协同保障学生健康成长等，以及具体的内容、方法与策略是什么，需要学校自己生成。

也正因为如此，在杭州市教育局的领导与支持下，杭州市教育局家长学校总校联合杭州市教育科学研究院、杭州市教育学会共同研发了《教师家庭教育指导能力评定规范》，成为全国首个对教师家庭教育指导应具备的素养、能力进行评定的规范，为进一步开展学校家庭教育指导培训奠定了理论基础。

2. 培训者

家庭教育指导还有一层指向培训者的培训。在一所学校中，涉及家庭教育指导的基本有两类教师群体：一类是直接面向家长的教师，这类教师即"家庭教育指导者"；还有一类是管理学校家庭教育指导工作的教师，一般属于负责人，或者是学校家庭教育指导站站长等，他们负责指导教师做好家庭教育指导工作，这类教师可以称为培训者。

在专业技能的设计中，培训者更强调"策划与组织""研究与发展"的技能，同时在指导家长的过程中更富有经验与专业性。

培训者与指导者，不是截然分开的。在一定意义上，两者是可以随时转换的，主要看教师所处的家庭教育指导场景。指导者与培训者只是一种理论的区分。在实践工作中，一位教师既可以是指导者，也可以是培训者。当教师与家长沟通时，并在沟通中对家长实施家庭教育指导，那这位教师就是指导者；当教师与教师沟通时，并在沟通中对教师实施家庭教育指导的指导，那时候指导的教师就是培训者。

培训者与指导者都包含于教师家庭教育指导培训之中。

第二节　家庭教育指导的培训形式

专业的家庭教育指导培训能够传递科学的家庭教育理念，有效提升家庭教育指导技能，解决家庭教育难题，增强家庭教育指导的专业性，促进家校合作共育。家庭教育的培训形式多种多样，不同的对象有不同的培训成长需求。因此，家庭教育指导培训需要根据不同的需求和目标，选择合适的形式。下面将对专题报告、小组分享、工作坊、项目体验、资料研读等家庭教育指导培训形式进行阐述。

一、专题报告

专题报告，通俗来说就是讲座，是一种有计划、有组织地针对相关主题，进行深入讲述的活动。一场讲座，由专业领域内的专家、学者或具有相关经验的人士进行讲述。这是教师培训中常用的一种形式，同样也适用于对教师进行家庭教育指导的培训。组织一次专题报告，大致可以分为以下三个阶段。

（一）准备阶段

专题报告的准备阶段，就是对专题讲座实施之前筹备工作的落实阶段，是确保讲座能够顺利进行、达到预期效果的关键阶段。在准备阶段，需要完成以下工作内容：

1. 确定问题和受众

选取家庭教育领域的热点问题即相应群体，确定目标受众及其关注的问题，以便后续准备讲座内容，符合受众需求。

2. 确定主题和目标

明确专题报告的主题，使其对目标受众具有吸引力；明确讲座的具体目标，如传递知识、激发讨论与思考、技能练习、打通思路等。

3. 确定时间和地点

明确专题报告的时间和地点，方便目标受众参与，且该地点必须要有专题讲座必备的设施设备，如音响、话筒、投影仪、大屏幕等。

4. 确定专家或讲师

根据主题和目标寻找并确定家庭教育领域内的专家或实践经验丰富的讲师。

5. 制订大纲与流程

根据主题、目标和讲师风格，探讨制订讲座大纲与流程，安排互动环节，如提问、小组讨论等，促进听众参与，增强学习有效性。

6. 准备材料或教具

根据大纲与流程，准备讲座所需的材料或教具。

7. 组织宣传活动

根据时间、地点、主题、大纲、讲师等信息，制作海报进行宣传，吸引目标受众参与。

8. 准备场地与设备

提前准备场地，确保讲座所需设备到位、保证讲座期间设备能够顺利使用，避免设备在讲座过程中出现故障。

9. 准备接待与签到

根据场地动线与报名人数，安排接待与签到人员，确保参加人员顺利入场。

10. 评估风险与制订应对方案

对可能出现的风险进行评估，如场地安全、人员到场率较低、设备出现故障等，提前制订应对方案，以确保讲座顺利进行。

（二）实施阶段

专题报告的实施阶段是讲座落实执行阶段，需要在完成准备阶段工作计划的基础上按讲座流程开展活动。该阶段突发情况较多，越早做好准备和预案，越有助于讲座顺利进行。实施阶段有以下工作事项。

1. 接待、签到与入场

在讲座开始前 0.5～1 h，引导听众签到、入场就座，同时告知相关注意事项。

2. 引言与开场

讲座开始前，引导听众安静下来，将手机设置为静音状态；随后介绍讲座主题、目标和重要性，让听众意识到本场讲座的意义，引起听众的兴趣；介绍本场讲座的专家或讲师，强调专家或讲师的资历，制造悬念，让听众对专家或讲师感兴趣。

3. 主体内容呈现

专家或讲师入场，根据准备的讲座大纲和讲义，逐步呈现专题报告的内容。生动有趣地传递知识和理念，引起听众思考。

4. 互动与交流

在讲座进行期间，适当安排与听众的互动交流，如提问、讨论等，促进听众参与和思考。

5. 案例分析或示范

讲解案例，以故事引导听众深入理解和掌握讲座要传递的知识或理念，也可以抽选听众上台进行示范讲解。

6. 注意讲座进度

关注讲座进度，合理安排每个环节或知识点的时间，按时结束。

7. 强调重点内容

讲座过程中要经常强调重点内容，以吸引听众注意力，帮助听众记住关键内容。

8. 关注听众的状态和反馈

关注听众的状态和反馈，灵活安排讲座的内容或演讲形式，争取以听众喜闻乐见的形式传递知识或方法。

9. 回顾内容与结束

结束前回顾本场讲座的主要内容，加深听众的印象；将讲座内容与实际生活联系起来，促进听众学以致用；提供联系方式，以便听众有问题或需要时可以得到专业支持；发表结束语，感谢讲座主办方、工作人员，感谢听众参与。

10. 收集反馈

讲座正式结束后，可以现场收集听众的建议或意见，为后续改进提供参考。

11. 技术支持

确保讲座过程中所有设备的正常运作，避免设备故障对讲座产生不好的影响。

12. 收场

听众离场后，工作人员整理讲座现场，完成收场工作。

（三）总结阶段

1. 召开复盘会议

专题讲座结束后，应及时召集工作人员，进行复盘会议，每人就自己负责的部分对"做得好的、有待提升的"进行发言，并安排专人记录。

2. 形成总结记录

根据复盘会议的记录，形成总结性文字，以便下次专题报告举办得更好、更顺利。

专题报告是有特定主题的集中性培训形式，适用于家长培训、教师培训、行业交流等成人培训活动。在组织专题报告前，一定要了解目标受众的背景、面临的问题、兴趣与需求，再以此为参考准备专题报告的内容，提升专题报告的有效性。

二、小组分享

小组分享是一种小组成员之间相互分享观点、经验的培训形式。在小组分享中，成员可以就特定主题或议题分享自己的看法、经验、学习成果等内容，这种方式有利于小组成员充分发表自己的看法，促进小组内部的沟通、学习与合作。一场培训活动中，通常会设置多个小组，培训主持人或讲师，需要把小组分享的规则与流程，清楚地告诉所有成员，再开始进行小组分享。一般来说，小组分享的流程如下。

1. 确立主题

确定一个特定的主题或议题，确保小组成员对该主题都感兴趣且愿意进行分享交流。

2. 成员"破冰"

在小组分享开始之前，需要进行"破冰"，即由小组成员逐一介绍自己，也可以用游戏化的方式让小组成员相互认识。随后可以进行一个加强组员信任与合作的游戏，如共同完成一个任务，让组员在此过程中增加互动、变得熟悉起来。游戏结束后，进行小组组长的推选，确定小组组长。

3. 组内交流

"破冰"结束后，小组成员可以就讨论主题进行轮流发言，可安排一位成员做关键词记录，当一轮分享结束后，由小组组长主持，共同讨论出本小组对讨论主题的观点总结，为下一环节的小组陈述做准备。小组成员可以在小组陈述前准备相关材料、观点或案例，以便更有效地进行交流展示。

4. 小组陈述

当组内交流结束并准备好小组陈述的内容后，由主持人宣布开始小组陈述环节，可以按小组数字顺序或抽签顺序进行陈述。

5. 组间交流

当一个小组陈述完毕，可以组织其他小组成员发言，进行反馈和交流，但要控制时长，避免该环节变得冗长。

6. 总结陈述

当所有小组陈述与组间交流都结束后，由主持人进行总结陈述。总结陈述时，可以强调每个小组表达的核心观点，最好能够将这些观点串联起来进行陈述；然后提醒大家把今天获得的成长带回生活中去，学以致用；最后是感谢所有成员的参与，宣布小组分享结束。

7. 活动反馈

小组分享结束后，可以邀请所有参与成员对本次活动进行反馈，以便下次改进，不断完善，提高活动质量。

小组分享适用于希望每位成员都能够充分交流、在交流讨论中吸收知识的培训。在选择小组分享的培训形式时，需要提前准备好讨论主题、明确小组分享的规则，主持人要能够对本主题讨论的内容融会贯通，才能灵活应对讨论中出现的各种情况。

三、工作坊

工作坊是一种能够有效调动参与者参与度的培训形式，具有互动性强、参与度高的特点，能够促进学习成效最大化。工作坊以小组为单位，通过讨论、思考、合作实践等方式来达到培训目标，注重实操、应用、解决问题，强调学员的参与和体验，相较传统的讲座教学，工作坊更富有灵活性和有效性。工作坊有结构性和非结构性两种形式，家庭教育指导的培训一般采用结构式工作坊，可以分为以下五个阶段（表2-1）。

1. 热身期

工作坊的原理在于团体气氛民主，成员对群体有强烈的归属感，通过团体动力的产生引发改变。工作坊开始时，可以设计一些协助家长们放松的练习，把家长带入一个安全与信任的环境。

2. 渐入期

因为工作坊需要在一起交流学习，因此需要一定的熟悉度。开始时，成员之间可能彼此不熟悉，这一阶段，可以设计一些相互认识的活动，进一步增强团体的凝聚力。

3. 探索期

工作坊的一个特点是深度参与，探索期通过理论分析、互动交流、头脑风暴，对工作坊的主题进行深入的思考，引导家长从不同的角度看问题，引发自我表露，探讨人际关系，催化团体动力。

4. 工作期

当团体建立了信任感、凝聚力后，成员就渴望在团体中学习成长，期盼个人问题能够解决或团体目标能够完成。这一阶段成员开始有意识地探讨个人的困扰，分担促进团体发展的责任。主持人可以针对设定主题，运用面质、高层次同理心、自我表露、反馈、联结、折中、建议等技巧，多给予成员自由互动的机会与成长空间。团体方案可以设计引发深层次的自我表露及成员间正向与负向的反馈活动，或者探讨个人问题的活动、促进改变行为的活动等。

5. 结束期

在结束阶段，家长可能会有如释重负、豁然开朗或意犹未尽等感觉，主持人要继续保持开放、尊重、积极的态度，运用反馈、评估、整合等技术，让成员彼此给予、接受反馈、评估自我进步、处理一些情绪体验、互相祝福与鼓励。

表 2-1　工作坊的五个阶段

流程	目标	操作过程
热身期	彼此认识，建立团体规则，建立信任感，营造和谐气氛	1. 自我介绍、观察练习； 2. 回想孩子成长过程中的 5 件令人高兴的事情
渐入期	彼此进一步熟悉，提升自我觉察，负面情绪初步表露	1. 深呼吸练习，放松，静心； 2. 回忆亲子生活中的负面情绪（如认为孩子玩手机影响学习，感到很愤怒）
探索期	引入冰山模型，学会用冰山模型来了解自己、了解孩子	1. 个人画冰山：我的内在冰山、孩子的内在冰山； 2. 小组交流：我的内在冰山、孩子的内在冰山
工作期	坦诚表达，深入了解自己各种情绪背后的冰山，寻找行为背后的真正原因，觉察自己的内在信念	比较我的冰山和孩子的冰山，觉察自己和孩子的内在信念，增加对自己和孩子的理解，转换看问题的角度
结束期	回顾工作坊历程，选取典型代表发言，彼此反馈，自我评估，互相祝福	1. 呼吸静心练习； 2. 表达性绘画"我期待的生活"

工作坊广泛应用于各种培训场景，如教育培训、企业培训等，它为学员搭建了一个互动的、实践导向的学习氛围，有助于学员更深入地掌握所学知识。工作坊进行期间，务必让环境干扰减少到最小，营造沉浸式的体验环境，让学员深度参与。

四、项目体验

项目体验在教育培训领域，通常是指学员参与实际的沉浸式体验项目，更深入地探索自我、表达自己的想法和感受、理解和掌握相关知识。项目体验的流程一般如下。

1. 暖身游戏

进行正式的体验之前，通过暖身游戏环节，增加学员间的互动，缓解陌生、紧张的氛围。暖身游戏要简单可行，确保每位学员都能够轻松参与，不需要紧张地准备。设计暖身游戏时也可以根据后面的内容加入铺垫，让学员更好地了解项目体验的内容，做好全身心投入的准备。

2. 角色分配

项目体验一般有不同的角色，学员需要知晓自身的角色与相关情境，才能投入体验。

3. 即兴表演

学员拿到自身角色后，不需要太多准备，通过即兴的方式展现故事、对话或其他相关场景。在即兴表演过程中，主持人不需要掌控剧情走向，而是引导学员放开自己、勇于尝试，接收来自其他角色的语言或动作等信息，跟随自己的感觉进行回应。

4. 角色讨论

即兴表演结束后，主持人组织学员通过讨论来深入交流和理解特定角色或事件，探讨自身扮演的角色及相关体会，促进学员对角色及环境的理解，推动学员思考、分析与成长。通过体验他人的角色，参与者能够更好地理解不同人群的需求、面临的挑战，培养共情的能力。

5. 情境复盘

通过回顾和重新体验之前的情境，再度深入地、系统地理解事件、行为与结果之间的关系，引导参与者进行反思并从中汲取经验，促进学员更好地学习和发展。

6. 观察评论

主持人或讲师，对整个过程进行了观察，可以将自己观察到的内容分享出来，为学员提供更全面的信息，促进学员从不同的角度看待自己扮演的角色和情境，帮助他们思考或形成自己的观点。

7. 总结陈词

主持人或讲师针对本次培训活动中出现的观点及其他重点，进行简明扼要的总结和强调，让学员对本次活动留下深刻的印象，使其更容易记住本次活动学习到的内容。

项目体验通常用于比较深入地探讨问题、模拟解决问题的场景，可以让参与者设身处地地理解情境，从情境中学习到对自己有用的知识或理念。在开展项目体验时，热身环节是让学员打开心扉的关键，需要认真对待，轻松引导学员放下担心，融入现场中。

五、资料研读

学习专业的家庭教育指导，资料研读是必不可少的一个环节。为了提高资料研读效率，可以组成资料研读小组，共同研究、分析相关的书籍、文献等资料，一组人共同交流对文献内容的理解，并提出问题、交换观点，以便更全面地理解家庭教育，提升家庭教育指导的知识储备。资料研读的步骤如下。

1. 明确任务

首先召开资料研读会议，选择要研究的主题，根据该主题收集文献、书籍等资料，制定任务并进行分工，确保每个成员都有明确的任务。

2. 制订计划

针对研究主题和研究任务，明确资料研读的起始时间，根据起始时间制订研读计划及相应时间节点的成果交付标准，如摘录关键信息、把握重要观点，确保每位成员都知晓计划内容、任务的时间节点，并按时完成计划内容。

3. 分组交流

根据制订的计划定期进行分组交流，同步阶段性的资料研读结果，就资料中的内容、方法等进行交流探讨，澄清疑问，提出新的观点或需要探讨的方向，动态调整计划内容；最后凝练出资料的精华，为分享做准备。

4. 经典分享

在资料研读任务完成后，应组织至少一次经典分享会，来系统地展示和分享此次资料研读的成果，为听众开阔视野、带来新的思考。经典分享可以以研讨会、演讲、线上直播等形式进行。

5. 总结体会

总结体会时应突出本次资料研读的重点内容及其深刻理解，总结对实际工作或学术研究的价值与启示，提出新的问题或研究方向，并表达对未来研究的期望。

资料研读适合刚开始接触家庭教育的人员，组织系统性、有计划的资料研读，有助于初学者快速学习家庭教育的基本内容，搭建起基本的认知框架。此外，对于家庭教育某一主题进行深入的研究，资料研读也是一种比较适合的方式。

组织资料研读时，必须明确任务、制订计划、定期反馈、总结成果，让所有研读成员在核心的主干道上行进，而不是如大海捞针般迷茫不知所措。

第三节　家庭教育指导的能力结构

家庭教育指导具有专业性，也势必要求指导者具有专业能力。严格来说，家庭教育指导的能力结构应该遵循一般职业能力的基本原理与素养模型来进行建构。但鉴于目前的研究成果和实践条件还不成熟，因此研究者对家庭教育指导能力结构的建构是基于现实条件和研究成果而进行的归纳和总结。本节所阐述的家庭教育指导能力结构是基于杭州市中小学（幼儿园）教师对学生家长进行的家庭教育指导，因而具有其特定的含义和侧重点。

一、教师家庭教育指导的能力框架

教师家庭教育指导能力是指教师通过多种教育理论、手段和方法，对实施家庭教育的家长从理念、内容和方法等方面进行指导，帮助家长提高科学育儿能力、提升家庭教育水平。从广义上来说，教师家庭教育指导的能力框架包括专业伦理、专业知识和专业能力三个部分。专业伦理和专业知识是专业能力的基础，专业能力则是在前两者基础上通过实践不断发展起来的特殊工作能力。

（1）专业伦理：是指教师在实施家庭教育指导过程中应具有的专业理念、职业情怀和行为规范等，主要包含以下几个方面：一是以公益为先，要求指导者应具有教育情怀和社会责任感，怀有为家长公益服务的基本信念；二是以认同为基，教师要从事家庭教育指导工作，必须先认同家庭教育指导的专业价值和时代意义，并不断提升自身家庭教育指导水平；三是以儿童为本，家庭教育指导的最终目的是促进学生健康发展，指导者和教育者都应尊重和保护学生的权利和人格尊严，尊重学生的年龄特点与个性特点，遵循学生成长规律和教育工作规律；四是以家长为主体，教师应明确认识实施家庭教育的主体是家长，指导家庭教育不是替代家庭教育，应该充分尊重家长家庭教育责任主体的地位，尊重家长的隐私权和知情同意权，理性回应家长的教育需求。

（2）专业知识：是指教师在实施家庭教育指导工作中应有的知识储备，包括本专业知识、相关专业知识和实践性知识，同时也应与时俱进地掌握与家庭教育相关的法律法规和政策文件。本专业知识是指教师从事以促进儿童健康发展、提升家长育儿水平为目标的家庭教育指导工作所应具备的基础性知识，主要涉及儿童生理学、儿童心理学、普通教育学和家庭教育学等基本知识与基本理论。相关专业知识是指为胜任工作所应具备的保障作用的知识，主要涉及家庭学、伦理学、社会学及心理咨询和家庭治疗的基本原理。进行教学与培训工作的家庭教育指导者，还需掌握一定的教学理论知识及学习与培训原理。实践性知识是指在家庭教育指导过程中逐步积累起来的认知与经验，具有个性化、实践性和发展性等特点。与家庭教育相关的法律、法规和政策文件，是教师开展家庭教育指导的政策保障和工作导向，尤其是近几年出台或修订的《家庭教育促进法》《全国家庭教育指导大纲（修订）》《浙江省家庭教育促进条例》等纲领性文件，以及与时代相适应的省市有关家庭教育指导的文件和政策，更需要教师熟悉相关内容。

（3）专业能力：是指教师在实施家庭教育指导时应具备的方法和策略等，体现教师的专业胜任力。目前国内对家庭教育指导能力的要素建构基本上是基于家庭教育指导教师的角色定位，而本书面向的是教师群体，是为教师开展家庭教育指导提供引领和规范，因而基于杭州市家庭教育实际情况和教师群体特色等因素，界定为教师家庭教育指导的主要能

力，具体内容在下一部分详细阐述。

二、教师家庭教育指导的主要能力

家庭教育指导属于成人教育的范畴，直接面向的是家长，最终受益的是孩子，带着鲜明的教育特色，与学科教学同样具有专业性和复杂性。因而，从事者必须具备的能力不是单纯的技能技巧，而是由多要素组成、多维度发展的一个能力体系。主要包括认知与诊断、沟通与干预、策划与组织、研究与发展四个方面的能力。这些能力相互衔接、相互融合、相互促进，促进教师家庭教育指导工作的顺利开展，同时也丰富和提升了教师的专业素养。

（一）认知与诊断

认知与诊断是教师家庭教育指导能力的基础工作。只有具备较强的专业认知能力，才能有效诊断家庭教育中存在的问题，从而开展有针对性的家庭教育指导工作。

1. 认知能力

认知能力是人脑加工、储存和提取信息的能力，是人们成功地完成活动最重要的心理条件。对于指导家庭教育的教师来说，认知能力是他们能够在家庭教育指导情境中对于其所面临的事件做出一种基本的省思和回应。可以说，认知能力是教师家庭教育指导能力的核心基础，能够指引教师面对复杂多变的教育情境，通过洞悉、觉察、想象和推理，理解家庭教育指导情境的差异性，并根据认知结果做出及时的判断与调整。

家庭教育指导的认知能力主要涉及以下几个方面：

（1）理解家庭教育的内涵。这是从事家庭教育指导的基础，也是避免家庭教育指导偏向的基点。教师应理解家庭教育的内涵是：父母或者其他监护人为促进未成年人全面健康成长，对其实施的道德品质、身体素质、生活技能、文化修养、行为习惯等方面的培育、引导和影响。家庭教育的根本任务是立德树人，责任主体是未成年人的父母或者其他监护人。只有正确理解家庭教育的内涵，才不至于在指导过程中出现家庭教育学校化、重智轻德等家庭教育功能偏向的情况，也不会出现越过家长直接面向学生实施家庭教育的现象。

（2）理解家庭教育指导的内涵。家庭教育指导工作的对象是家长，具体过程即教师对家长的指导过程。主要目的是帮助家长树立正确的家庭教育观念、掌握科学的家庭教育方法、提高家庭教育的能力。家庭教育指导的具体过程在物质环境和精神环境中进行，且受到外部社会背景的制约。

（3）了解各阶段学生的身心发展特点。家庭教育指导的最终指向是孩子的健康发展，因而遵循孩子的身心发展特点是指导的重要依据。很多教师因为所处学段的关系，对孩子的整个身心发展缺乏了解，这会造成溯源不深、片面处理等问题，也不利于学生的整体性发展。只有了解各阶段学生的身心发展特点，才能抓住该阶段的重要问题，并且帮助寻找问题的原因，促进学生阶段性发展并帮助学生顺利过渡。

（4）把握各阶段家长的教育需求和指导重点。幼儿园阶段的家长希望通过教师获得家庭教育指导，培养孩子良好的品行，发展孩子的身体素质、交往能力和动手能力等，对家庭教育指导的形式要求多样化。指导重点主要包括生活和活动环境指导、良好生活习惯指导、营养保健指导、体育锻炼指导、生活自理能力指导、劳动意识指导、学习兴趣培养指导、人际交往指导、社会适应性指导、入学指导。小学低年级家长关注适应新的学习生活环境、与教师的关系等，中年级家长关注孩子心理的发展，高年级家长关注孩子的心理生理变化、升学发展，而学习习惯及学习兴趣的培养是低年级到高年级学段学生家长共同关注的重点。指导重点主要包括学习指导、生活指导、情感品德指导。初中生家长关注青春期孩子的心理变化和改善亲子关系，注重培养青春期孩子的核心素养和道德品质，同时围绕学业提出教育诉求。指导重点主要包括青春期心理指导、生命教育指导、信息素养指导、遵纪守法和道德修养指导、学习能力和生涯指导等。高中生家长重点关注的是如何继续发挥孩子成长道路上"引领者"与"陪伴者"的作用，如何帮助孩子适应高中阶段的生活，如何建立和谐的亲子关系和人际关系，如何加强生命教育和生涯规划等。指导重点主要包括理想信念指导、个人价值指导、社会责任意识指导、自我管理能力指导、青春期教育、心理健康教育、生涯规划教育、人际交往指导、信息素养指导等。

2. 诊断能力

诊断能力是指教师在认知的基础上，对家庭教育指导情境中出现的各因素进行理性分析和科学判断的专业能力。这种专业能力有助于教师发现问题本质，洞察原因本源，继而找到解决策略、方法或提升路径，最终促进家庭教育指导得以顺利开展，帮助家长改善家庭教育方法。

教师在家庭教育指导过程中，应诊断家长在家庭教育中存在的问题，将相关情况整理成文档等形式的资料，依据收集的资料信息，准确分析家长的行为并诊断家庭教育问题，对家庭教育存在的问题进行分类、鉴别，还应洞悉、觉察家庭教育指导情境的差异性，能因人而异、从实际出发，对不同类型的特殊家庭和特殊学生在家庭教育方面存在的问题进行诊断，包括共性问题、个性问题等，并思考相应的家庭教育指导策略和方法。

认知与诊断是相互衔接最紧密的一组能力，认知是诊断的基础，诊断是认知的推进，两者相辅相成，共同构成家庭教育指导的基础工作。

（二）沟通与干预

沟通与干预是家庭教育指导工作中最常用的指导方式。教师只有具备良好的沟通能力，才能有效地和家长进行沟通与交流，并在合作中达成指导和干预的目的。

1. 沟通能力

沟通能力是一个人与他人及时、准确、得体、有效地进行沟通，进而建立融洽人际关系的能力，不仅包括表达能力、倾听能力，还包括思维能力、知识储备及心理素质等因素。沟通是教师开展家庭教育指导工作的基本方式，沟通能力则是保障工作有效开展的主要能力，具有复杂性，并涉及多项关键因素，主要包含沟通的原则、目的、策略等。

教师在与家长沟通过程中，应遵循以下几个原则：接纳尊重，真诚平等；善于倾听，换位思考；了解家长，形成合力；有效沟通，赢取信任。在与家长沟通前，需要明确目的，一般包含：了解学生个体发展经历、个体特点和发展需求，以及学生的家庭教养状况和原生家庭背景等；应向家长传递学生在校情况，包括学习状况、人际状况、参与学校活动状况，以及特定时期面临的挑战、出现的问题等；向家长宣传和传授家庭教育的相关理念、知识和方法，在家庭教育方面给予家长引导；应倾听家长的需求，并通过沟通探讨出家庭教育的最佳方法，给予有针对性的建议和指导。当然每次沟通目的各有侧重，但要避免"跑题"，以至于沟通达不到预期目标。

沟通策略主要指沟通方式和沟通技巧。根据家庭的实际情况和需求，教师在指导过程中需要采取适切的沟通方式，主要包括传统沟通和新媒体沟通两类。传统沟通的方式主要有家访、到校面谈、家校（园）联系册、电话、短信等，新媒体沟通的方式主要有家校（园）微信群、QQ、学校网站、网络互通联系平台、App、邮箱等。另外，还应根据不同特质的家长采取合适的沟通技巧。传统沟通技巧包括巧妙利用沟通时机、营造轻松氛围、客观陈述、避免长篇大论、不对家长发号施令、不在家长面前训斥学生、避免在学生之间进行比较、表达真正的关心、把握关键、以专业丰富自己的话语等；新媒体沟通技巧包括妥善管理群组、设立群公约、注意媒介素养、理性沟通、保护学生和家长的隐私、及时回复等。

2. 干预能力

干预能力是指在某个领域或问题上，能够采取有效的行动，改变当前的状况，达到预期结果的一种行动力。家庭教育指导中的干预能力基本指向的是教育干预和心理干预，是教师通过专业知识和教育手段，对特殊个案或突发事件等进行分析、评估和指导，帮助家长或学生解决心理或教育上的一些问题。

家庭教育指导个案的干预，教师应设计与实施一般个案主体家庭教育状况的分析评估方案，运用科学测评分析方式，分析家长的行为并对家庭教育情况给予恰当的评估；建立相应的个案记录档案，使指导更加具有依据和实效。对于一些疑难个案，应剖析个案的特殊性和实际情况，与家长共同制订有效的解决方案。教师应具备发现特殊家长及其需求的能力；能理解家长的顾虑，做好相关工作；针对学生基本状况，与家长沟通正确的教育方法与举措，指导家长开展各种有效的教育工作。另外，教师还应掌握突发事件处理预案的流程，以及应急的自救和互救的基本技能，指导家长处置突发事件，安抚家长情绪，提供危机干预建议。

（三）策划与组织

家庭教育指导活动是教师开展家庭教育指导工作的重要形式，也是最大范围惠及家长的一个重要渠道。因此，对于教师而言，策划与组织学校家庭教育指导活动，协调各种人员的关系，都是必备的能力。

1. 策划与组织家长学校和家委会

家长学校作为家校合作和家庭教育指导的主阵地，教师应参与家长学校的建设：完善家长学校管理制度，设计开发适应各类需求的课程，编制教材、指导手册、视频等配套的课程资源，丰富创新教学活动形式，注重教学效果评价和反馈。

家委会是学校和家庭沟通的桥梁，《教育部关于加强家庭教育工作的指导意见》（教基一〔2015〕10号）中指出："发挥好家长委员会作用。各地教育部门要采取有效措施加快推进中小学幼儿园普遍建立家长委员会，推动建立年级、班级家长委员会。中小学幼儿园要将家长委员会纳入学校日常管理，制订家长委员会章程，将家庭教育指导服务作为重要任务。家长委员会要邀请有关专家、学校校长和相关教师、优秀父母组成家庭教育讲师团，面向广大家长定期宣传党的教育方针、相关法律法规和政策，传播科学的家庭教育理念、知识和方法，组织开展形式多样的家庭教育指导服务和实践活动。"因而，教师需明确家委会在家校合作中的桥梁作用，积极参与家委会的建设，如把握成立家委会的合适时机，遵循选择家委会候选人的原则，明确不同级别家委会的工作职责，加强对家委会具体工作的指导和合作等。

2. 设计与实施集体指导活动

家庭教育集体指导活动一般是普及家庭教育重要信息知识或针对家庭教育中存在的共性问题、集中性问题而面向全体或部分家长开展的指导活动，主要包括家长会、家长开放日、亲子活动、家长沙龙等形式。集体性指导活动的参加对象比较普遍，受惠面较广，但对教师的策划与组织能力要求也较高。因而，教师需要根据家庭教育活动的规律及实际需求，精心设计和谋划集体活动方案和实施策略。实施过程中要不断反思与总结，并根据需要适时调整计划，力求活动能真正满足家长的需求和兴趣，实现活动效果最大化。

3. 协调与组织家庭教育指导中的相关力量

教师家庭教育指导工作可以理解为教师与家长为了学生健康成长而进行的教育合作，这种合作具有多元化特点，会涉及多重人际关系，因而需要教师具备一定的协调和组织能力。协调教师与家长、学生与家长、教师与教师、教师与学校、教师与社会之间的关系，围绕"实现学生身心健康成长"这一目标，形成一种"互动－互惠"的关系。

首先，教师应与家长建立信任和合作关系。针对双方在家庭教育方法上存在的问题和不足进行合作，通过多种方式增进家校之间和谐、健康、有效的合作关系，丰富家庭教育的内容，促进家校共育。其次，应与不同教师开展合作交流。班主任应认识到学科教师是开展家庭教育指导的重要力量，要发挥学科教师的长处，共同开展家庭教育指导；学科教师应尊重班主任的工作，协助班主任开展家庭教育指导；班主任与班主任之间应就家庭教育指导工作展开合作，分享经验和资源，探讨完善家庭教育指导方法。另外，教师要善于协同家庭教育指导的其他重要力量，与家庭教育指导的专业人员保持联系、沟通，必要时可以寻求帮助，也可以发挥志愿者及其他人员的作用，多维度地开展家庭教育指导工作。

（四）研究与发展

研究与发展是教师家庭教育指导工作得以顺利开展、推进和创新的保障性力量，也是教师家庭教育指导能力中不可或缺的重要组成部分。

1. 研究分析与探索改进

家庭教育指导是一项专业性较强的教育服务工作，但从现实情况来看，其专业研究还明显滞后，因而要不断加强理论与实践相结合，探索家庭教育指导的基本规律和实践方法，以确保家庭教育指导的科学性和专业性。教师应积极开展家庭教育指导的研究分析，掌握和运用科学研究方法，研究和分析家庭教育及家庭教育指导的理论和实践问题；能组织家庭教育状况调研，发现和分析家长在实施家庭教育中的现状、需求和问题；能结合工作需要，研究和分析在家庭教育指导工作过程中存在的不足与取得的经验。在此基础上不断提出改进和创新思路，结合家庭教育的实际情况制订家庭教育指导规划，实施与家庭教育指导探索改进相关的活动，推动家校合作，提升家长家庭教育水平和教师家庭教育指导能力。

2. 考核评估与指导培训

由于家庭教育学科建设尚未完善，教师家庭教育指导队伍的专业化基本上只能依靠职后的专业培训和岗位锻炼，因而加强家庭教育指导的专业化培训建设变得尤为重要。作为教师家庭教育指导中的骨干力量，要结合家庭教育指导的专业性，制定科学的考核评价指标，运用相关评价工具和方法对教师开展家庭教育指导进行评价；要参与考核评价体系和机制的构建工作，并对开展家庭教育指导的教师进行业务考核；针对家庭教育指导者的考核情况，制订和实施业务指导培训计划，对家庭教育指导者提供业务指导。

3. 专业提升与发展规划

要开展家庭教育指导工作，教师应不断提升个人专业能力，要主动收集与分析家庭教育指导中的相关信息，针对问题不断研究和探索，并反思和改进存在的经验和不足，从而不断提高自身家庭教育指导专业素质。与此同时，要制定并实施个人专业发展规划，积极参加家庭教育指导的专业培训，推动家庭教育指导能力向专业化发展。

第三章
初级水平：基于全体教师的培训主题

主题1 教师在家庭教育中的定位与职责

《家庭教育促进法》第四章规定，中小学校、幼儿园在未成年人的家庭教育中起到协同作用。教师作为家庭教育指导的主体之一，需要遵从家长的家庭教育主体地位，明晰自身定位，厘清学校和教师在整个家庭教育指导服务系统中的作用和责任边界，充分发挥家庭、学校、社会各自优势，以实现真正意义上家校社协同育人的目标。

一、活动目的

（1）通过培训，使教师清晰自身在家庭教育中的定位，与家长身份的责任界限，做到到位不越位。

（2）通过培训，使教师明白从事家庭教育指导的初心，明确自身在家庭教育中的职责，在家校社协同育人中主动担当有作为。

二、活动内容

教师开展家庭教育的职责，一是传递科学的家庭教育知识，帮助家长建立科学的家庭教育观念；二是作为指导者协助家长改善家庭教育行为、解决其家庭教育存在的问题、创造温暖有爱的家庭氛围、建立良好的亲子关系；三是作为协同育人的活动策划者、资源整合者，推动家校社不同领域、不同层面就家庭教育指导进行深入的探索实践和反思总结。

（一）文件索引

1. 有法可依

《家庭教育促进法》第四条、第三十九条、第四十条、第四十一条中明确指出：未成年人的父母或者其他监护人负责实施家庭教育；中小学校、幼儿园应当将家庭教育指导服务纳入工作计划，作为教师业务培训的内容；中小学校、幼儿园可以采取建立家长学校等方式，针对不同年龄段未成年人的特点，定期组织公益性家庭教育指导服务和实践活动，并及时联系、督促未成年人的父母或者其他监护人参加；中小学校、幼儿园应当根据家长的需求，**邀请有关人员传授家庭教育理念、知识和方法，组织开展家庭教育指导服务和实践活动，促进家庭与学校共同教育。**

2. 价值所需

教育部等十三部门联合印发的《关于健全学校家庭社会协同育人机制的意见》中指出："学校要把做好家庭教育指导服务作为重要职责，纳入学校工作计划，充分发挥学校专业指导优势；切实加强教师家庭教育指导能力建设，将教师家庭教育指导水平与绩效纳入教师考评体系。"

构建家校社协同长效育人机制的价值，是加强和改进教育工作的必行之路，是实现立德树人根本任务的有效途径，也是完成新时期教育改革发展的迫切需求，实现教育现代化的重要前提，更是促进儿童青少年健康成长的必然要求。教师在这一使命当前责无旁贷。

（二）社会所向

家庭教育工作要形成政府主导、部门协作、家长参与、学校组织、社会支持的大格局，不是轻轻松松就能达成的，尚有许多问题需要解决。

（1）思想认识不到位，各部门不知道家庭教育怎么抓，没有把家庭教育放在和学校教育同样重要的位置；

（2）体制机制不完善，现有组织体系缺少协调机构，工作的触角难以触及家庭个体，没有形成全面的覆盖网络；

（3）课程建构不成体系，谁来建构不清楚，如何建构不清晰，各平台和阵地各自为政，不成系统；

（4）心理干预滞后，存在重大心理危机的学生人数逐年上升，因家庭教育引发的青少年问题令人担忧，犯罪率逐年上升，形势严峻。

事实上，家庭教育最缺乏的是有效的家长教育，真正存在问题的家庭，缺乏专家指导，学校有心无力，社会参与度不高。尽管有些教师愿意承担家庭教育指导工作，但大多数教师认为没有时间、没有精力，也没有能力承担家庭教育指导工作。不过，家长对学校和教师信任度较高，当家长遇到教育问题时，近九成的家长表示会寻求教师的帮助。在新形势的号召下，教师们应顺势而为，成为家校协同育人方面的家庭教育指导师，为社会所需、民心所向贡献力量。

（三）正确定位

1. 主导指导不越位

教师在家庭教育中的定位，应当是发挥学校在家庭教育指导服务中的主导作用，构建家校共育的教育共同体。父母承担着对未成年人实施家庭教育的主体责任。学校教育对家庭教育的职责主要是体现在"指导"与"服务"上，因此，不能越俎代庖，替代家长的职责，应按照学校教育、家庭教育的本质属性，厘清学校、家庭各自的角色定位与职责分工，各尽其责，共建共育。

2. 角色担当有作为

教师在开展家庭教育指导服务中需要担当多种角色。一是家校沟通者，因为教育是一项系统工程，需要家校社共同努力，教师与家长进行有效沟通，在家庭与学校之间架起"桥梁"发挥作用，在协同育人机制的整体环境中凝聚合力；二是活动组织者，因为家庭是学生成长发展的重要场所，教师需要面向家长，策划组织家庭教育活动，将党和国家的政策方针、教育理念与育人目标及时传达给家长，尽可能地推动家长对家庭教育的重视，帮助家长建立科学的家庭教育观念，促使家长更多地关注和解决家庭教育问题；三是家庭教育指导者，教师在家庭教育指导中化身为实战教练，本着尊重、平等、合作的原则，科学、专业地向家长提供指导、支持与服务，把指导延伸到家庭情境中，通过需求推动，促进家长提升家庭教育的能力和水平；四是协调管理者，教师在开展家长指导服务工作时应找准抓手，拓展家庭教育的服务途径，统筹调动家长、学校、社区等多个主体的主动性与相应作用，整合利用学校、社区资源引导家长主动参与；五是终身学习者，向内生长，向外输出，传播善意，影响自己，爱出者爱返，福往者福来，滋养千万家，感受人生的幸福。教师应借助学习、反思与研究，提高自身工作成效，促进家庭教育专业化发展，成为更好的教师，支持孩子更好地成长。

（四）主要职责

1. 明确家长主体责任

教师需要引导家长正确认识自己是孩子家庭教育的责任主体，避免教育秩序失衡，帮助家长厘清家庭教育的内容。北京师范大学苏君阳教授提出了家庭教育八个方面的任务，即教育引导孩子具备"宽胸怀、讲诚信、守规则、养良习、事专心、强意志、善反思、求上进"的良好习惯和品质。

根据《全国家庭教育指导大纲》的要求，学校、家庭、社会是促进儿童健康成长的共同体。学校应当让家长认识到家校协同育人的重要性，引导家长主动加入家校协同教育中来。从个体的角度来说，教师家庭教育指导是教师与学生家庭密切合作，通过指导家长的方式，帮助学生在家庭环境中得到更好的教育。教师家庭教育指导旨在促进家庭与学校之间的有效沟通与合作，共同助力学生全面发展。

2. 正确认识亲子关系

教师需引导家长正确认识亲子关系，在家庭教育中，恰当处理矛盾，为孩子营造良好的家庭氛围，给予孩子一个自由、充满爱意的成长环境，是家庭教育的要义。"只有家长好好学习，孩子才能天天向上"，家长不断学习成长，成为积极、智慧的父母，才能更好地陪伴孩子成长。

3. 树立正确的家教理念

帮助家长认识家庭教育的本质、特点及规律；帮助家长确立正确的家庭教育观，基于科学和需要的原则，提供家庭教育的路径和方法；指导家长纠正错误的家庭教育理念，改变不当的家庭教育行为。

4. 妥善处理家校关系

帮助家长提升家校沟通的技巧，学会与学校互相配合，构建和谐的家校关系。教师应倾听家长关于孩子在社会方面、学习方面和情感方面的诉求，并给出合适的指导建议，共同与家长为孩子提供教育支持。

5. 家校协同以德育人

教师应坚持以孩子为本，以德育人，引领家长尊重孩子的人格与权益，尊重孩子的年龄特点与个性特点，促进每一个孩子全面发展。帮助家长实现自我成长，让家庭成为孩子人格完善与信仰培育的良好土壤。

（五）能力提升

1. 角色认同

作为从事家庭教育指导的教师，首先要认同教师家庭教育指导的职责，把它当作自己工作的一个重要组成部分，承认其在教书育人中不可或缺的作用，身体力行，与家长共同推动孩子的成长。

2. 坚持原则

一是尊重差异，平等沟通，严格为当事人保守秘密；二是坚持以学生为本，遵循学生成长规律，科学指导；三是坚持家长是家庭教育的主体，遵守教师家庭教育指导的边界，不能越俎代庖。

3. 科学引导

一是要帮助家长树立正确的育儿观，树立"育德"为先、好习惯受益终生、身教胜于言教、亲子共同成长等理念；二是传授家长家庭教育的路径和方法，如善于倾听、为孩子设置行为的底线红圈、善于发现并放大孩子的优点等具体方法。

4. 提升素养

学生在不同的成长阶段会面临各种问题，家庭教育涉及学生日常生活、知识学习、社会交往、道德礼仪和情感培育等多方面的问题。教师作为家庭教育指导者，必须与时俱进，除学科专业知识外，还需具备教育学、心理学、社会学等的知识与能力；能够相对正确地分析判断家庭教育的问题情况；能够将心比心，对家长的心理进行分析引导，提供比较成熟的专业化意见；要能不断地自我修炼，做一名心态阳光的教师，先取悦自己，再照亮他人；先做强自己，要肯干、能干、会干，还要具备给家长讲课、策划家长会、应对家访校访、开发家长课程等综合素养。

三、活动形式

1. 专题讲座

邀请家庭教育专家解读最新政策文件，使教师在家庭教育中的定位与职责清晰化，掌握最新的家庭教育方法策略，明确家庭教育指导所必需的专业成长路径。

2. 沙龙

通过沙龙互动讨论，教师们可以进行案例分析，分享实操经验，共同探讨如何更好地履行在家庭教育指导中的职责。

3. 工作坊

聚焦不同年龄段家长的家庭教育现状和问题，开展教师家庭教育工作坊，通过情景再现、深度对话、共同探索等方式，帮助教师明晰自身在家庭教育指导实践中的定位与职责。

四、活动组织

1. 活动准备

在学校组织下开展家庭教育指导工作坊，邀请有兴趣的老师参与工作坊，旨在帮助教师深刻理解自己在家庭教育指导中的定位与职责，激发教师从事家庭教育指导的动力；联系资深的家庭教育专家，确定本次工作坊的目的、主题、形式、时间等内容。

2. 活动执行

引导每位教师深入学习、思考和发言探讨，明确教师投身家庭教育指导的初心、价值观，才能让教师对家庭教育指导更加重视，并且有所行动。

主题 2　家庭教育的目标、内容与教养方式

家庭教育是在一定教育目标的指导下进行的。家庭教育的目标制约着家庭教育的内容、途径和方法，指导着家庭教育的过程和活动，影响着家庭教育的方向和评价，甚至决定着家庭教育的效果和成败。

如果没有目标，家庭教育的内容就会陷入空虚盲目；如果没有内容，家庭教育的目标就会无法实现。从客观角度来看，家庭教育的目标决定着家庭教育内容的选择和实施；反之，离开了家庭教育赖以实施的教育内容，家庭教育目标只能是流于形式的空中楼阁。

一、活动目的

（1）通过培训，使教师明确家庭教育的目标，以目标来导航家庭教育，真正为国家和

社会以德育人，培养面向未来的人才。

（2）通过培训，使教师掌握家庭教育目标引领下的具体内容，掌握科学的家庭教养方式，学以致用，为开展家庭教育指导服务奠定知识基础。

二、活动内容

（一）家庭教育的目标

学校教育和家庭教育是国民教育的两大支柱，它们相互独立而又相辅相成。学校教育是儿童增长知识的主场；家庭教育是孩子教育的起点，在培养孩子人格与情感发展方面发挥着不可替代的作用。教育始于家庭，《家庭教育促进法》的颁布，使传统"家事"上升为"国事"。

家庭教育目标主要是指通过家庭教育过程，培养什么样的孩子。联合国教科文组织于1986年提出了教育的四大支柱，即学会求知、学会做事、学会合作、学会生存与发展。教育是培根、铸魂、启智、润心的工程，为的是培养人终身幸福的能力。教育的真正意义是让生命活得更加精彩，让每个人能够获得健康、全面、有个性的发展，而教育始于家庭，家庭教育是孩子教育成长的重中之重。

1. 家庭教育总目标（国家层面）：为国家和社会培养未来的人才

家庭教育总目标集中反映了社会和时代对培养人才共同的要求。家庭教育、学校教育、社会教育相互联系和配合，共同为实现教育总目标（即一切形式教育的目标总称）服务。我国的教育总目标是贯彻"教育必须为社会主义现代化建设服务、为人民服务，必须与生产劳动和社会实践相结合，培养德、智、体、美等全面发展的社会主义建设者和接班人"的教育方针，为国家和社会培养面向未来的人才。家庭教育是社会主义教育的重要组成部分，家庭教育总目标就是遵循教育方针，教育子女成为会学习、会劳动、会生活，有理想、有道德、有文化、有纪律的社会主义公民。

2. 家庭教育具体目标（社会层面）：促进儿童社会化

儿童社会化是指儿童在成长过程中，通过参与社会和与社会成员的互动，逐渐习得和内化社会的价值观、规范、行为准则，以及与他人相处的技能。这个过程主要发生在家庭、学校、同伴群体等社会环境中。在教育总目标的具体实施过程中，家庭教育、学校教育、社会教育三种不同教育形式，在教育目标上各有侧重，家庭教育对儿童的影响更多地集中于培养儿童适应社会生活的能力和形成良好的个性。人从母体来到人间，最先接触的是家庭，家长潜移默化地把各种社会文化规范、生活技能和传统道德习俗等价值观念传递给儿童，使其在成长的同时也获得品格的塑造，并逐渐成长为适应时代发展的人。

3. 家庭教育个体目标（儿童层面）

家庭教育个体目标即传承良好家风家教，促进家庭和睦、家庭成员身心健康、生活幸福。在家庭教育中对未成年人开展道德品质、身体素质、生活技能、文化修养、行为习惯等方面的教育，积极引导使其成为有价值感和幸福感的人。

家庭教育要培养幸福感，"幸福"是个体感受到美好的最重要因素。什么是幸福？相关研究表明，幸福是一种主观感受，源于每一个人内心最真实地感到满足、愉悦和快乐的体验。幸福的个体与幸福的家庭相辅相成，家庭成员之间和睦相处、相互尊重、相互支持、相亲相爱，家庭个体无论身处何时何地都能感受家的温暖和爱。家，永远是个体生命最安全的港湾和精神的归属。家庭幸福，儿童才会幸福。

家庭教育要培养"成人"。先成人再成才是父母对孩子的希望，儿童的健康成长是父母重要的投资。儿童是否"成人"，体现在其是否拥有独立完整的人格、健康的体魄、乐观的精神、积极的心态，是否讲规矩、守规则，是否有良好的习惯和人际交往能力，是否拥有自主、自律的品性。

家长要和孩子"共同成长"，这是家庭教育目标能否达成的关键要素。父母是儿童最好的榜样，父母尊重儿童天性，理解儿童，读懂儿童当下的喜、怒、哀、乐、惧等不同情感的需求，积极回应儿童，合理地满足儿童的需求，为孩子长远发展奠定基础。

（二）家庭教育的内容

"家庭教育的目标"与"内容、教养方式"的关系相当于道和术的关系。《道德经》："有道无术，术尚可求也，有术无道，止于术。"《史记》："以道御术，以术辅道。"如果"道"是家庭教育的目标，那么"内容和教养方式"就是家庭教育的"术"。

1. 依法从教，以六条内容为指引

《家庭教育促进法》第十六条明确指出，未成年人的父母或者其他监护人应当针对不同年龄段未成年人的身心发展特点，以下列内容为指引，开展家庭教育：

（1）教育未成年人爱党、爱国、爱人民、爱集体、爱社会主义，树立维护国家统一的观念，铸牢中华民族共同体意识，培养家国情怀；

（2）教育未成年人崇德向善、尊老爱幼、热爱家庭、勤俭节约、团结互助、诚信友爱、遵纪守法，培养其良好社会公德、家庭美德、个人品德意识和法治意识；

（3）帮助未成年人树立正确的成才观，引导其培养广泛兴趣爱好、健康审美追求和良好学习习惯，增强科学探索精神、创新意识和能力；

（4）保证未成年人营养均衡、科学运动、睡眠充足、身心愉悦，引导其养成良好生活习惯和行为习惯，促进其身心健康发展；

（5）关注未成年人心理健康，教导其珍爱生命，对其进行交通出行、健康上网和防欺凌、防溺水、防诈骗、防拐卖、防性侵等方面的安全知识教育，帮助其掌握安全知识和技能，增强其自我保护的意识和能力；

（6）帮助未成年人树立正确的劳动观念，参加力所能及的劳动，提高生活自理能力和独立生活能力，养成吃苦耐劳的优秀品格和热爱劳动的良好习惯。

2. 不同维度，以健全人格为基点

家庭教育的内容首先是以德育人，包括公德教育，即公民所应当遵循的基本道德；私德教育，即恋爱、结婚、家庭观的教育。家庭教育要注重青少年品德的发展，强调德、智、体、美、劳的全面发展。如赵忠心教授在《家庭教育学》中指出，家庭教育的内容应该包括家庭德育、智育、体育、美育和劳动教育，并指出当代家长必须重视培养孩子的竞争意识、适应社会和竞争的能力。

其次是家庭个性素养养成，包含儿童气质与健全性格的培育，以及能力获得和智力开发。家长应在孩子很小的年纪就给予孩子爱和规矩。被爱过的孩子，一生的性格底色是明亮的、温暖的、有安全感的。即使经历挫折与苦难，他们对这个世界的态度，依然会是积极的，有信任感的。有规矩、有原则的孩子，在大是大非面前，因为早年被正向的价值体系和是非观塑造过，不会轻易跑偏，也更容易抵御诱惑。

再次是家庭社会能力培养，包含社会生活能力和行为习惯培养，以及语言交流能力和社会交往能力的培养。陈鹤琴在《家庭教育》中指出，儿童的早期家庭教育在人的一生成长发展过程中起奠基作用，他提出了101条家庭教育原则，提出了家庭教育的任务和内容是培养训练儿童良好的习惯。培养孩子适应社会发展的核心心理社会能力，处理人与己、人与人、人与事物的关系，认识自己，特别是深度认识自我核心价值、人生意义、兴趣能力，知道未来的目标，建立好核心自我概念。

（三）教养方式

教养方式指父母在对子女实施教育和抚养过程中采用的方法和策略，通常反映了家庭的文化、价值观和父母的个人信念。家庭教育中有两种力量在影响孩子的成长与发展，一是孩子自身的气质特点；二是父母对孩子的教养方式。作为施教者的父母，持有的不同的教养方法，会对孩子成长产生不同的作用。

1. 四种常见教养方式与特点

中外学者从不同角度对父母的教养方式进行了研究，划出不同的类型，主要有专制型、权威型、溺爱型、忽视型这四类教养方式。

（1）专制型的特点是高要求、低反应。这类父母专断独裁，根据自己的意志设定一些刻板的规则，不容商榷，并要求孩子尊重他们的权威。这种教养方式对于孩子要求很高、很严格，但是所提要求往往不以孩子的能力为前提，而是从自己的主观愿望出发。对于孩子日常的活动、学习、生活习惯、交友等方面都有干预，对于孩子的兴趣爱好、职业选择也有很强的控制欲。他们不太考虑孩子的感受，不能听取孩子的意见，对孩子采取的是"我说了什么，你就要照着做"的方式，要求孩子对自己提出的要求无条件服从。这类孩子往往焦虑、退缩，不幸福感强，遇到挫折易产生敌对情绪。到了青春期，叛逆的可能性增大，因为他的需求一直得不到满足。长大后，要么叛逆成功找到自我，要么没有自我，什么都听父母的，如生活中所见的"妈宝男"就是控制型家庭的产物。

（2）权威型的特点是高要求、高反应。与专制型的父母相比，权威型父母尊重孩子，能够根据孩子实际能力提出合理的要求，并且说明遵守这些规则的理由。他们更多地接纳孩子的观点并做出反应，且动之以情，晓之以理，激发孩子的内动力和效能感，同时给予孩子一些自主权来决定如何更好地达到目标。父母关注孩子各方面需求，爱孩子，接纳孩子，会和孩子一起协商设立一定的行为目标，明确要求能做什么不能做什么，并不会通过强制的方式让孩子实现目标。跟孩子平等相待，以身作则，同时满足孩子合理的需求。虽然父母尊重孩子，注重孩子个人发展，对孩子充满关爱，但有一定的限制和约束。这种方式培养出来的孩子情绪平和，独立自主，幸福感强，适应性强，有高自尊和高自我控制能力等。他们在规则意识、语言表达、思维发展等各方面都会表现得比较出色。

（3）溺爱型的特点是低要求、高反应。溺爱型父母通常对孩子的要求低，他们很少对孩子提要求，但是对孩子的需求却是高度反应。父母对子女照顾过多，允许孩子表达自己的意图和感受，没有什么限制，允许孩子按自己的方式行事。对于孩子日常提出来的各种要求，父母都会百依百顺，为了孩子恨不得九天揽月，无论孩子要求是否合理，即便自身没有条件，也会创造条件满足。日常生活中孩子犯错也不批评，甚至不敢批评。长时间无条件的溺爱，无底线的纵容就会养育出来容易冲动、不服从、叛逆、苛求且依赖性强、缺乏毅力的孩子。溺爱对孩子来说就是甜蜜的毒药。

（4）忽视型的特点是低要求、低反应。父母对孩子通常要求很低甚至没要求，看不见孩子的需求，孩子容易受到伤害。他们不关心孩子的成长，不对孩子提出任何要求和行为标准，在情感上也表现得漠然，缺少对孩子的教育和爱。这类孩子在认知、情绪、社会性发展上的能力存在缺陷；自我控制力差，一般容易学业不良。父母对孩子的成长漠不关心，既没有要求也没有关心。极端的忽视是对孩子的虐待，是对孩子情感生活和物质生活的剥夺。

每种教养方式都可能对儿童的发展产生影响。研究表明，权威式教养方式通常与积极的儿童发展结果相关。任何一种教养方式不会孤立存在，没有绝对适合所有孩子成长的教养方式，但是我们教师要明确家庭教育的目标、内容和教养方式，更重要的是还要有一双慧眼，面对真实的学生个体能否辨别出不同家长的教养方式，家庭教育的目标和内容是否基本遵循教育之道。

2. 指导采取适合的教养方式

显而易见，我们倡导采取权威型智慧父母的教养方式，但是现实生活中，家庭的教养方式会几种类型并用，且随着孩子的成长与父母观念的变化而发生调整。作为教师要帮助家长了解各种家庭教养方式的特点，并指导采取适合孩子的教养方式来培养孩子。《家庭教育促进法》第二章第十七条指出未成年人的父母或者其他监护人实施家庭教育，应当关注未成年人的生理、心理、智力发展状况，尊重其参与相关家庭事务和发表意见的权利，合理运用以下方式方法：

一是亲自养育，加强亲子陪伴；二是共同参与，发挥父母双方的作用；三是相机而教，寓教于日常生活之中；四是潜移默化，言传与身教相结合；五是严慈相济，关心爱护与严格要求并重；六是尊重差异，根据年龄和个性特点进行科学引导；七是平等交流，予以尊重、理解和鼓励；八是相互促进，父母与子女共同成长；九是其他有益于未成年人全面发展、健康成长的方式方法。

3. 良好的教养方式倡导要点

（1）教养方式要一致。现实的操作中以上列举的这些教养方式会不断相互交织和重复，家中所有承担教养责任的成年人，对孩子采取的教养方式要尽可能一致，尽可能以权威民主的、智慧父母的教养方式为主。父母首先能够在教育和培养孩子的问题上达成共识，再争取长辈的支持与协同，这是最理想一致性的家庭教养方式。孩子若有"叫不听"和"管不动"的状况出现，基本可以判断孩子可能因家人的教养方式不一致而受到了影响。

（2）教养方式可调整。不同的阶段，教养方式可以有些侧重，适合的才是最好的，教养方式没有绝对，只有相对。教师要引导家长不断提升教养能力，良好的家庭教育是在和孩子共同生活、共同陪伴当中，对孩子产生积极的影响，使孩子产生归属感、安全感，教育自然发生且效果好。例如，幼儿时期和小学学龄阶段，每天和孩子用餐，玩家庭游戏，睡前亲子共读，和孩子在周末、假期一起爬山、逛公园，参观博物馆、展览馆，看影视剧，增进感情，左手爱、右手立规矩；青春期，更要营造温馨的家庭环境，李希贵校长曾说："教育学其实就是关系学"，这个规律在家里也一样，理解尊重孩子，关系和谐了，亲子之间建立了信任关系，孩子的教养就成功了一半。

三、活动形式

本主题可采用"主题讲座＋小组研讨"的形式进行，旨在帮助家长深入理解家庭教育的重要性，制订明确的家庭教育目标。通过互动、学习和分享，使家庭教育成为一个有计划、有目标的过程。

四、活动组织

1. 主题讲座：探讨家庭教育的核心目标

邀请家庭教育专家分享家庭教育的核心目标，强调家庭教育对孩子成长的重要性，引导家长思考自己对家庭教育的期望和目标。

2. 小组讨论：制订明确的家庭教育目标

将家长分成小组，鼓励他们深入探讨并制订明确的家庭教育目标；分享小组讨论结果，激发家长之间的互相启发和共鸣，增强家长的行动能力。

主题 3 成长型思维与家庭教育

斯坦福大学心理学教授卡罗尔·德韦克（Carol S.Dweck）博士在她的著作《终身成长：重新定义成功的思维模式》中首次提出了"成长型思维"的概念，它是相对于固定型思维的一种思维模式，即以一种开放而非固化的心态看待世界和你在世界中所处的位置。拥有成长型思维的人相信，人的能力是可以通过时间、努力和练习不断拓展的，他们认为人生要取得成功，主要不是由先天的能力和天赋决定的，而是更多地取决于后天的努力，取决于人们的思维模式。

一个拥有成长型思维模式的人，在对待努力、挑战、失败、他人的成功和来自他人的批评时，都和拥有固定型思维模式的人呈现出极大的差别。拥有成长型思维的人，会把自身面临的困难、挑战、挫折，当成是成长的契机，从而积极面对。成长型思维可以通过教育来培养，家长和教师在这一过程中起着至关重要的作用。因此，教师在进行家庭教育指导时，需要将成长型思维的理念和技巧传递给家长。

一、活动目的

通过培训，使教师掌握成长型思维和固定型思维的区别，掌握培养成长型思维的方法，继而引导家长积极行动，促进孩子更加自信、积极地迎接生命的各种挑战。

二、活动内容

设计活动内容时，可以从成长型思维和固定型思维两种思维模式的对比、如何成为成长型家长、培养孩子成长型思维的方法和培养孩子成长型思维的步骤四个方面，梳理此主题并对家长进行指导。

（一）成长型思维和固定型思维模式

1. 两种思维模式对比

具有成长型思维的人认为：虽然人的先天能力和天赋各不相同，但每个人都可以通过努力学习，使个人不断改变和成长。

具有固定型思维的人认为：人的能力、智商等特质，都是固定的，是终身不变的。

德韦克的团队测查了 373 名七年级初中生的思维模式并追踪了他们在随后几年的学业成绩，结果发现那些认为自身智力不可控制、具有固定型思维模式的学生成绩没有显著提升；而那些认为自身智力是可以改变的、具有成长型思维模式的孩子的成绩则稳步提升。可见，人的思维模式蕴含了巨大的能量。成长型思维模式是助力个体成功与幸福的关键因素，这需要家长在孩子成长过程中慢慢培养。成长型思维模式和固定型思维模式的对比如图 3-1 所示。

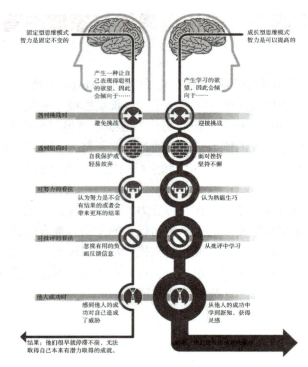

图 3-1 成长型思维模式和固定型思维模式对比

（二）如何成为成长型家长

在孩子的成长过程中，父母是非常重要的角色，也是孩子思维模式的塑造者。父母的言行不仅透露自身的思维模式，也影响着孩子思维模式的形成。只有家长改变自己的言行，才能培养自己和孩子成为成长型思维的人。

1. 自我觉察：你是成长型思维的家长吗？

思维模式是那些深植在我们心中关于自己、别人及周围世界每个层面的假设、形象和故事，它受习惯思维、定势思维、已有知识的限制。作为家长，需要静下来，识破思维模型的机关，担当打破困局的主导者。家长可自我觉察下自己是不是成长型思维的家长，可参照表 3-1。

表 3-1 成长型思维与固定型思维觉察表

情景	固定型思维	成长型思维
当孩子犯错时	孩子屡教不改，真想揍他一顿	孩子遇到了困难，需要我的帮助
当孩子学不会时	孩子怎么教都教不会，真是不开窍	因为理解力和知识储备与大人不同，我需要换一种讲法
当孩子成绩落后时	孩子又考砸了，简直没救了	孩子还有很大的进步空间，我要跟他一起想办法
当孩子发脾气时	我数"123"再不闭嘴，就不喜欢你了	跟着深呼吸，等你冷静下来后我们再讨论该怎么做

续表

情景	固定型思维	成长型思维
当孩子不如别人时	这孩子一点也不争气，太丢脸了	每个孩子都有自己的花期，我能做的就是陪伴、发现和等待
当孩子不听话时	孩子必须听大人的话，父母永远是为他好	不必一切都听大人的，父母也有做错的时候
当孩子偷懒时	看到孩子不努力的样子，就忍不住教训他	明白他需要的其实是一个能一起努力的伙伴

教师引导家长通过自我觉察，判断自己是哪类家长，让家长理解"拥有成长型思维的父母，才是孩子一生的福气"。

2. 成长型思维的四大原则

对一个家庭来说，教育是否成功，很大程度上取决于思维模式。具有成长型思维的父母不仅能有效应对孩子成长中的各种挑战，还能在育儿过程中不断提升自我，与孩子共同成长。教师要引导家长遵循四大原则去学习改变，在挑战的过程中让孩子看到自己的家长也是一个具有成长型思维方式的人，陪伴孩子一同成长，做孩子的能量场和好榜样。

（1）自我认知：了解自己的性格、价值观和教育理念是成为成长型父母的关键。通过觉察与反思，深入了解自己，更好地把握自己的优势和短板，有针对性地调整育儿策略。同时，还能与孩子建立更加紧密的关系，为他们的全面发展提供有力支持。

（2）开放心态：教育是一个不断进化的过程，要想成为成长型父母，必须保持开放的心态，积极拥抱新的教育理念和方法。通过持续学习和发展，更好地理解孩子的需求和兴趣，为他们提供更具启发性的学习体验，切忌贴标签。与此同时，让自我的开放心态激发孩子的好奇心和探索精神，助力他们全面发展。

（3）灵活适应：孩子的成长是一个不断变化的过程，父母要有双向视角，不仅要从自己的视角出发看问题，也要学会从孩子的视角看待问题，根据孩子的需求和发展调整自己的角色和职责，更好地应对孩子成长中的各种挑战和变化，为孩子提供恰到好处的支持和引导。

（4）持续学习：每个孩子背后的问题很多来自父母的问题，每个莫名的表象深处，都有一个潜意识等着我们去探究，家长只有持续学习，努力探索与时俱进的教育方式，才能成为孩子成长道路上的引路人，为他们提供充满爱和智慧的陪伴。推荐阅读《终身成长》《成长型思维训练》。

（三）培养孩子成长型思维的方法

培养孩子的成长型思维，更多地取决于后天养育方式（孩子的成长环境、家长的养育方式等），如如何表扬孩子，如何引导孩子对待错误和失败，如何对孩子的行为进行反馈，如何和孩子一起反思每个事件，如何解释现象和孩子的感受，这些都是培养孩子成长型思维的方法。

1. 通过表扬机制培养孩子的成长型思维

表扬机制是对孩子最大的肯定，无论是哪个阶段的孩子都渴望得到家长的表扬和肯定。建议家长表扬孩子付出的努力而不是表扬其聪明；表扬过程而不是表扬结果；表扬成长而不是表扬表现，让孩子在动态发展的过程中审视成功与失败，敢于接纳成功与失败，逐步形成人生可控、努力即可进步的观念。如当孩子遇到具有挑战性的学习难题、花费很长时间才解答出来，这时，家长可以给孩子一个大大的拥抱，表扬他遇到难题不轻易放弃，给予他信心；当孩子某一次考试比上次已经有很大进步，但孩子还是有些不满意而内心难过时，家长就应对孩子说："你已经很棒了！只要你一直这么努力，下次一定会更好，爸爸妈妈相信你！"当孩子学业自我效能感水平比较低，认为自己虽已完成学业任务但总感觉完成得不够好时，家长应及时给予孩子表扬："其实一个人的能力和水平不是一成不变的，只要你愿意付出时间和精力，都是可以提升的，这次你就做得非常好！"

家长的表扬有助于孩子思维方式发生变化，有利于培养孩子的成长型思维。那家长应该如何表扬孩子呢？

（1）表扬真诚如实。有研究说：夸大的表扬，对于本来就高自尊的孩子或许有一些好处，可以给予他们足够强的动力，但是，对低自尊的孩子会使他更加低自尊。父母过度的夸奖会导致孩子错误高估自我的价值感，当他面对现实的挫折与困难时则显得非常脆弱，他会为了维持一个非常高大的自我形象，不断地夸大自己的成就，甚至通过炫耀自己或者是贬低别人，以及逃避困难来保持自我形象不被破坏。

（2）表扬过程努力。肯定孩子的努力过程比肯定他们的天赋更加重要，每个孩子都希望在精神上得到父母对自己的关注与认可，家长要表扬他为形成有效的解决办法而付出的努力，并侧重表扬孩子的可控因素，而不是环境或其他外界因素，这样可以提升孩子的自我效能感。

（3）表扬具体行为。如果孩子年纪较小，更要注意将表扬具体化。当你笼统、概括地表扬他时，他接收到的信号只是"我很棒"，但是他的正确行为没有得到及时的强化，导致家长在具体的行为指引上浪费了一次好机会。对孩子做得好的地方，尝试用"我看见、我听见、我发现（具体行为）+ 这就是（品质）"进行表扬，让孩子学会总结自己的成功之处，鼓励他独立思考，同时也强化他的自主感受。

2. 通过不贴负面标签的批评培养孩子的成长型思维

用标签化的负面语言评价孩子，对于孩子的自我认知发展十分不利。当孩子的自我认知还没有发展完善时，这些外在标签很容易发展成为自我标签，会让孩子觉得现在的失败是因为自己不够好，久而久之就会形成固定型思维。负面标签如下，家长可以对照看自己是否给孩子贴了负面标签：

（1）指向个人批评：我对你很失望（批评的焦点指向儿童自身，会让孩子对自己的感觉很糟糕，让孩子在情绪感受、坚持度上的评分最低）。

（2）指向结果批评：这不是正确的做法（批评的是行为结果，不是过程，而且缺少家长的正向指引）。

以上负面标签，可以改为对儿童完成任务中的努力程度、所运用的方法进行反馈，能让孩子愿意迎难而上。

3. 通过合理看待失败培养孩子的成长型思维

错误和失败是孩子绝佳的成长机会，正确的应对方式可以把失败纳入可控的范围，成为"可回收垃圾"。建议家长要理解和允许孩子犯错，及时安抚孩子的情绪，强调家长的爱和积极期望，将错误"一般化"并解释失败的积极作用，将孩子的关注点引至积极方面，一步步思考寻找新的解决方法。研究发现，勇于积极挑战的孩子，他们大脑中的神经元会形成新的、更强的连接，因此他们会变得更优秀。

客观如实找原因：哪里做得不好？是什么地方有漏洞？主要的原因是什么？

找寻针对性方法：怎么可以提升自己呢？谁可以帮助自己？需要制订计划吗？

阶段性检验成果：发现自己的进步点，明白只要继续加强努力，就可以战胜困难、征服目标。

4. 通过营造温馨氛围培养孩子成长型思维

家庭氛围对孩子的影响是非常大的。家长要给孩子营造一个温馨的家庭氛围，将成长型思维融入家庭生活中，保持和孩子对话的开放性，尊重并倾听孩子的观点，征求他们的建议、解决方案和想法。鼓励孩子在日常生活中寻找成长型思维的例子，如电视上的、新闻里的或学校里的等，也可以分享家长自己成长和学习的经历，坦率地说出自己犯的错误，以及从错误中学到了什么，慢慢引导孩子走出自己的舒适区，去学习和挑战新的任务。

家长可以和孩子一起制订《成长型思维学习日志》（表3-2），引导孩子重新去面对失败与挣扎。如决定想要学习的新技能，记录在学习过程中遇到的小挑战，以及孩子所采取的勇敢尝试行为、进步关键点和具体表现等。家长在每个阶段结束后，应和孩子一起读成长型思维日志，从中感受成长型思维给自己带来的改变和进步。

表3-2　成长型思维学习日志

我想学习/挑战的是：
学会这个的最终期限是：
为了学好它，我可利用的资源是：
我所预料到的障碍是：
我需要做些事情来克服它们：
我的固定型思维也许会说：
我的成长型思维会回复说：

（四）培养孩子成长型思维的步骤

成长型思维是一种积极的心态，它能够帮助孩子在面对挑战和困难时更加坚韧和有耐心。成长型思维的核心是相信自己可以不断地学习和成长，而不是认为自己的能力是固定的。教师通过介绍成长型思维的四个步骤，助力家长培养孩子积极的心态，拥有成长型思维。

（1）接受挑战：培养成长型思维的第一步是接受挑战。首先要敢于尝试新的事物，即使不确定自己是否能够成功。接受挑战可以发现自己的潜力和能力，同时也可以让人更加自信和有勇气去面对未来的挑战。

接受挑战的关键是要有一个积极的心态。需要相信自己可以学习和成长，即使在开始时并不完全掌握所需的技能或知识。要相信自己可以通过不断地尝试和学习来克服困难和挑战。

（2）体察自我：观察自己的固定型思维方式，明确它出现的原因，问问自己：是什么激发了固定思维？是在面临一个巨大挑战的时候吗（学业压力、同伴关系、亲子关系等）？在这种思维模式下，我是怎么对待别人的？他的感受如何？在这种思维模式下，我是怎么对待自己的？我的感受如何？引导孩子冷静地反思固定型思维什么时候会出现、是什么性格、如何影响了自己的想法和决定。

（3）接受反馈：学会接受他人的意见和建议，即使它们可能与自己想法不同，也要相信他人的意见和建议是有价值的，以便更好地改进自己的表现和能力。接受反馈可以发现自己的不足和弱点，同时也可以让人更加自信，有勇气去面对未来的挑战。

（4）坚持不懈：坚持不懈的关键是要有一个强大的动力。要找到一个激励自己的动力，如追求成功、实现梦想、获得认可等。要制订一个明确的目标，并为实现这个目标而努力。还要不断地反思和总结自己的表现和经验，以便更好地提升自己的能力。

三、活动形式

指导家长了解并掌握培养成长型思维的方法与步骤，教师可以借助学校的数字家长学校、微信公众号、班级钉钉群等方式，推送一些数字资料，供家长有选择地学习。除此之外，还可以通过专题讲座、分组交流及个别对话等形式指导活动。

1. 专题讲座

专题讲座是一种形式较为简单的方式，也是教师组织培训中较为常见的一种方式。这种活动形式，最大的优点在于信息量大，适用于将成长型思维的相关知识与方法密集传递，但是缺点也较为明显，就是效果不理想。不同的对象需求也不同，效果自然无法达到预期。组织专题讲座时，需要提前预告讲座的内容，可以探索让家长"自愿参加"的组织办法，以此提高讲座的质量。

2. 情境模拟

情境模拟是将一些小品艺术的形式搬进家庭教育指导中。可以邀请教师、家长，甚至学生，组建一种成长型思维和固定型思维处事的场景，通过呈现熟悉的亲子相处场景，引导家长觉察自己对孩子的评价，是如何影响孩子面对问题时的思维模式和应对方法的，使培训对象有一种亲历感，从中感悟成长型思维的技巧。当然，这种方法前期的准备很费力，需要撰写剧本、寻找角色、排演，才能正式使用。有一种折中的方式，就是事先录制，现场以视频的方式展现，虽效果不如现场，但可以减轻教师的工作压力。

3. 分组讨论

用分组讨论的方式分享自己在培养孩子成长型思维方式中的体会。一般 8 人一组最为合适，时间为 1 h，这样既能充分表达每个人的意见与想法，也有时间将一个问题讨论得更为透彻。这种方法要求教师有较为专业的引领与"点睛"能力。可每组配备一位领衔人，可以是专家或经验丰富的教师，分组之前，可以统一引领基调，确保分组讨论的教育价值。讨论后，每组派代表分享本组的心得，最后组织专家老师进行主题要点小结与后续思考。

4. 个别对话

个别对话是一种现场指导的形式。一般不是预先设计的，并不是独立存在的一种组织形式。个别对话往往与专题讲座、情景模拟、分组讨论等组织形式结合在一起，如专家讲座结束后，有些教师还意犹未尽，与专家一对一交流，旁边有些人围观。事实上，这时是培训效果的最佳时刻。首先，培训对象的主动性被激发；其次，讨论的问题更为具体与聚焦，利于解决培训对象的实际问题。因此，在一些组织形式结束时，可以设计 15～20 min 的自由提问，这一阶段就属于"个别对话"。

四、活动组织

成长型思维的主题，更多是在企业里培训，涉及家庭方面的比较少。为此，教师在组织以成长型思维为主题的培训活动时，需要把握以下三点注意事项。

1. 内容选择

改变从来不是一件容易的事，尤其是改变自己的思维模式。主要原因在于，生活中的我们很多时候把很大一部分精力用于关注外界对自己的评价上，而不专注于提高自己的能力，喜欢待在舒适区而拒绝改变。所以此主题，首先要让家长了解成长型思维给学习生活带来的好处，让他们有改变的意愿，同时通过方法与策略来培养成长型思维。在传授知识与方法时，需要强调感悟和模拟，如情景模拟、案例实操，来指导家长学习运用；强调实用性和操作性，重点解决家长培养孩子成长型思维的方法与技巧。

2. 组织流程

活动组织一般需要遵循准备、实施与总结三个基本环节。准备阶段需要做好三件事：一是邀请主讲人，确定活动主题与内容；二是确定活动的时间与地点并公布，有条件的可以制作宣传海报；三是提前摸底，了解培训对象对活动内容的期望，并告知主讲人做好准备。实施阶段主要是会场秩序的组织，如场地纪律、指定座位、事先调试多媒体设备等，最为重要的是需要设计备案。总结阶段除活动报道外，最后要将活动内容梳理成框架，再传播给培训对象，使培训对象可以查漏补缺，实现第二次学习。

3. 实施策略

活动实施时，需要借助成长型思维与家庭教育为主题的培训内容，提升教师的指导能力。

主题4　儿童身心发展特点与养育要点

《儿童发展心理学》中说到，从出生到十七八岁是儿童生长发育最旺盛、变化最快，同时也是可塑性最强的时期。在孩子的成长过程中，除先天基因外，后天塑造行为的环境也非常重要。这些影响因素中，有生物性的，也有社会性的。其中，社会性的影响在孩子成年之前，更倾向于父母从小对孩子的行为塑造。不同年龄段，孩子身心发展特点不一样，需要父母不同的角色定位和陪伴方式，科学养育孩子，对症下药。《全国家庭教育指导大纲》也明确指出家庭教育指导应遵循"儿童为本""家长为主体""多向互动"三项原则，注重科学性、针对性和适用性。然而现实中，因父母不了解孩子每个年龄阶段的行为特点和想法，忽略了其成长的一些关键期，导致各种冲突、过分焦虑或走弯路的情况比比皆是。教师在家庭教育指导时，要根据《儿童发展心理学》《全国家庭教育指导大纲》并结合埃里克森人格发展理论、皮亚杰儿童心理发展阶段等，帮助家长了解孩子每个阶段的特点和养育方式，并引导家长透过现象找到本质，从源头上解决问题。

一、活动目的

通过培训，使教师能够根据儿童身心发展特点及养育要点，对家长进行科学合理的教育培训和指导，使家长明白科学养育孩子，需要家长了解孩子的身心特点，尊重儿童身心发展规律，尊重儿童的合理需要与个性，创设适合儿童成长的必要条件和生活情境。

二、活动内容

教师在培训时可围绕《全国家庭教育指导大纲》，聚焦不同年龄阶段孩子的成长节点，通过科学且有针对性地解读，引导家长找到契合相应年龄段孩子特点的养育策略。设计与开展活动时，可以从儿童家庭教育指导、埃里克森心理发展八阶段、皮亚杰儿童心理发展阶段、儿童家庭教育养育要点、儿童家庭教育养育新理念五个方面，对家长进行指导。

（一）儿童家庭教育指导

儿童发展既有连续性又有阶段性，既有共性也有个性。家庭作为人生的第一所学校，家长作为孩子的第一任老师，家庭生活中父母对孩子的教育和影响，对其良好行为习惯、思想品德、价值观的形成以及健全人格培养等都具有基础性作用，作为教师应该清楚地掌握这些理论要点，指导家长应依据儿童成长特点，采取科学的教养方式，给予恰到好处的爱。

1. 0～3岁儿童家庭教育指导

0～3岁儿童的身心发展特点：0～3岁是儿童身心发展最快的时期，身高和体重迅速增长，神经系统结构发展迅速；感觉器官逐渐成熟，开始对声音、光线、触摸等做出反应；学会逐渐控制头部、坐立、爬行、站立、行走等运动能力；通过模仿等途径学习语言；表现出一定的交往倾向，乐于探索周围世界；对家长有强烈的情感需求；到3岁时，儿童逐渐形成自我的概念。

家庭教育指导内容要点：提倡母乳喂养，建立规律的作息和饮食习惯；为儿童提供安全、稳定、温暖、整洁的家居环境；通过抚摸、拥抱、眼神交流等方式，建立健康的亲子关系；提供适宜的感官刺激，丰富儿童感知经验；关注儿童的需求和感受，并给予恰当、及时的满足等。

2. 3～6岁儿童家庭教育指导

3～6岁儿童的身心发展特点：3～6岁是儿童成长的关键期，身高和体重稳步增长，大脑、神经、动作技能等获得长足的进步，他们能够进行更为复杂和精细的运动；独立性增强，有了一定的生活自理能力，并且渴望独立完成一件事，以此来获得自我存在感；对情绪的表达更加灵活，开始表现出一定兴趣、爱好、脾气等个性倾向；开始有意识地与同伴交往，建立简单的友谊关系；认知能力、语言表达能力迅速发展，能够更好地表达自己的想法和感受；部分儿童仍旧依恋家长，进而产生分离焦虑。

家庭教育指导内容要点：积极带领儿童感知家乡与祖国的美好；引导儿童关心、尊重他人，学会交往；培养儿童的规则意识，增强社会适应性；加强儿童营养保健和体育锻炼；丰富儿童的探索经验；提高安全意识；培养儿童生活自理能力和劳动意识；科学做好入学准备。

3. 6～12岁儿童家庭教育指导

6～12岁儿童的身心发展特点：这一阶段儿童的生理发展处在相对平稳、均衡的时期，入学学习是儿童生活中的一个重大转折。儿童的身高和体重加速发展；大脑仍在持续快速发展，以具体思维为主，逐步向抽象思维过渡；情绪总体稳定、偶有较大波动；个人气质更加明显；能逐步客观地进行自我评价，注重权威评价；社会交往能力增强，开始有较为稳定的同伴关系；学习能力逐步提高，学习策略逐步完善；自理能力增强。

家庭教育指导内容要点：培养儿童朴素的爱国情感；提升儿童道德修养；培养儿童珍惜生命、尊重自然的意识；培养儿童有效的学习，健康的生活，良好的劳动习惯；积极参与家校社协同教育。

4. 12～15岁儿童家庭教育指导

12～15岁儿童的身心发展特点：12～15岁是孩子从童年向成年的过渡期。儿童的生殖器官逐步发育，出现性冲动和性好奇；整体身体素质好；大脑发展迅速，抽象思维能力增强，记忆和观察水平不断提高；自尊心强，重视外表，建立自我同一性成为本阶段孩子最重要的任务；情绪波动大，敏感易怒，容易有挫折感，情感内隐；易和家长产生冲突；重视同伴交往及其评价，对父母依恋减少；责任心增强，自我控制能力有明显发展。

家庭教育指导内容要点：重视价值观教育；重视孩子青春期人格发展；增强孩子学习动力；提高孩子信息素养；对孩子进行性教育；构建良好的亲子关系；重视生涯规划指导。

5. 15～18岁儿童家庭教育指导

15～18岁儿童的身心发展特点：这一阶段的儿童已经进入青春中后期。儿童在外貌上与成人接近，身体各器官逐步发育成熟，发育进入相对稳定期，认知结构的完整体系基本形成，抽象逻辑思维占据优势地位；情绪不稳定，情感内隐，易感到孤独；重视同性和异性的友谊，并可能萌发爱慕的感情；自制力和意志力增强但仍不成熟；独立性强，有决断力；观察力、联想力迅速发展。

家庭教育指导内容要点：引导儿童树立国家意识；培养儿童法治观念；提高儿童交往合作能力；培养儿童的责任意识；加强儿童美育；指导儿童以平常心对待升学。

（二）埃里克森心理发展八阶段

发展心理学家爱力克·埃里克森最早提出了"终生发展"和"终生教育"的观点，他把自我意识的形成和人格发展的过程划分为八个阶段。前五个阶段属于孩子成长和接受教育的关键期，每一个阶段都有一个独特的发展任务，都存在一个需要面对的"危机"。此理论为不同年龄段的教育提供了理论依据和教育内容，帮助家长理解儿童在不同阶段面临的心理挑战和成长任务（表3-3）。

表3-3 埃里克森心理发展八阶段

阶段与年龄	冲突	重要事件	品质	关键需求	发展顺利的表现	发展障碍者的心理特征
婴儿前期（0～1.5岁）	信任VS怀疑	喂食	希望	养育者精心照顾，足够的爱以及满足婴儿的依赖性需求	婴儿与看护者建立初步的爱与信任感	对外界环境没有安全感
儿童早期（1.5～3岁）	自主VS羞愧	吃饭、穿衣、如厕习惯	意志	父母允许自己做力所能及的事情，并给予鼓励	开始出现符合社会需求的自主性行为	缺乏信心，产生羞愧感
学前期（3～6岁）	主动VS内疚	独立活动	目标	养育者需要支持孩子逐渐出现的独立精神，同时又保持恰当的控制	儿童对周围世界更加主动和好奇，更具自信和责任感	形成退缩、压抑、被动人格，产生内疚
学龄期（6、7～12岁）	勤奋VS自卑	入学	能力	家长和老师必须以充满爱的关注，鼓励儿童顺利完成课程	学习知识、发展能力，学会为人处事，形成成功感	产生自卑和失败感，缺乏基本能力
青少年期（12～18岁）	同一性VS角色混乱	同伴交往	忠实	从别人对他的态度中，从自己扮演的各种社会角色中，逐渐认清自己	在职业、性别角色等方面获得同一性，方向明确	难以始终保持自我一致性，容易丧失信心
成年早期（18～30岁）	亲密VS孤独	爱情婚姻	爱情	发展出与他人的亲密能力	乐于与他人交往，从中获得亲密感	被排斥在群体之外，有孤独感
成年中期（30～60岁）	繁殖VS停滞	教育子女	关怀	自己是否会产生出一些真正有价值的东西？并且考虑能给下一代留下什么	关爱家庭，支持下一代发展，有社会责任感和创造力	过于自我，产生颓废感，生活消极懈怠
成年晚期（60岁之后）	完善VS绝望	反省和接受生活	智慧	避免沉溺于过去的失误，也避免受到马上来的死亡所影响	对人生感到满足，安享晚年	在绝望中度过余生

(三)皮亚杰儿童心理发展阶段

1. 感知运动阶段（0～2岁）

在感知运动阶段，儿童主要凭借感知和运动之间的关系获得动作经验。儿童的智力主要通过动作体现。在动作发展的过程中，这些活动逐渐内化在大脑中，形成了一些心理模型，以适应外部环境，并在适应中不断促使大脑中的图式发展和变化。在1岁以前，婴儿手的抓取和嘴的吸吮是他们探索世界的主要手段。在9～12个月，儿童逐渐获得客体永久性的意识，即当某一客体从儿童视野中消失时，儿童知道该客体仍然存在，并且有可能试图去寻找。

2. 前运算阶段（2～6、7岁）

在前运算阶段，儿童的主要特征是把上一阶段中获得的感知运动图式内化为表象系统，使其具有符号功能，开始能够运用语言或符号来代表他们经历的事物，但还不能很好地掌握概念的概括性和一般性，具体表现为泛灵论、自我中心、思维的不可逆性、未掌握守恒。

3. 具体运算阶段（6、7～11、12岁）

在具体运算阶段，儿童的主要特征是获得守恒概念，思维具有可逆性，可以进行逻辑运算，但仍需要具体事物的支持。因此，这一阶段的认知水平处于依靠具体经验支持的逻辑思维水平。

4. 形式运算阶段（11、12～14、15岁）

在形式运算阶段，儿童的主要特征是思维摆脱具体内容的约束，使形式从内容中解脱出来，能够提出假设，凭借演绎推理等形式解决抽象问题，其认知活动达到抽象逻辑思维水平，并且思维的逻辑性达到了成年人标准。

(四)皮亚杰道德认知发展阶段

1. 自我中心阶段或前道德阶段（2～5岁）

该阶段儿童缺乏按规则来规范行为的自觉性，在亲子关系、同伴关系、价值判断等方面均表现出自我中心倾向。

2. 权威阶段或他律道德阶段（5～8岁）

该阶段儿童表现出对外在权威绝对尊重和顺从，把权威确定的规则看作是绝对的、不可更改的，在评价自己和他人的行为时完全以权威的态度为依据。

3. 可逆性阶段或初步自律道德阶段（8～10岁）

该阶段儿童的思维具有了守恒性和可逆性，他们已经不把规则看成是一成不变的东西，逐渐从他律转入自律。

4. 公正阶段或自律道德阶段（10～12岁）

该阶段的儿童继可逆性之后，公正观念或正义感得到发展，儿童的道德观念倾向于主持公正、平等。

(五)儿童家庭教育养育要点

作家舒天丹说："教育孩子如育花,光靠爱不行!要先搞清楚花的成长规律,然后精心浇水、施肥、呵护,方能成功。"作为家长,只有抓住儿童发展中关键的阶段,才能给孩子更贴心、更科学的关爱与教育。

1. 0～1.5岁婴儿期:建立安全感,给足爱与陪伴

幼年,特别是0～1.5岁,是孩子与父母或重要他人建立依恋关系的重要时期。这个阶段的孩子,脆弱又孤独,没有行动能力,也没有表达能力。他的一切生命存续,都依赖养育者。养育者的回应,构成了他对世界的信念,哭的时候有人哄,难受的时候有人抱,饿的时候立即得到满足。养育者的这些稳定而积极的互动,会让孩子获得最深的满足感和安全感。这种亲密的"依恋"关系是一切教养的根基。

阿德勒说:"我们每个人来到这个世上,都在穷其一生追求两样东西:安全感和价值感。"在孩子生命的头几年,再苦再难也一定要把他带在身边。尤其是母亲,应避免在这段时间与孩子分离,以免错过孩子形成"安全感"和"存在感"的黄金期。

2. 1.5～3岁儿童期:建立自主感,放手尝试和探索

1.5～3岁是儿童心理发展的一个转折期,也是孩子人生的"第一个反抗期"。随着自我意识的萌芽,孩子开始尝试和探索,表现出想要独立和自主的倾向。这个时期的父母要把孩子的很多"坏行为",理解成孩子探索、学习的求知行为。教有技巧要顺势而为、适当迂回,安全第一,不要告诉孩子这个不许碰、那个不许玩,要引导、鼓励和帮助孩子学习简单的生活技能,允许孩子在安全的环境下独立地、自由地支配自己的言行,养成积极思考、极具创造力的思维模式。

同时,试着发现孩子的"幽默"感,支持孩子的"任性",让孩子表达自己。

3. 3～6岁学龄初期:建立自信感,多肯定和赞美

3～6岁是孩子形成"自我"的时期,是教育的关键期。他们的信念、价值观、自我价值、性别认同都在这一时期开始萌芽。由于此时的他们还无法准确、客观地评价自己,所以会留意身边的人,尤其是父母的评价。也就是说,这一时期的孩子,最需要的是父母的肯定、赞美和欣赏。作为父母,不要给孩子贴"负面标签"。要用欣赏的眼光看孩子,让他关于勇气和自信的心理诉求得到充分满足。

这个阶段,也是培养孩子创造力、语言表达能力的高速期,面对孩子的"天马行空""十万个为什么",家长要及时回应,引导鼓励孩子,帮助孩子厘清逻辑,表达清晰。鼓励孩子与同伴玩耍,学会处理与外界的各种冲突,注意幼小衔接。

4. 6～12岁学龄期:立好规矩养习惯

进入小学是孩子身体和心理一个较大的跨度,是性格养成的关键期。李玫瑾教授曾说:"管孩子,一定要在12岁之前。这个时期的孩子,父母的话对他来说就像'金科玉律',更愿意听从。等到了青春期,孩子的自我意识更加强烈,父母的影响力日益衰退,再想改变孩子就难如上青天了。"所以,一定抓住孩子成长的关键期,在生活教养、行为习惯、安全自保等方面给孩子立好规矩。每一个优秀的孩子背后，都有一个善于立规矩的父母。只有尽早给孩子立规矩，孩子才能知道什么是对、什么是错，才能明白什么可为、什么不可为。

8岁左右，孩子对自己对别人的要求突然严苛起来，开始建立起道德是非观念，明白事情与事情之间的因果关系，父母要给孩子全面成长的空间，帮孩子把控好底线和边界。此阶段也是孩子受伤比例最高的时候，父母要全心全意地满足孩子"全部占有"的心理需求。9～10岁是一个分水岭，是孩子学习能力跨越、行动力显著增强的时刻，一旦跨过去就如同登上了一座新的山峰，要特别关注；11岁左右是孩子不太稳定的时刻，青春期初期特征凸显，情绪方面自我意识在成长，独立意识在增强，家长要多关注孩子的情绪变化，学会尊重孩子。

5. 12～18岁青春期：学会尊重和放手

教育学家王占郡说："青春期的孩子开始有了生命主体的觉醒和自我意识的提升，对什么都不再轻易盲从或依附，向往自主独立的自由空间。他们会在'自己做主，寻找伙伴，离开父母，与众不同'四方面表现出独特的兴趣和追求。"所以，青春期对于很多家长来说是一个暴风骤雨的时期。

爱是适当牵起手，也是适时松开手！面对青春期的孩子，父母最需要做的就是尊重和放手。青春期的放手和2岁左右的放手不同，青春期放手更多的是放手给孩子选择权、决定权，只有学会从孩子的世界里撤退，让孩子自己去尝试、去经历，才能真正地成就孩子；其次要多倾听了解孩子的想法，关注孩子的交友，进行立志、三观教育。

养育的要点涉及方方面面，教师可以根据家长的实际情况，结合《儿童发展心理学》《全国家庭教育指导大纲》、埃里克森心理发展理论等，给予家长指导与建议。

（六）儿童家庭教育养育新理念

了解孩子，除了"知其然"，更要"知其所以然"，不仅要了解儿童的身心发展特点，还要明白每个孩子都是不一样的个体。随着时代的进步，我们的教育理念也要与时俱进。

（1）孩子的心理和成人的心理不一样：表现在行为认识的不同，观察角度的不同。作为父母，"首先要学会换位思考，我们不但要'己所不欲，勿施于人'，更要'己所甚欲，慎施于人'。"不要以爱的名义强迫孩子接受他不喜欢或不愿意做的事情，要站在孩子的角度考虑问题，给予引导。

（2）同一年龄的孩子身心不一样：就像男孩和女孩，例如，3.5岁的女孩和5岁男孩的大脑发育程度相仿。在小学阶段，女孩通常会比男孩稍成熟些，父母要做到因材施教，考虑到男孩与女孩的差异。

（3）今天的孩子和昨天的孩子不一样：时代在变化，社会在发展，孩子也在变化。现在的孩子从心理到知识都趋向早熟，心理逐渐复杂。在某些方面孩子可能懂得不比你少。父母也要做到与时俱进，及时反思调整自己的教育理念与方式。

家庭教育的两个关键是关爱和管教。关爱就是无条件的爱，无论孩子是高还是矮、是胖还是瘦、是美还是丑，我们都要爱他，与成绩无关。爱也要有底线，道德和法律就是底线。关爱的目的是要把孩子培养成一个独立的、负责任的人。

三、活动形式

为了指导家长了解并掌握儿童身心发展特点与养育要点，教师可以借助学校的数字家长学校、微信公众号等渠道，发布一些家庭教育科学养育知识，供家长有选择地学习。除此之外，还可以通过专题讲座、分组交流及个别对话等形式进行指导活动。

1. 专题讲座

组织专题讲座时，需要提前预告讲座的内容，并组织家长报名参加。

2. 分组交流

谈论自己的育儿困惑是分组交流这种形式最适合的内容。一般以 8 人为一组最为合适，时间为 1 h，这样既能充分表达每个人的意见与想法，也有时间将问题讨论得较为透彻。可按儿童的不同阶段进行讨论交流，然后派代表发言。

3. 个别对话

专家讲座结束后，对于意犹未尽的家长，可采用一对一交流，旁边可允许其他人旁听。这样的讨论更为具体与聚焦，有利于解决家长的实际问题。也可以在结束后，安排 15～20 min 的自由提问时间。

四、活动组织

儿童身心发展特点与养育要点这个主题，可参考的内容很多，如《儿童发展心理学》《全国家庭教育指导大纲》、埃里克森心理发展理论、李玫瑾的《心理抚养》等，教师在组织此主题的培训活动时，还需要把握以下三点注意事项。

1. 内容选择

孩子是上天赐予父母的礼物，但没有自带成长说明书，因此在养育孩子的过程中，父母常常手忙脚乱，容易出错。而"儿童身心发展特点"正是孩子的说明书，指出了不同年龄孩子的典型特征，并划出了各阶段的养育重点，帮助家长提前了解，尽早准备。不同年龄段的孩子对父母有不同的心理需求，也有不同的成长规律。教师要厘清这些特点，抓住关键点来展开教学，并结合一些案例，给培训对象带来清晰的指导。

2. 组织流程

（1）首先要明确培训目标，可提前通过问卷调查了解教师和家长对儿童身心发展特点与养育要点的了解，以及他们对此次培训的期望。

（2）根据目标和需求，选择合适的培训形式，如沙龙、线下培训、小组讨论等，运用不同的方法，让培训效果最大化。

（3）制订详细的培训计划，邀请专业的导师进行培训，并通过学员反馈进行复盘与线上跟进。

3. 实施策略

活动实施时，需要借助儿童身心发展特点与养育要求为主题的培训内容，提升教师和家长的理论水平。

主题 5　家庭教育常见问题与应对

家庭教育是指父母或其他监护人为促进未成年人全面健康成长，对其实施的道德品质、身体素质、生活技能、文化修养、行为习惯等方面的培育、引导和影响。《家庭教育促进法》对家庭提出明确责任：父母或者其他监护人应当树立家庭是第一个课堂、家长是第一任老师的责任意识，承担对未成年人实施家庭教育的主体责任，用正确思想、方法和行为教育未成年人养成良好思想、品行和习惯。实际上，大部分家长往往凭个人的直觉和模仿传统经验来施教，一次无效的沟通、一场失控的情绪、一个错误的问题处理积累起来的结果导致家庭教育效果不佳，甚至对孩子产生负面影响。这些发生在家庭教育过程中的问题足以说明，家庭教育需要讲究正确的方法与技巧。因此，教师在进行家庭教育指导时，需要梳理家庭教育常见问题，并结合《家庭教育促进法》向家长传递一些常用应对方法及理念。

一、活动目的

通过培训，使教师了解当下家庭教育的常见问题与相应家庭教育指导的要求、内容与方法，帮助家长了解常见家庭教育问题及应对方法。

二、活动内容

家庭教育的常见问题很多，本篇重点梳理当下家庭教育中的典型问题，并结合《家庭教育促进法》指导家长掌握应对方法。设计与开展活动时，可从家庭教育常见问题与应对方法两个方面对家长进行指导。

（一）家庭教育常见问题

我国正处于社会转型期，物质文明的高度发展、多元文化的强烈冲击、信息时代的快速到来、特殊家庭的增多等因素都使得我们的家庭教育面临着许多新问题、新挑战。主要表现在以下三个方面。

1. 家庭教育内容失衡

当下，部分家长育人观念陈旧，始终把应试教育与升学作为教育的出发点和归宿，忽视了孩子的理想、性格、自驱力等方面的培养，有些家长被"内卷""鸡娃"冲击，选择违背教育本质、违背儿童学习发展规律的超前学习，导致孩子在心理、行为、能力等方面问题层出不穷。

（1）重智力教育，轻德育培养。在一考定终身的教育功利化背景下，大部分家长把智力教育放在了第一位，只关心孩子能否考高分，而对引导孩子如何做人、做事、与人共处等却重视不够。为了能让孩子取得好成绩，考上名校，不惜花费大量时间和精力选名师、择名校、上辅导班、请家教等，用"育分"代替"育人"。殊不知，一个人知识再丰富、个人能力再强，若不具备良好的道德修养，可能也只是"金玉其外，败絮其中"。

《家庭教育促进法》开篇就明确了家庭教育"立德树人"的根本任务，家庭教育的核心一定是德，德育是家庭教育的灵魂和统帅，只有德才兼备的人，才是可持续发展的真正人才。

（2）重物质满足，轻精神需求。教育家马卡连柯说："一切都让给孩子，为了他牺牲一切，甚至牺牲自己的幸福，这是父母送给孩子的最可怕的礼物。"随着生活水平的提高，越来越多的家长把"富养孩子"当作一个家庭的标配，对孩子的物质需求无限满足、有求必应，甚至不衡量自身条件，让孩子在同龄人中相互攀比，滋生虚荣心。殊不知，物质可以带来生活上的富足，但缺乏家庭陪伴和良好的亲子沟通，会导致孩子心灵和精神上的匮乏。父母给孩子高级的富养，是为孩子创造一个富足的精神世界，让孩子无论在何时都有乘风破浪的勇气。

（3）重知识学习，轻实践锻炼。当今社会，很多家长不惜花一切精力来抓孩子们的学习成绩，但对社交、户外活动、参加社会实践等活动，却限制孩子不得参与，这种做法只会适得其反，导致孩子缺乏独立性和自主性。孩子只有经过社会实践的锻炼，将书本上的知识和实际生活紧密结合，才能真正学以致用，经受住各种挫折，磨炼坚强的意志，形成良好的品德。

2. 家庭教育责权混淆

（1）家校边界不清。"家庭是人生的第一所学校，家长是孩子的第一任老师，要给孩子讲好'人生第一课'，帮助扣好人生第一粒扣子"，习近平总书记的话深刻阐明了新时代家庭教育对孩子成长的意义与价值。可相当多的家长家校边界不清晰，过分依赖学校，过分期望老师，将学校视为解决孩子所有问题的唯一场所，将老师视为解决所有问题的无所不能者。

国家正式发布的中国学生发展核心素养中提出"学会学习、健康生活"是家庭教育义不容辞的责任。家长只有从家庭生活的点滴细节中去培养孩子良好的习惯和品行，培养孩子坚强的意志和内心力量，才是成就孩子的教育之道，才能给予他长久的幸福感。言传身教才是最有效的教育方式，以身作则才能让孩子更快地学会人生的路该如何走。

（2）父母生养分离。美国一位心理学家曾做过一个著名的恒河猴实验，实验表明，温暖的怀抱、慈爱的眼神、温柔的话语、肌肤相亲，是一个有智力的生命能正常成长不可或缺的东西。曾经，有些父母在养育孩子和自己的事业发展形成冲突时，为了忙事业，早早地与孩子分离；现今，有的家长因条件或观念不同，早早地送孩子进"全托"幼儿园，让孩子过上寄宿制生活。这些都不是出于教育的考虑，更不是出于对儿童的尊重。要知道，早期儿童缺乏父母陪伴，会导致儿童早期情感创伤。

（3）家校沟通不畅：现在的家长过度关注孩子的成绩，过多关注老师对孩子的态度，甚至放大老师处事的一些小细节，当老师的所作所为让家长不满意时，家长往往喜欢指责甚至居高临下的质问，导致学校和老师在管理孩子的过程中如履薄冰、小心翼翼。正常的家校沟通应该建立在互相平等、互相理解、互相支持的基础上，家长和老师成为教育孩子战线上的同盟军，才会形成合力，让孩子健康快乐地成长。

3. 家庭教育方式不当

（1）过度溺爱。一切以孩子为中心，孩子在家中的地位高人一等，对孩子的要求百依百顺、言听计从，竭尽全力为孩子谋划未来，想孩子所想，急孩子所急，不用孩子开口，已经为孩子安排了他们所需要的一切。父母对孩子的娇宠表面上看是无微不至的关怀，实际上是剥夺了孩子体验和探索的机会，影响孩子生存技能、同情心、责任感和吃苦精神的培养，孩子在这种"爱"的氛围中，逐渐失去自理能力，逐渐成长为一个巨婴。

"爱是孩子成长的无敌盔甲，但溺爱却是伤害孩子的慢性毒药。"父母处处保护、过度袒护，残忍地切断了孩子自立自强的能力，给孩子的人生埋下致命的隐患。

（2）过于专制。与过度溺爱相反，这类家长仍然信奉"棍棒底下出孝子"的教育方式，化身"虎妈""狼爸"，对孩子的教育十分严厉、要求严格、控制欲强，一旦孩子未达到其要求，轻则说骂，重则遭受皮肉之苦。这种严厉专制的教育方式教出来的孩子通常会形成两种性格：一是胆小懦弱，过分顺从依赖，没有主见；另一种则是非常顽劣，离经叛道，容易走入误区。

（3）过高期望。中国家庭教育中有一个"怪圈"：孩子未出生时，希望他是个健康的宝宝；健康的宝宝出生后，又希望他是个天才；当发现孩子不是天才时，又相信天才是努力而来的；当孩子的心理出现问题时，又希望他健康就好。

当今社会，家长们对孩子的期待越来越高，希望孩子学业上表现优异，社交活动中表现出色，个人发展上独立自主。合理的、积极的期望来源于父母对孩子的信任和认可，鼓励孩子发展他们的能力，协助他们的成长。过高的期待，对孩子来说，是不合理的要求和越界的控制，"一个把完美主义观念一股脑倾泻在孩子身上，永远不知足，永远焦虑鞭策的爸爸妈妈，对于孩子来说简直是场灾难"。心理学家表示，面对家长的高期待，孩子的反应一般有三个阶段，即焦虑和恐惧、逃避和回避、对抗和抑郁。

（4）过多放任。一些父母打着"为孩子好"的名义给孩子很多自由的空间，实则是借着放养，逃避参与孩子的成长过程，掩盖自己不会养育孩子的事实，主要表现为家长对孩子明显缺乏责任心，没有对孩子进行正确、及时、有效的管理和照顾。更有甚者，对子女教育放任自流，学习上不过问，生活上不关心，品德上不教育，对孩子的优点不表扬，缺点不批评,一味地让孩子自由发展,久而久之导致孩子性格上的缺陷,甚至产生严重的心理问题。

(5)过多抱怨。很多父母总喜欢把生活的不如意跟孩子说,每天唉声叹气,甚至抱怨说"爸爸妈妈每天这么辛苦,都是为了你啊!""你可要好好学习,给我们争气!"在这种压抑、愁苦、悲伤的氛围中长大的孩子,很容易形成悲观消极、敏感自卑、脆弱胆小的性格。还有的家长空有一颗为孩子好的心,却不懂如何与孩子有效沟通,常常因为不会好好说话,伤害了孩子却不自知。

研究表明,父母对孩子情感忽视、否定打击、讽刺嘲笑、拿他与别人做比较等言行,对孩子是很有伤害性的。这样的孩子内心充满了不安全因素,容易敏感多疑、患得患失。

(二)家庭教育常见问题与应对方法

"任何一个优秀的孩子,都不是横空出世的奇迹,而是有迹可循的因果。它的因,在家庭;它的根,在父母。"面对家庭教育的问题,教师要告诉家长,《家庭教育促进法》就是一本形象的家庭教育教科书,是国家对家庭教育问题的应对和解决方案,它清晰地告诉我们家庭教育要怎么做,促进法包含五项要求、六大内容、九种方法,简称家庭教育五六九。有一句顺口溜:记住"五六九",教子不发愁。

(1)"五"指五项家庭教育原则。尊重未成年人身心发展规律和个体差异;尊重未成年人人格尊严,保护未成年人隐私权和个人信息,保障未成年人合法权益;遵循家庭教育特点,贯彻科学的家庭教育理念和方法;家庭教育、学校教育、社会教育紧密结合、协调一致;结合实际情况采取灵活多样的措施。

在孩子成长过程中,家长要尊重孩子的天性,"倾听"孩子的情绪,分担孩子的压力,化解孩子的矛盾,让孩子在家长的陪伴关怀下,勇敢地面对未来的挑战。

(2)"六"指六方面家庭教育内容。在六点内容中,家长首先应特别注意学习动机的培养。孩子的学习动机来源于四方面:认知需要、发展需要、报答需要与竞争需要。家长应特别避免强化竞争需要,应帮助孩子培养最好的、最稳定的内在动机,即认知需要。此外,家长应特别注重树立正确的成才观,切勿给予孩子过多的学习压力。让孩子好好睡觉、营养均衡、科学运动是极其重要的。

没有生活实践,教育便是空中楼阁。因此,家长应帮助未成年人树立正确的劳动观念,参加力所能及的劳动,有意识地培养他做饭等生活技能。可以说,父母与孩子一起好好生活就是好的教育。

(3)"九"指九种家庭教育方法。

1)亲自养育,加强亲子陪伴;

2)共同参与,发挥父母双方的作用;

3)相机而教,寓教于日常生活之中;

4)潜移默化,言传与身教相结合;

5)严慈相济,关心爱护与严格要求并重;

6)尊重差异,根据年龄和个性特点进行科学引导;

7）平等交流，予以尊重、理解和鼓励；

8）相互促进，父母与子女共同成长。

决定父母能否教育好孩子的因素不在于父母的学历、收入、社会地位等，而是取决于父母的教育理念、方法和能力。好的家庭教育不是一味地督促孩子学习而忽视其他品质的培养，也不是盲目地溺爱与纵容，更不是对孩子进行精神打压，而是秉持正确的教育观念与态度，力所能及地为孩子提供品质养成的环境，关注孩子身心成长的双重需求，促进其身心健康与素质全面发展。

每个家庭教育方式不一样，每个孩子也不一样，我们要建议家长在"记住'五六九'，教子不发愁"的基础上，探索自家特色的教育方法，做一个理性的父母，承担起家庭教育的主体责任。

三、活动形式

教师应通过和家长探讨并总结家庭教育常见问题，结合《家庭教育促进法》指导家长了解常见家庭教育问题应对的方法与技巧，通过工作坊形式开展本主题的培训活动，让参与者深刻地体会家庭教育存在的问题和解决之道。

四、活动组织

开展该主题的工作坊时，可以参考以下步骤，以确保家长的参与度和工作坊的有效性。

1. 明确工作坊目标

确定工作坊的目标，如帮助家长解决特定问题等，了解参与者期待的收获。

2. 制订工作坊流程

明确工作坊的结构、主题，选择与家庭教育问题相关的主题，如沟通困难、情绪管理等，结合参与者的需求，确保主题满足大部分人的需求；制订详细的流程，流程包含理论知识、案例分析、小组讨论和互动等环节。

3. 互动活动设计

设计各种互动活动，如小组讨论、角色扮演、分享经验等，以促进参与者的互动和学习，创造一个开放、尊重、支持的氛围，鼓励家长分享彼此的经验和观点。

4. 实际问题解决

针对家长遇到的具体问题，提供解决方案和实用建议；引导参与者一起探讨、分析和解决具体的家庭教育问题。

5. 激发积极行动

鼓励参与者在工作坊结束时制订个人行动计划，应用本次工作坊所学来解决家庭教育问题。提供后续支持和资源，以持续促进家长家庭教育能力的提升。

主题6 亲师沟通的角色与需求

"亲"代表家庭、家长，本文主要指家长；"师"代表教师、学校，本文主要指教师。亲师沟通是指家长与教师之间以孩子、教育为主题发生的沟通与合作，也是"家校沟通"的主要环节，在教育中起到了重要作用。亲师沟通是为了促进孩子全面发展而进行的，家长和教师共同商讨、增进理解、达成共识、促进行动，形成帮助孩子成长的合力。

一、活动目的

（1）通过培训，使教师明确亲师沟通中不同的角色与需求，其核心目标是通过指导家长，提升家长的认知，改进家长进行家庭教育的方法，进而提升家庭教育的质量，促进孩子成长。

（2）通过培训，使教师掌握亲师沟通的方法与技巧，把握边界，针对不同需求的家长开展良好沟通，达成家校协同育人的目标。

二、活动内容

在亲师沟通中，家长、教师双方有着不同的角色与需求。活动的重点是明确亲师沟通的角色定位与需求、建立积极良好的关系、习得方法与技巧。

（一）明确角色定位

1. 家长在亲师沟通中的定位

家长是家庭教育的主体，是孩子教育与成长的第一责任人；家长也是学校的合作伙伴、是学校和学生之间的重要沟通者，应当与学校、教师共同促进孩子发展。

2. 教师在亲师沟通中的定位

（1）家庭教育指导专业人员。教师学习过专业的家庭教育课程，经历了系统的训练，掌握了教育学、心理学、社会学等家庭教育相关的专业技能，他们能够为家长提供科学的家庭教育知识和方法，能够共情、指导家长如何合理教育孩子，为家长排忧解难。

（2）学校家庭之间沟通桥梁。教师是家庭与学校沟通的重要桥梁，通过沟通协调，促进家校合作，确保学生在学校和家庭中得到一致的帮助与支持。

教师要明确自身优势，利用自己的专业能力起到穿针引线、打通壁垒、化解矛盾的作用。教师要学会换位思考，积极参与到亲师沟通中去，打好信任基础，构建良好的亲师关系。

（二）明确角色需求

1. 家长在亲师沟通中的需求

首先，家长希望了解孩子的在校表现，包括学业方面的表现，获得关于学科学习的专业建议，以便在家中更好地支持孩子；希望了解孩子在校行为与社交情况，如参与课堂活动、与同学相处情况等，以便了解孩子是否有行为问题或社交难题，及时介入、帮助孩子。希望得到关于孩子成长发展的专业建议，如如何提高孩子的学习动力、培养学习兴趣等，以便能够更加全面地支持孩子成长。此外，家长还希望得到专业的家庭教育建议，如亲子沟通的方法等。

其次，家长希望建立积极的亲师关系、良好的家校关系，建立信任与合作，以共同促进孩子的发展。

2. 教师在亲师沟通中的需求

（1）了解孩子家庭背景与家长教育期望。教师希望了解孩子的家庭背景，包括家庭环境、家庭关系、家庭支持体系等，以更好地理解孩子的个性和成长需求；还希望了解家长对孩子教育的期望，以便更好地满足家长的期望，并与家长形成共同的教育理念。

（2）与家长建立及时、有效的沟通机制。教师希望与家长建立及时的沟通渠道，确保在孩子发生问题或需要支持时能够及时知晓并介入。

（3）得到家长的支持与合作。教师期望得到家长的积极合作和支持，期望与家长共同解决孩子可能遇到的问题，比如学业困难、行为或社交问题等，共同关心和促进学生的学习和发展。

（二）建立良好关系

1. 协商合作

亲师之间共同的目的是教育好孩子，但在教育过程中会出现许多困难和挫折。教师与家长之间要建构有商有量、合作共赢的思维，多合作少抱怨；同时，要积极关注孩子全面健康的发展，关注道德品行、身心健康、价值引导，为孩子营造良好的成长环境。

2. 共同参与

教育的每一步都是共同成长、动态变化的过程，需要家长与教师仔细复盘、充分反思。学校结合学生实际而设计和安排的活动，需要家长的配合和参与。教师要引导家长协同共进，教育同行。

3. 正向支持

家庭教育是一切教育的根。家长与教师之间要彼此尊重和认可，形成真诚、沟通顺畅的亲师关系，营造尊师重教的氛围，为孩子成长创造正向支持。被尊重、被理解是教师努力前行的动力，家长需要划定边界，不过度干预老师的工作。

（三）掌握方法技巧

在进行亲师沟通时，有以下方法：

（1）充分准备，清晰预判。提前准备沟通所需的信息或资料，明确沟通目的，审慎对待每一次沟通；看清事实、思考预案，尊重眼前的真相，是平等对话的重要基础。

（2）积极倾听，共情助力。亲师沟通时，家长带着情绪和倾诉的愿望而来，教师要重视倾听家长的想法和诉求，确保他们感受到被尊重和理解。通过倾听，建立亲师之间的信任关系，为日后的顺畅沟通打下基础。

（3）察言观色，体察真相。沟通开场前后，要观察家长的神情、动作、情绪，判断家长当下的心态和状态；在沟通开始时，明确沟通的目标和期望，确保双方对本次沟通的重点有清晰的认识；在沟通过程中，要观察家长的姿态和语言变化，判断对话的有效性；沟通结束后，要观察家长的情绪反应，判断沟通目的是否真的达成。

（4）正面表达，张弛有度。在亲师沟通中，教师的表达要心态平和、话语平稳，使用积极的、肯定的语言，强调孩子的积极表现等正面信息，让家长更加全面地了解孩子的优势，通过先认可再给建议的表达方式，获得家长的正向评价。每当要指出对方的一个缺点时，建议要先提出对方的三个优点。如果谈话无法进行，建议及时结束，下次再谈，这也是对亲师沟通节奏的把控。

（5）收放自如，有效协同。发现家长有内在需求并且需要帮助、指导时，教师要给家长提供建议，协助家长开展行动；避免"多管管孩子"之类的泛泛而谈，要有具体的指导策略和方式方法。谈话收尾时，教师要与家长共同展望未来，让家长看得到希望，激活家长改善家庭教育行为的动力。

（6）反思复盘，及时总结。亲师沟通结束后，教师需要及时对本次沟通进行反思和复盘，总结本次沟通中做得好的和不好的地方，反思下一次可以改进的地方，这样一次次地复盘、反思，以提升自己家庭教育指导的专业能力和家长的满意度，真正帮助解决家长面临的家庭教育指导问题。

在方法的指导下，以下技巧也需要注意：

技巧一：确定沟通内容。"沟通"就是交流，是人与人之间心灵的碰撞。在亲师沟通前，教师要先了解家长最需要沟通的内容，提前厘清思路，避免出现沟通中跑题的情况。确定亲师沟通主题，能更好地提升沟通效果。

技巧二：找到沟通时机。选对沟通时机是有效沟通的良好开端。一般沟通时机有五个：一是开学前后，家长主动向教师介绍孩子情况；二是接送孩子时，教师与家长交流孩子在校情况；三是预约空闲时间交流；四是家长会、开放日、亲子活动等时间，家长提问，教师解答；五是家访校访时，双方可以进行更深入的沟通。

技巧三：选择沟通方式。沟通前，教师需要先想好用什么方式来沟通，选择自己擅长的沟通方式，找到适合自己的沟通方式，会让亲师沟通更有成效。例如，擅长语言沟通的教师，可以面谈或电话交流；擅长文字沟通的教师，可以用微信文字沟通。

技巧四：管理沟通情绪。情绪往往是破坏关系最大的因素。亲师沟通要坦诚相对、达成沟通共识。沟通时应牢记三个"不要"：不钻牛角尖，不歪曲事实，不人身攻击。良好的沟通需要以理性做基础，心平气和地进行对话，才能解决问题。

技巧五：注重沟通细节。细节决定成败。要让沟通产生效果，就要注意各个细节，有效沟通要注意：提前厘清思路，避免谈话没有重点的情况；穿着得体，说话语气平和；沟通时常用目光注视对方，让对方感受到被尊重；不要当面打骂、批评孩子；当双方看法不同时，要学会换位思考。

技巧六：保持边界立场。教师要保持边界、锚定立场，在家长面前避免变成家长的"服务生"，影响自己的权威；做好自己的本职工作，不把教师的工作任务转嫁到家长身上。

三、活动形式

亲师沟通培训活动有多种形式可以开展，在此介绍融合多种形式的工作坊。教师可以通过工作坊培训，更全面地了解亲师沟通的重要性和技巧，提高有效沟通水平，从而更好地支持学生发展。

举办面向教师和家长的工作坊，内容以"亲师沟通的角色与需求、建立积极良好的关系、掌握方法与技巧"为主。结合角色扮演形式，安排培训对象参与角色扮演，帮助他们更好地理解和应对各种亲师沟通情境，提高实际操作能力。工作坊可以结合案例分析形式，使用真实案例进行分析，让培训对象深入了解不同亲师沟通挑战的应对方法，培养参训者解决问题的能力。工作坊还可以结合互动讨论形式，在工作坊现场组织互动讨论小组，让参训者分享彼此的亲师沟通经验，互相学习。

此外，还需要定期更新培训内容，确保教师和家长能够掌握最新的沟通策略和技巧。提供亲师沟通的实践机会，如观察优秀亲师沟通场景、参观有经验的学校等，帮助教师和家长能够将培训中学到的理论应用到实际工作中，真正达到学以致用。

四、活动组织

组织亲师沟通的培训，首先要考虑到教师和家长的需求、培训要达成的目标。为了组织有效的亲师沟通培训活动，我们在此给出了一些活动组织建议：

（1）需要明确培训目标。在开始培训前，确定教师和家长在培训结束后能够具备什么样的亲师沟通的知识和技能，明确培训的目标和期望。同时，通过问卷调查、小组讨论等形式，调查教师和家长的需求，了解他们对亲师沟通培训的期望。

（2）选择合适的培训形式。根据目标和需求，选择合适的培训形式，包括工作坊、在线培训、角色模拟、互动讨论等，运用不同的方法，让培训效果最大化。同时，邀请专业讲师、教育专家或心理学专家来进行培训，分享最前沿的亲师沟通理论和实践经验。还要制定详细的培训计划，包括培训的主题、课程表、内容大纲、参训者的预习任务、相关资料等，确保培训过程顺利完成。

（3）开展后续延展评估工作。在培训结束后开展后续延展评估工作，收集参与者的反馈，并根据反馈进行反思、复盘、改进。

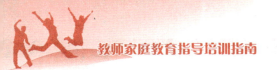

主题 7　亲子沟通方法与技巧指导

亲子沟通主要是指父母与孩子之间以语言、文字、肢体、视频、声音等为媒介的一种交流方式。"平等交流，予以尊重、理解和鼓励"是《家庭教育促进法》对亲子沟通的建议与要求。教育部等十三部门联合印发的《关于健全学校家庭社会协同育人机制的意见》中阐述家长主体责任时再次强调"要多尊重多理解，加强平等沟通，讲究教育方式方法"。这些足以说明，亲子沟通是需要讲究方法与技巧的。然而现实中，因沟通不善导致的亲子矛盾与冲突越来越多。因此，教师在家庭教育指导时，需要传递一些亲子沟通方法或技巧给家长。

一、活动目的

通过培训，使教师掌握指导家长开展亲子沟通的方法，促进家长掌握亲子沟通的方法。

二、活动内容

亲子沟通相关内容的现有资料有很多，培训时应强调针对性，重点解决家长亲子沟通的方法与技巧。因此，设计与开展活动时，可以从亲子沟通的场景、内容、方法与策略四个方面，梳理以亲子沟通为主题的内容并对家长进行指导。

（一）亲子沟通的场景

场景即亲子沟通的时机与情境。不同的场景会产生不同的亲子沟通效果。同一句话在不同的场景中作用是不一样的。作为教师应该清楚地掌握这一沟通的基本规律。亲子沟通的场景主要分为以下三种类型。

1. 学段场景

学段场景是最为明显的场景，从基础教育来看，一般可以分为幼儿、小学、初中、高中（普高和职高）四个学段场景。教师在培训时，可以选择与当前学校所面对的学段为场景，无须面面俱到。当然，也可以往前适当延伸，往后适当拓展。儿童发展的年龄特征不是绝对地、断崖式地从一个阶段向另一个阶段发展，而是持续不断，因此，适当往前拓展、往后拓展是很有必要的。当然，时间允许也可以选择全学段场景。总之，需要培训者，根据实际情况，选择亲子沟通的学段场景，组织有针对性的亲子沟通内容，设计适应场景的亲子沟通方法，确保在指导时不错位。

2. 问题场景

从目的性来分，亲子沟通可以分为无目的亲子沟通与有目的亲子沟通。前者，即日常生活中一般性的亲子沟通，如妈妈叫儿子吃饭，儿子对爸爸说"我回来了"等，都可以看作是无目的亲子沟通。本主题所涉及的亲子沟通偏向于有目的亲子沟通。有目的亲子沟通是为了解决亲子之间或者某一方的问题，如疑问、挫折、分享、求助等，这就形成了一种亲子沟通的问题场景。不同的问题场景贯穿于学生的全部学习过程，不分学段，但亲子沟通的方法各不相同。年龄越低，强制的成分就会多一些；随着年龄增长，协商的成分就会多一些。

3. 生活场景

亲子沟通需要关注生活场景。比如，三口之家的生活场景与祖辈在一起的三世同堂的生活场景是不同的，自然，对亲子沟通时的方法也就有不同的要求。家庭的生活场景与户外活动时的生活场景也不一样，也不能用一种亲子沟通的方法来解决不同生活场景中遇到的问题。面对不同的生活场景出现不同的问题时，家长如何开展亲子沟通更为有效，是摆在教师家庭教育指导者面前的一个重要问题。

（二）亲子沟通的内容

指导家长开展亲子沟通时，沟通的内容是教师在家庭教育指导时应该关注的重要内容之一。亲子沟通的内容有很多，面向基础教育阶段的学生主要包含以下四个方面。

1. 学业情况

学业情况是亲子沟通主要内容之一，也是令许多家长"心烦"的内容。但是不能因为处理不好以"学业情况"为主要内容的亲子沟通，就一味地回避。教师在指导时，应注意引导家长梳理"当遇到什么情况时，亲子沟通就出现了问题"等场景，促进家长在亲子沟通时，调整沟通的态度、语气和语调，减少以责备为主的亲子沟通场景。谈论学业时，导致亲子沟通无法正常展开一般都是孩子学业遇到了挫折。事实上，这一挫折本身就已构成了对孩子的"伤害"，如果此时，再加上父母的"伤害"，无疑是雪上加霜。再者，教师应该引导家长关注学业不良时"第一次亲子沟通"的态度，这一次亲子沟通的质量决定着今后的每一次亲子沟通的质量。

2. 兴趣取向

孩子喜欢什么？不喜欢什么？进入学习阶段，孩子的兴趣取向很少被父母关注。孩子的兴趣内容往往是由父母决定的，孩子本身并没有兴趣的选择权。如果是这样的状态，兴趣取向就不再是亲子沟通的内容，这与倡导的亲子沟通背道而驰。因而，父母可以与孩子谈论喜欢什么和不喜欢什么，为什么喜欢这些和为什么不喜欢那些等，这样不仅可以促进正向沟通，还能拉近亲子距离。除孩子的兴趣取向外，父母的兴趣取向也是亲子沟通的内容之一，这也是很多父母所忽略的内容。兴趣取向，事实上是亲子沟通最为容易的内容之一。例如，有些孩子喜欢看一些影视剧，观看时他们会讲得头头是道，很容易将亲子沟通持续下去，只要父母能够学会倾听就可以了。

3. 活动分享

这里的活动泛指亲子之间值得分享的所有内容。父母首先应该向孩子分享自己工作、生活中的一些有趣、有意义的活动，如单位里组织的集体活动、参与的一些社会志愿者活动。同时，引导孩子将学校里发生的一些事和参与过的集体活动说一说，并谈一谈自己的看法等。然后，父母应该有意识地梳理这些内容，寻找到亲子之间共同的话题，作为亲子沟通的持续内容。当然，父母应该有计划地组织一些亲子活动，一起户外活动，如去公园玩、看电影、露营、爬山、度假等，即便是在家里，也可以一起阅读、游戏、做家务活动等。在这些活动中，亲子沟通的内容自然就会丰富一些，亲子沟通也会自然一些，更容易找到一些共同的话题。

4. 身心健康

针对孩子的身心健康，尤其是心理健康的话题，经常被许多家长忽视，也让许多家长束手无策。父母应说出内心的情绪，以此引导孩子学会表达"我"的情绪，如对伤心、不如意事的感受，使孩子意识到生活、学习中会碰到许多类似的事，作为父母也得去面对，也有些处理不了。同时，要善于倾听，引导孩子将自己感受到的情绪说出来，与人分享。父母在亲子沟通时，不能狭窄地聚焦在孩子的学业情况，特别是集中在孩子学业不良的内容中。作为父母首先得认识到，学业只是孩子健康成长的一部分内容，父母对孩子学业不正确的看法与应对，甚至可以毁掉孩子的未来或全部。

（三）亲子沟通的方法

教师在家庭教育指导时，不能简单地对家长提出一些要求，而要指导家长掌握如何进行家庭教育的方法。亲子沟通也是如此，不能简单地告诉家长"你要重视亲子沟通"，而要指导家长在面对具体问题场景时，该如何亲子沟通，需要怎样的方法与技巧。在此分享三种方法，即餐桌沟通、专题沟通与顺带沟通。

1. 餐桌沟通

餐桌是亲子相聚最为集中的空间。除了用餐，聊天也是其中内容之一。一日三餐，早餐时间紧张，午餐一般在单位与学校吃，只有晚餐有相对集中的时间。因此，餐桌沟通最忌"不欢而散""含着眼泪用餐"等，如果是这样，那么孩子接下来的作业与休息就得不到保障，会直接影响第二天的学习与生活。同时，容易引发一些不可控的事件发生。正因为如此，餐桌沟通应该是沟通一些快乐的内容，协商一些接下来的活动安排，通报一些家庭的决定等。例如，前文所提到的"活动分享"，亲子之间说一些各自工作、学习、生活中有趣的事。除解决问题外，还可以增进食欲。

2. 专题沟通

专题沟通根据其内容的紧要性，可以分为即时性与延迟性两类。总有一些突发情况，需要亲子之间立刻沟通，这类沟通可以统称为即时性的专题沟通。这类专题沟通的首要一点就是调整好父母"亲子沟通"前的情绪。例如，孩子在学校发生了打架或学习成绩出现了下滑等一些不良现象被老师约谈时，父母应控制情绪，不能在现有的问题情绪上对孩子再"添一把火"，使"问题场景"更为复杂，对亲子沟通薄弱的一方——孩子造成更为不利的压力。另外一类就是延迟性的专题沟通，相比即时性的专题沟通而言，难度会小些。因此，这类专题沟通可以提前做好充分的准备，例如，事先可以告知孩子沟通的时间、地点与内容，孩子事先就会有一个心理准备。这种心理准备对于孩子的认知与期望是非常重要的。

3. 顺带沟通

每一次亲子沟通，父母要期望达到教育目的，就不得不考虑亲子沟通的"场景"问题，"顺带沟通"就是一种能够适应不同"场景"的亲子沟通方式。虽说是"顺带"，事实上是"有准备的"。父母只需要事先想好"针对某一问题，应该对孩子说些什么"，等待亲子沟通"窗口期"的到来即可。当然，有些问题会始终遇不到"窗口期"，对此，父母一定要有耐心，没有"窗口期"就不进行亲子沟通。

亲子沟通的方法不局限于以上三种方法，教师可以根据具体场景，提供更多的亲子沟通方法，如书信沟通、视频沟通等。

（四）亲子沟通的策略

亲子沟通是父母首先需要掌握的一种家庭教育方法。有效的亲子沟通其价值与意义毋庸置疑。因此，除上述内容外，还需要对亲子沟通时父母应该持有的一些基本原则或亲子沟通的策略进行讲解，以引起父母的重视。

1. 正面鼓励为主

孩子的成长是需要鼓励的。"棍棒之下"的传统经验，已不再适用于新时代孩子的成长。挫折与历练，在一定场景中确实需要，并在短时间内对孩子成长起促进作用，但如果一直持续下去，就会走向反面。亲子沟通主要是语言沟通，用正面鼓励的语言与孩子沟通，这才是成长中孩子所需要的。这种正面鼓励的语言依然可以伴随在孩子的"挫折与历练"之中。因此，当强调正面鼓励的语言，不是否定为孩子"挫折与历练"创造体验场景，而是要求父母不能用责备、抱怨，甚至是"恶毒"的语言与孩子沟通，更不能持续责备与抱怨。

2. 耐心倾听为主

亲子沟通总有一方说，另一方听。父母首先要耐心倾听孩子的述说，不打断孩子的述说。孩子述说时，得有回应，如点头，"嗯""哦"的简单应答等；切忌"跳跃式判断"，直接下结论，贴标签，不与孩子站在同一立场等，否则很难进行亲子沟通。当需要作出判断时，父母一定得首先复述孩子的语言，如说"你说的是不是这个意思""你看爸爸妈妈理解的与你想的是不是一致"等，在得到孩子的认可之后，才能作为推断结果的条件，只有这样，父母得出的结论，孩子才有可能认同。

3. 协商解决为主

亲子沟通一定是双向的，不是父母单向地传达某种信息给孩子。既然是双向的，父母就得明白"协商解决"问题才是亲子沟通的正道。一事一议，切勿连带，更不能"翻箱倒柜式"的秋后算账。有些亲子沟通，一开始氛围挺好的，聊着聊着，就渐入"恶"境，最后不欢而散。因此，父母在亲子沟通时，要学会"妥协"，退一步海阔天空；当然父母不能一味地答应孩子的要求，而应该根据实际情况，适度满足孩子的要求。

亲子沟通的主导者应该是父母，父母的态度、语言决定着亲子沟通的效果。

三、活动形式

指导家长了解并掌握亲子沟通的方法与技巧,教师可以借助学校的数字家长学校、微信公众号等方式,推送一些数字资料,供家长有选择地学习。除此之外,还可以通过专题讲座、角色模拟、分组交流及个别对话等形式进行指导活动。

1. 专题讲座

专题讲座是一种形式较为简单的方式,也是教师组织培训中较为常见的方式。这种活动形式最大的优点在于信息量大,适用于将亲子沟通的相关知识与方法密集传递,但是缺点也较为明显,就是效果不理想。不同的对象,需求不一样,效果自然无法达到预期。组织专题讲座时,需要提前预告讲座的内容,可以探索让家长"自愿参加"的组织办法,以提高讲座的质量。

2. 角色模拟

角色模拟是将一些小品艺术的形式搬进家庭教育指导中来。可以邀请教师、家长,甚至学生,组建一种亲子沟通的场景,通过现场表演的方式展示给培训对象。使培训对象有一种亲历感,从中感悟亲子沟通中的问题、方法与策略。当然,这种方法前期的准备很费力,需要撰写剧本、寻找角色、排演,才能正式使用。有一种折中的方式,就是事先录制,现场以视频的方式展现,虽效果不如现场,但可以减轻教师的工作压力。

3. 分组交流

谈自己的育儿经验,充分表达自己对亲子沟通的体会,分组交流形式最适合这种内容。一般以 8 人为一组最为合适,时间为 1 h,这样既能充分表达每个人的意见与想法,也有时间将一个问题讨论得较为透彻。这种方法介于专题讲座与角色模拟之间,不过,这种形式容易造成"萝卜烧萝卜依旧是萝卜"的同质现象,有时会缺乏专业引领与发展。为此,可以分组之后再汇总,或者每一组配备一位领衔人,可以是专家或经验丰富的教师,分组之前,可以统一引领的基调,确保分组讨论的教育价值。

4. 个别对话

个别对话是一种现场指导的形式。一般不是预先设计的,并不是独立存在的一种组织形式。个别对话往往与专题讲座、角色模拟、分组交流等组织形式结合在一起,如专家讲座结束后,有些教师还意犹未尽,与专家一对一交流,旁边有些人围观。事实上,这时是培训效果最佳时刻。首先,是培训对象的主动性被激发,其次,讨论的问题更为具体与聚焦,利于解决培训对象的实际问题。因此,在一些组织形式结束时,可以设计 15～20 min 的自由提问,这一阶段就属于"个别对话"。

四、活动组织

亲子沟通的主题,内容很多,适用场景很广,培训的形式也是丰富多样。从针对性与适宜性的角度来看，教师在组织以亲子沟通为主题的培训活动时，还需要把握以下三点注意事项。

1. 内容选择

亲子沟通是家庭教育中的难点问题，主要原因在于，当发现亲子沟通有问题时，往往是亲子关系出现了问题。也就是良好的亲子沟通，需要从学前阶段开始培育。孩子进入学习阶段时，往往是基于问题的亲子沟通，而这个"问题"虽可分类，但每一个问题都有其独特的背景因素，很难有一致性。因此，在组织一般性知识与方法传授时，需要强调亲子沟通的场景，一问一场景，通过案例剖析亲子沟通的道理与原则。丰富的场景结合丰富的案例剖析，可以为培训对象带来实操性的指导。

2. 组织流程

（1）需求调研与目标设定：通过问卷调查了解家长和教育工作者的认知水平、需求和期望，基于调研结果，设定培训目标和预期成果。

（2）师资确认与课程设计：找寻专业导师，设计培训课程的内容和结构，采用理论学习、案例分析、角色扮演、互动讨论等多种教学方法。

（3）评估与反馈：在培训过程中和结束后，收集参与者的反馈，评估培训效果，以便后续跟进。

（4）后续支持与服务：为参与者提供持续的支持和服务，如在线咨询、进阶课程等。

3. 实施策略

活动实施时，需要借助以亲子沟通为主题的培训内容，提升教师的家校沟通能力。虽然角度不同，但教师与家长沟通时应探讨的话题应该是一致的。当然，教师与家庭沟通需要注意：一是谈话的口气，不宜"自上而下"，命令式，要求式，应该是协商的心态，并相互尊重；二是教师与家长的角色不能模糊，就家庭教育而言，教师是指导，家长是主体，不要越俎代庖，教师就是教师，家长就是家长，不能越界。

主题 8　家访的形式与方法

家访即家庭访问，教师利用课余及休息时间，走访学生家庭，与家长进行面对面的沟通交流。家访旨在建立更紧密的家校联系，深入了解学生在家庭环境中的情况，以促进教师对学生实施更有效的教育。当今社会，即使线上通信方式日新月异，但面对面地与学生及家长沟通所产生的相互尊重、真诚、信任，是线上沟通难以代替的。教师如果不亲自走访学生家庭，就难以真正了解孩子，而了解孩子是教育的起点，它决定了教师如何选择适合孩子的教育路径。

教育部等十三部门联合印发的《关于健全学校家庭社会协同育人机制的意见》中指出："积极创新日常沟通途径，通过家庭联系册、电话、微信、网络等方式，保持学校与家庭的常态化密切联系，帮助家长及时了解学生在校日常表现；要认真落实家访制度，学校领导要带头开展家访，班主任每学年对每名学生至少开展1次家访，鼓励科任教师有针对性开展家访。"

家访是每位教师的必修课，是一场美好的教育历程，更是爱与责任的延伸，也是教师、家长、学生的重要沟通链接。通过家访，可以进一步了解学生的家庭背景、生活环境、性格特长、学习兴趣、行为习惯等方面的情况，及时发现学生可能面临的问题或挑战，为更有针对性地教育学生打下基础；家访还可以促进家校沟通，增进师生感情，密切家校联系，形成良好的教育合力。

一、活动目的

（1）通过培训，让教师掌握家访不同的方法以顺利开展家访，客观全面地了解孩子和家庭，增进家校信任关系，促进家校合作共育。

（2）通过培训，使教师利用家访，传递科学育儿观，帮助家长建立良好的家风家训，使孩子在良好氛围中健康成长。

二、活动内容

家访是教师与家长进行联系的一种方式，为了让教师掌握更有效的家访技能，接下来将从家访内容、家访形式、家访时机、家访方法与策略、注意事项等方面阐述。

（一）家访内容

（1）向家长介绍学生在校实际情况，包括行为表现、学习状态、生活等情况。

（2）向家长了解学生在家情况，包括身体素质、家务劳动、性格习惯、自主学习情况、兴趣特长等。

（3）了解学生家庭环境、家庭关系、家庭经济状况、家庭教育观念等情况。

（4）指导家长进行家庭学习环境、家庭文化建设，树立良好的家风、家教、家训。

（5）与家长协商共同教育学生的方法，协调学生与家长的关系。

（6）增进教师与学生、家长的感情。

（二）家访形式

1. 全面家访

新生入学之初或教师新接班时，教师会对班级所有学生进行家访，了解每一个学生的情况，这种家访形式称为全面家访。

2. 重点家访

根据个别学生的特殊情况进行重点家访。家访对象主要聚焦以下十类学生：后进生、留守孩子、单亲家庭的孩子、有残疾的孩子、有先天性或慢性疾病的孩子、心理异常的孩子、家庭贫穷或父母有残疾的孩子和进城务工人员的随迁子女。学生情况可能是多重因素叠加，譬如学习困难、留守、单亲家庭等因素叠加，比较复杂，需要教师对其保持更多的关注。

3. 特殊家访

特殊家访主要针对家庭突发重大变故，或是学生在校突然发生不适或疾病、意外等特殊情况时，以慰问和探望为主要目的而进行的家访。

除以上常规的形式外，家访还有以下新形式。

1. 家访"我"做主

由家长填写在线家访申报表，根据时间分组，或家长征求孩子的意见，选择孩子喜欢的家访时间。分组后，建立小组微信群，由大家商讨给各组起名，确定组长。再由组长和组员确定家访地点，可以选择家庭场所，也可以选择温馨、有书香气的茶吧，天气适宜的话还可以选择露天的草地等。

2. 需求"我"来说

家访前的准备工作必不可少，首先要了解家长需求，给家长发送家访问卷表，请家长填写孩子在家的表现，以及教育孩子的困惑、需求，形成向家长反馈的提纲。其次，教师要准备好学生在校情况反馈表，并征询各学科老师的评价，不同学生要出具有针对性的指导方案。

3. 形式"我"来选

（1）活动式访谈，可以由教师引导学生进行才艺展示，或是上一节微课，让家长看到每个孩子的闪光点，也可以用启发式、项目式、游戏式的课堂互动模式，有助于启发家长更加民主、科学地改善家庭沟通模式，更好地进行家庭教育。

（2）家长座谈式家访，先由各位家长依次分享孩子在家的表现及家庭教育的困惑，同年龄段的孩子共性的问题符合成长规律，随着年龄的增长，有些问题会慢慢改善，家长的焦虑情绪也会得到缓解。对于个性问题，家长之间也可以互相分享育儿经验。

4. 其他"访"也无妨

（1）家长来访：主动到学校找教师访问，交流学生学习与生活情况；

（2）约定来访：因某件事情，由学校或有关教师通知家长到学校，相互沟通处理；

（3）电话访问：教师通过电话的形式，与家长针对学生的情况进行交流；

（4）书信及"电子访"：重点面向留守儿童的家长或长期在外工作的家长，运用微信、钉钉、电子邮件等进行远程互动交流；

（5）同质"群访"：对班内同质学生家长集中约定时间、地点开展"沙龙式"群体家访。

总之，家访是班主任做好工作的需要，是全面了解学生的有效途径，更是构建家校社协同育人的有力举措。家访的真正意义是传递有温度的爱，学校、家庭联合，教师、家长合作，真正助力孩子生命成长。

（三）家访时机

（1）接手新班家访。新学年伊始或学期中，班主任新接一个班需要进行家访，这是把握教育主动权，融洽师生、师长关系的重要支点。全面了解班级学生需要班主任做到眼勤、身勤、脑勤，多观察、多了解、多调查、多分析，利用请教前任、询问同学、个别谈话等途径充实学生信息库。在摸清学生的基本情况后，和家长一起商量制定相应的家校合作育人目标、步骤、措施，以更好地做到因材施教，帮助学生健康成长。

（2）助学困生莫迟误。班主任对学习困难生要给予关心与帮助，鼓励他们树立信心，及时通过家访传递给家长正面的反馈，做到家校合作，一起关注、支持孩子的进步。这样做，既能给学习困难生积极的暗示与激励，又能让对孩子学习失去信心的家长重新燃起望子成龙、望女成凤的希望，与教师共同关心孩子的成长，使学习困难生坚定信心，困而思进，不断获得成功的体验，取得更大的进步。

（3）情绪异常急走访。学生在日常的学习、生活中，一般都具有相对稳定的个性倾向和行为表现。一旦发现学生出现情绪异常，班主任就要及时和他谈心，并根据了解的情况，进行相应的情绪矫正。如果学生情绪异常的原因来自家庭，班主任就要及时通过家访告知家长，与家长共同商议帮助孩子矫正异常情绪的办法和措施，帮助孩子尽早走出不良情绪的"沼泽地"。

（4）成绩下滑齐力抓。当学生的成绩出现滑坡时，班主任或课任教师要和他谈心对话，帮助他分析成绩下滑的原因，并通过家访提醒家长和教师做好配合，一起帮助孩子端正态度，改正错误，弥补不足，努力提升学习成绩，鼓励引导孩子沿着全面发展、学有所长之路不断进步。另外，遇到这种情况后，班主任或课任教师进行家访还有另一个重要目的，那就是避免学生因成绩下滑而遭到家长的责骂、体罚，从而导致学生情绪低落，消极厌学，甚至逃学、出走、轻生等恶性后果的发生。

（5）各项活动获支持。要想搞好班级建设，增强班集体的向心力、凝聚力，促进学生身心素质的全面提高，班主任带领班干部组织开展主题鲜明、丰富多彩的班级各项体验教育活动，是非常重要的途径之一。对学校开展的重大活动要利用校园网平台、班级钉钉群、微信群等，及时向家长发布通告。组织外出活动、停课、放假、收费及遇到其他重要情况，教师必须配合学校做好相应工作，以书面形式及时通知学生家长，并提醒注意保留好有关回执。在组织家庭教育指导服务之前，班主任要根据学校计划制订好有针对性的、切实可行的活动方案，尽可能得到家长最大的支持，取得活动成效。

（四）家访方法与策略

1. 家访准备

工作做在前面，对策想得全面，家访时才会游刃有余。准备家访的几个环节如下：

（1）收集信息：通过与学生、家长、学科教师交流，提前收集学生的相关资料，分析学生的个人情况，了解学生的家庭情况，分类跟进进行家访。

（2）聚焦问题：在资料分析的基础上对将要展开的家访做出综合研判，聚焦受访学生的主要问题。

（3）编写提纲：针对受访学生的情况，提前编写家访提纲，形成有针对性的谈话要点。

（4）提前沟通：家访前必须与学生家长提前约定好家访的时间、地点。

2. 家访进行时要遵循的原则与要求

（1）拒绝收受钱物。教师不得利用家访联系之便向家长索要或拿取钱物。

（2）保持家访初心。一切为了学生的成长，遵循"扬长避短"的家访原则，不得向家长告状。无论学生表现如何都要保持家访初心，让家长看到希望，从实际出发，切忌片面孤立地看问题。

（3）传播积极观念。要指导家长开展家庭教育，采取说理、引导的方法教育学生，避免简单粗暴。与家长共同分析学生的思想、学习、生活等方面的问题，制订符合实际的教育方法。

（4）注意形象礼仪。教师要注意保持良好的形象和基本的礼仪，与家长平等协商，做到有情、有理、有节，谈话的态度要诚恳、耐心、谦和，形成和谐融洽的气氛，要使家长感到教师对学生的爱护和关怀，展现教师的个人风采。着装要大方得体合适，心态要自信，不能有好为人师的姿态，要用心倾听，每一位家长都需要被尊重、被接纳、被信任。同时，要遵守家访纪律，合理控制家访时间。

（5）明确指标要求。建议新接班的班主任或任课教师在一学年中，尽可能对所有学生有计划地上门访问，与家长进行沟通，指导家庭教育工作的开展。对班内特殊类型的学生进行重点家访，增加家访次数，寒暑假期间为必访对象，并进行追踪记录，努力帮助家长解决教育方面存在的问题。对因病缺课两天以上、家庭发生重大变故、学生本人发生伤害事故或家长发生重大事故、无故缺席旷课、严重违规违纪或发生其他重要问题或进步明显的学生，在第一时间进行家访。

3. 观察与沟通

（1）观察氛围。家访时要注意其家庭环境、家长心情、学生在场与否，酌情采取恰当的谈话方式，个别问题可要求学生或家长回避。对学生居家环境、家庭成员的关系进行观察，有助于教师对学生的行为表现做归因分析，预测原生家庭给学生发展带来的可能影响。

（2）有效沟通。从沟通内容上看，应围绕家访目的，突出重点，分清主次，理顺谈话的先后顺序。在沟通方式上，以教师独白的形式介绍学生在校情况，以教师提问、家长解答的方式了解学生的居家情况，以双方对话、平等交谈的形式研究改进教育策略，以家长独白的形式讲述家长需要表达的信息。在沟通技巧方面，教师一定要保持中立态度，不指责、不评判，切忌给学生、家长贴标签，戴着有色眼镜看人，更不要道德绑架。

（五）注意事项

1. 家访切忌走过场

家访要有明确的目的性，明确谈话中心，考虑恰当的谈话内容。如果班主任家访的目的不明确，为家访而家访，孩子在学校的表现，家长了解不清，学生在家里的情况，班主任也了解不清，每家家访时间不超过十分钟，仅仅走了一个过场，家访就匆匆结束了。这种"拜年式"家访，是没有实际意义的。为保证家访的有效性，可根据学生具体表现、家访内容的轻重缓急、居住区域来决定一次家访哪几家，不要贪多，否则会影响家访的效果。草率的家访有负面影响，家长会减少对教师的权威和信任感。

2. 家访功课需备好

做教师的都明白，备好课是上好课的关键。同样，要想成功地进行家访，班主任也要备好"家访课"。家访的目的是什么？想收到什么效果？家长对自己的建议不理解怎么办？怎样交流才能引起家长的重视？如果家长对孩子已失去信心又该怎样开导？诸如此类的问题，家访前都要有思考。家访时，教师要做到仪表大方、衣着整洁、谈吐稳重。做到言之有物、言之有序、言之有理、言之有情、言之有据。要让家长听得心里高兴，口服心更服，大有茅塞顿开、豁然开朗之感。这样的家访无疑将收到事半功倍的效果。

3. 保护自尊讲艺术

更多情况下，家访是带着学生的"不足"去的，而家访的目的则是想在家长的配合下让学生改掉不足。因此，教师家访时向家长传递的信息应该是积极的，让学生在家长面前不丢面子，这样的家访，不仅使家长满意，学生也会满意。这就需要教师传递的信息要具有艺术性，用"三明治"法则，先把学生的优点向家长讲足、讲全，再把不足和希望以及努力的方向提出来，请家长给予帮助。这样做，家长会高兴地、充满信心地接受教师的合理化建议，学生也会更加尊敬教师，听从教师教诲，积极主动地弥补不足，努力进步。

4. 访谈可得育人方

家访和上课一样，应力戒"注入式""满堂灌"。家访时，教师要给家长充分发表自己观点的时间，像记者主持访谈节目那样，悉心聆听家长的育子观，并适时插话，给予补充，以完善家长的教育思想，优化其家教理念。这种让家长处于主体地位的家访，便于引发家长的情感共鸣，更乐于接受教师提出的家庭教育建议，教师也能从中汲取家校合作育人的良方。

5. 家访主旨勿偏离

家访能促进师长感情，建立良好关系，切不可打着家访的幌子让家长办私事。如果家访时教师只谈私事，学生在场也会生厌恶之感，为师形象就会大打折扣。这种家访将遗患无穷，成为一大忌讳，为人师者一定要戒之又戒。

6. 后续需要常总结

教师要做好家访总结，针对问题制订并实施有针对性的解决措施，并积累经验和方法，这样的家访有效果、有后劲。

（1）建档总结。及时完成"一生一档"家访档案的整理记录，梳理问题形成台账，定期跟进，注意保护家庭隐私。

（2）协调反馈。根据家访情况，做好与任课教师、心理教师等的沟通协同工作，有针对性地制订个性化教育策略，并持续跟进，记录成效。对于家访中发现的突出或异常问题，需要及时上报学校领导，寻求学校的支持和帮助。对特殊问题的学生，如有必要，可以进行回访反馈，及时调整教育教学方法。

（3）反思研究。写家访手记，对家访中发现的共性问题及解决方法进行记录和反思，积累教育案例，增强自身的教育能力。

三、活动形式

给教师开展家访培训活动，可以采用多种形式，以确保培训的有效性和系统性，下面将重点阐述教训沙龙形式。

组织家访培训沙龙，可以邀请专家或优秀教师代表分享家访经验、有效的沟通技巧和解决问题的方法。使用案例进行分析，让教师深入体会不同情境下的家访挑战，通过小组讨论解决方案，帮助参训者学习实际操作经验、提升应对复杂情况的能力；还可以安排模拟演练，让教师亲身体验家访过程中的不同角色，从而更好地掌握家访的技巧，这有助于提高教师在实际操作中的底气和信心。

四、活动组织

组织培训活动需要综合考虑培训的目标、内容、形式与执行计划，重点是要让每位教师都能体验到家访过程中不同角色的需求和沟通方式，这就需要设计大量层层递进的技能练习，有条件的话，还可以安排实地观摩，让教师观摩专业的家访过程，促进教师学以致用。

第四章
中级水平：基于班主任的培训主题

主题 1　家长会的策划与组织

教育是一项包括家庭教育、学校教育、社会教育及教育者自我教育的系统工程。家长是指学生父母及其他监护人，《中华人民共和国民法典》中对父母及监护人对未成年子女的抚养、照顾、教育、管理和保护等方面有明确的规定。召开家长会既能让家长更好地了解学校、了解自己孩子的学校生活；同时也促使学校更好地了解家长，了解学生在家里的情况，建立家校之间高效、密切联系的有效渠道，达到"1+1＞2"的效果。本主题阐述的内容为教师在策划与组织家长会时提供一些思路与方法。

一、活动目的

通过培训，使教师掌握策划与组织家长会的方法，建立家校之间有效沟通的渠道。

二、活动内容

本章培训的对象是教师，主要目的是指导教师如何策划和组织家长会。下面将重点阐述"家长会的理论"和"家长会的策划"。家长会的理论需要教师从认知层面内化和认同；家长会的策划从做好准备工作是开好家长会的前提条件和明确主题是开好家长会的基本要求两方面讲述。

（一）家长会的理论

1. 民主平等理论

以尊重、平等、民主为前提的家长会正在受到家长和学生们的欢迎，这种家长会不再把学习成绩作为家长会的唯一内容，而是关心科学的教育理念和方法。家长、教师甚至专家、学者与学生互动，如交流式家长会、展示式家长会、联欢式家长会、参观游览式家长会等，在这种理念指导下让家长成为家长会的主角，学生成为成员，家长与教师、学生在相互尊重和理解中进行良性沟通。

2. 权责理论

权责一致是指行政机关依法享有的权力与承担的责任相匹配。不应当有无责任的权力，也不应当有无权力的责任。

在学校管理过程中有关各项决策、措施的制订有家长的参与，就会增强家长在学校管理中的主人翁意识和责任感。同时，由于家长最了解学生的成长经历，了解学生各方面的需求、兴趣、爱好，由家长参与制订的决策，才更具有针对性，从而进一步提高教育质量。

3. 协同理论

苏联教育家苏霍姆林斯基说："两个教育者——学校和家庭，不仅要一致行动，要向孩子提出同样的要求，而且要志同道合，抱着一致的信念，始终从同样的原则出发，无论在教育的目的、过程还是手段上，都不要发生分歧。"可见，学校教育必须与家庭教育密切配合。家庭教育是学校教育的基础，是学校教育的延续与升华，学校教育是家庭教育的提高与深入。而家长会是学校最常用的一种连接家庭教育与学校教育的方式，它可以促进学生学业进步，发展认知，提高心理素质，完善个性，顺利发展社会性因素，预防心理问题和心理疾病。全社会都在关心教育，要把学校教育、家庭教育、社会教育结合起来，营造一个良好教育的环境，形成大教育观的今天，家长会更加显示出了他们的功能。

4. 系统生态理论

该理论的代表人物是霍布斯和尤里·布朗芬布伦纳。布朗芬布伦纳把社会影响分为围绕青少年扩展开来的各种系统。对青少年产生最直接影响的是"微系统"，家庭是主要的微系统。接下来是朋友和学校的"中系统"，主要指微系统背景中的交互关系。"外系统"是指对青少年产生影响的社会背景。"宏系统"包括特定文化中的意识形态、态度、道德观念、习俗及法律。霍布斯则认为，儿童的问题不能与其亲友、学校和社区割裂开来，他认为青少年生活和学习与其家庭密切相关，而学校和社区则是为其家庭提供各种服务的机构。霍布斯通过试验验证将家庭、社区、学校因素都加入考虑的必要性。

5. 其他理论

还有学者、专家从父母教育权的演变历程、家校合作使儿童权利更大限度的得以维护；从系统科学的新分支，教育系统内各子系统之间协同效应的表现；从教师的新职业精神角度分析教师职业的要求；从家庭教育的特点和功能，学校教育与家庭教育的配合等不同侧面进行了专门的论述。

（二）家长会的内容

1. 家长会的主题来源

（1）根据家长方面的信息来拟定主题。

1）平时教师在与家长的交流中，了解家长在家庭教育中的独特经验或是困惑与烦恼，从中选择出共性问题或典型经验作为家长会的主题。

2）采取"问卷星"的方式收集家教中的困惑。

3）学校建立家校共育在线论坛，收集整理网络资源等。

（2）根据学生在教学活动中存在的多数问题来拟定主题。

1）在教学中发现学生群体中存在的共性问题，这些共性问题的预防与解决需要家长的帮助。例如，针对幼儿园孩子进餐挑食、偏食情况严重的问题，存在家校教育理念的差异，就可以召开以健康为主题的家长会。

2）每个阶段学生身心发展都具有不同的规律，面对这些"规律"，家长不能很好地理解，导致家校教育不协同。因此，可以根据学生"规律发展"召开家长会，普及养育知识。

2. 家长会的主题类型

（1）学生个性问题。学生个性问题是班级家长会的着力点，在主题的选择上可以围绕每个学生个体的兴趣与爱好、习惯与生活、优势与特长、发展与潜力、个性与特色、不足与改进等方面。可采用建立学生个体成长档案的方式，通过教师或学生自己记录个体每个阶段的成长教育与发展评估，以便为家长会的主题提供素材。

（2）学生共性问题。学生共性问题应该是学校层面家长会的着力点，可围绕终身教育所提出的"学会认知、学会做事、学会生存、学会生活"四大支柱，以及孩子的生命教育、健康教育、道德教育、家国情怀教育、劳动教育、艺术教育，以及学习能力、习惯养成、沟通交往、团队合作、志愿服务等主题进行选择，且以不同的形式开展。

三、活动形式

家长会的活动形式多样，按照不同的标准可以划分为不同的类型。如何选择更加有利于学生成长的家长会形式，关键是要把握家长会的本质目的。本章推荐多元化的表达形式，更适合基于学生成长需要的家长会。家长会的多元化表达形式包括以下几种：

（1）介绍沟通式：通过校领导对本校情况和学期工作的介绍，班主任和家长交流班级情况和学期工作，学科教师介绍学生的学习情况和学习经验等，使家长更加了解学校和班级的情况。

（2）对话讨论式：就一两个突出问题进行亲子、师生、教师与家长的对话。例如，关于良好学习习惯的养成问题，家长和学生在老师的主持下各自发表观点，从而使家长更深入地了解孩子的状况，选择适当的教育方式。还可以就教育中的共性问题进行理论探索，或做个案分析，或开展经验交流会。例如，邀请几位在家庭教育、个性培养、学习指导等方面有成效的家长介绍经验，与其他家长共同交流。

（3）展示式：通过展示学生的作业、作品、影像或学生现场表演等，让家长在班级背景中了解自己的孩子。

（4）专家报告式：就学生入学后某个阶段或某个共性问题，请专家做报告并现场答疑，以提高家长的教育素质。

（5）参与动员式：邀请家长参与某一项主题活动的讨论和动员，如学生文艺汇演、游玩、军训、仪式等活动。

（6）体验式：根据家长的成长需要和家庭教育需要，通过体验式团体心理教育技术，在团体动力的推动下，围绕教育主题开展的体验、成长和学习活动。如情境体验，就是把要学习的内容情景化和具象化，创设一定的体验情景，让每个家长都置身情景中，在体验中感悟、领会和反思。当前的家长会多是家长在"听中学"，而体验式家长会要求的是家长在"做中学"，让家长成为家长会的主体。

（7）"三位一体"式："三位一体"主要是指家长的心理资本建设、家庭教育理念和家庭教育技术各占三分之一的内容，通过成长工作坊、体验式培训和讲座交流，三种方式交叉进行，实现科学化和系统化。

四、活动组织

（一）做好家长会的准备工作

1. 根据需求向家长发放调查表

（1）了解家长对家长会的认知需求：如对家长会的认同度、家长会是否重要、自己是否愿意参加家长会、需要学校召开家长会的次数、召开家长会时间的选择等。

（2）了解家长对家长会内容的需求：如关注学生的成绩、综合素质、身心发展、家长素养提升等。

（3）了解家长对家长会组织形式的需求：如按照规模大小可分为学校级别家长会、年级级别家长会、班级级别家长会、个别学生家长会等；如按照表达形式家长会可分为交流式、对话讨论式、展示式、专家报告式等。

（4）了解家长对家长会组织者的需求：如对家长会新见解的看法、家长对如何开好家长会的具体建议和意见等。

2. 根据学校教育教学工作的实际进行分析

确定会议目的和主要内容，可通过召开班主任会议，客观地分析现状，发现促进学生发展的有利因素和制约学生发展的不利因素。主要确定收集、交流哪些方面的信息，共同解决哪些问题等。

3. 印发开会通知

一般在会前两周发放开会通知。通知中要简要通报会议的目的、内容、时间、地点（一般在学生教室），咨询家长能否到会，并附学生家长对学校工作的意见、建议栏。

4. 整理意见

以教学班为单位，收集整理家长意见、建议，归类分析，确定需要进一步沟通解决的问题。

（二）做好体验式家长会等的过程组织

团体辅导被称为"神奇的圆圈"，一群人围坐在一起，经过几次密集的互动，每个成员都产生一些积极的改变。以体验式家长会为例，做好家长会的过程组织。

（1）破冰行动：通过温情开场、互动游戏、小小团建等营造出轻松愉悦的家长会氛围，调动家长积极参与的热情，打破家长彼此之间初相识的陌生感，使家长会热热闹闹地拉开序幕。

（2）激趣引题：通过预先准备的话题匣子、轻松愉快的游戏情节、聚焦问题的小组交流，鼓励家长勇敢地表达自己真实的想法。

（3）情景再现：利用游戏还原、情景还原、现场还原等让家长身临其境地去进行自我反思，激发家长参与讨论的热情，并尝试转变自身教育方式，让家长会更有针对性。

（4）实践反思：指导家长利用记录的方式分享教育小妙招、积累育儿经验，调整教育方式，还可以通过互联网、微信群、成长手册给家长提供交流表达的平台，让家长会更具有持续提升的作用。

（三）做好家长会的后续工作

家长会活动组织需要注意后续工作的开展。后续工作是检验家长会成功与否的关键，包括向家长咨询对家长会意见的调查表，以及家长会上针对学生建议的实施情况。

家长会的后续工作，教师尤其是班主任应充分肯定家长，总结收获并衷心感谢家长对自己工作上的支持，希望今后多联系与沟通，共同做好教育工作，使学生家长高兴而来、满意而归。

后续的工作中对成绩品行好的学生家长可以说"为你的孩子骄傲吧！"对有不良习惯的学生家长可以说"别着急，让我们一起来想办法。"对那些学习成绩不突出，对自身缺乏信心的学生家长可以说"别忘了常给孩子打打气，有了信心，孩子一定能行。"这样就能让家长真正感受到教师确实是在关心他的孩子。让家长感到如果不来参加家长会真是一种损失，并期望着下一次家长会的到来。

主题2　班级家委会的功能与运作

班级家委会是基于学生家长建立起来的家校联系、协作组织，是家长行使教育参与权、促进民主管理的群众自治组织，也是教育合作组织。《国家中长期教育改革和发展规划纲要（2010—2020年）》第十三章的第四十一条"完善中小学学校管理制度"中，专门提出"建立中小学家长委员会"。教育部于2012年2月发布了《关于建立中小学幼儿园家长委员会的指导意见》，提出"把家长委员会作为建设依法办学、自主管理、民主监督、社会参与的现代学校制度的重要内容，作为发挥家长在教育改革发展中积极作用的有效途径，作为构建学校、家庭、社会密切配合的育人体系的重大举措""有条件的公办和民办中小学和幼儿园都应建立家长委员会"，这些教育政策足以说明班级家委会的重要性。然而在现实中，由于班级家委会发展历程较晚，理论体系不完善，监督评价体系不健全，法律制度保障缺乏，具体运作操作存在不规范、不科学之处。因此，教师在家庭教育指导时，需要关注班级家委会的有效运作，提升班级家委会的协同教育功能。

一、活动目的

通过培训，使教师掌握建设和运作班级家委会的方法与技能，发挥班级家委会增进家校联系、构建科学教育体系的作用。

二、活动内容

目前，班级家委会建设与运作的情况参差不齐，培训时应强调可操作性，重点解决班级家委会建设与运作的策略。因此，设计与开展活动时，可以从班级家委会的管理机制、工作机制、动力机制与评价机制四个方面梳理班级家委会的功能与运作作为主题的内容。

（一）班级家委会的管理机制

管理机制本质上就是班级家委会的组织架构、工作职能、功能定位，是班级家委会发挥作用的基础。作为教师应该清楚地掌握班级家委会的内涵与目的。班级家委会的管理机制主要包括以下三方面。

1. 健全机构

班级家委会一般由5～6名家长代表组成。名额双向选择，有两个基本原则：自愿性原则和择优性原则。先由热心教育、善于组织协调、能积极为大家服务、有一定阅历的家长自愿报名，然后在班主任协助下通过全体家长参与投票推选形成。一经成立，公示成员信息，使普通家长了解班级家委会成员情况。此外，班级家委会成立后，仍需做到定期换届，一年一次，让更多普通家长参与到班级家委会的工作中，加强家校合作。其次，科学设置家长委员会的结构。根据罗伯特·卡茨的组织管理理论，一个组织需要有三层管理，分别为高层、中层和基层管理。因此，可以将班级家委会组织分为三级结构，即会长、副会长和会员，班级中其余家长为普通家长。会长、副会长和会员都应该由全体家长投票选举产生，会长负责统筹管理班级家委会的工作，副会长配合会长完成各项工作，会员执行各项工作，普通家长对班级家委会进行评价和监督。

2. 完善制度

为使班级家委会工作有法可依，有章可循，指导班级家委会制定工作章程等。明确班级家委会主要五种基本活动：助学活动，即辅助学校、帮助教师开展工作，包括举办活动、开发资源、教育教学等；采购活动，即为班级采购物资；财务活动，即班费的筹措、使用和保管；安全活动，指班级学生的安全防护及常用医务药品的储备；管理活动，即班级日常事务管理。

3. 功能定位

班级家委会是家长与学校之间的桥梁，应具有六种功能，分别为班级管理协助者、家校沟通促进者、学校管理参与者、家长资源整合者、家庭教育引导者、社区建设推动者。

（1）班级管理协助者：指协助完成有关班级管理事务的角色功能，该功能是班级家委会的基础性功能，其包含班费财务出纳、班级活动策划、班级物资采购、教师教学辅助、学生生活指导五个方面。

（2）家校沟通促进者：指协调不同群体间、不同层级沟通的角色功能。其包含"信息桥梁""传递正能量""班级舆情监控"三个基本维度。

（3）学校管理参与者：指通过参与学校活动与监督工作，了解学校情况，同时随着对学校管理与活动了解的加深，更能提出精准的监督建议与活动支持。其中包括"了解学校情况""参与学校活动""参与监督学校工作"三个具体方面。

（4）家长资源整合者：指基于对家长群体的熟悉与了解，整合家长群的社会资源，辅助班级教育工作开展的角色功能。该功能包含"协助开发家长资源""赞助班级活动"两个具体方面。

（5）家庭教育引导者：是最能体现班级家委会主体性的功能，也是目前发展潜力最大的功能。其包含"传播亲子教育理念""介入家庭教育问题"两个维度。

（6）社区建设推动者：指召集家长群体，通过"参与筹款募捐""提供公益服务"的方式与当地社区形成良好互动的角色功能。该功能目前不常被提及，但是是班级家委会未来的重要发展方向。

（二）班级家委会的工作机制

工作机制本质上就是班级家委会的运作载体与形式，是班级家委会发挥作用的途径。作为教师应该充分地调动班级家委会的工作积极性，提升协同教育的作用。班级家委会的工作机制主要包括以下两方面。

1. 沟通议事

班级家委会通过会议、线上沟通等途径向家长传递学校和班级的重要信息，包括学校活动、教育政策变化、班级动态等，协助解决家长、学校或学生方面的问题，促进家校之间的沟通与协调；通过定期召开会议和反馈机制，向学校反馈家长的意见和建议，促进学校的改进与发展。

2. 活动组织与协助

班级家委会可以组织学习培训活动，提升家长的理论水平和教育技能，主要有以下六种培训形式。

（1）理念性培训。先进的教育理念、开阔的思维视野，让班级家委会成员受益匪浅。

（2）专题性培训。"家校教育融合""孩子健康人格培养""教育中的法律常识""课外阅读指导""良好习惯养成"等专题培训，满足不同家长的培养需求。

（3）经验式培训。利用家长在家庭教育中已经取得的成功经验，现身说法——想方法、谈体会、论成败、找规律，达到思想共享、方法共享、经验共享的目的。

（4）诊断式培训。针对普遍出现及关注的热点、难点问题，有的放矢，追根溯源，探寻科学的解决方法。

（5）互动式培训。通过班级钉钉群、数字家校等多种途径，引领家长获取优质的教育资源，掌握科学的教育方法。

（6）传统式培训。学校与时俱进，每年推新一个教育主题，如"赏识教育""爱心教育""尊重教育""奉献教育"，通过家委会向家长阐明思想、解读意图、明确要求、合作实施。

班级家委会还可以开展"常规性""主题性""联谊性"三类家校共育活动，提升家校合作氛围。

（1）常规活动。邀请家长参加学校大型活动，与孩子一起体验校园文化，换位体验、同感共鸣，激发合作内驱力。

（2）主题文化节活动。开展"大手牵小手"千人越野、重走长征路、共读一本书、创新小发明等系列活动，凝聚合作战斗力。

（3）家校联谊活动。家长乒乓球邀请赛、演讲赛、读书交流会等，增强合作亲和力。

（三）班级家委会的动力机制

动力机制本质上就是提升班级家委会工作推动力的激励方式，是班级家委会发挥作用的源泉。作为教师应该充分地激发班级家委会的工作内驱力。班级家委会的动力机制主要包括以下三方面。

1. 走进管理

通过班级家委会成员促进家长参与班级管理，班主任定期向家长汇报班级情况，征求意见；组织家长出任"一日班主任"，参与班级活动策划、协调组织等管理工作，参与教具制作、听评课堂等教学工作，参与清洁卫生、维护班级钉钉群等义务工作，全面协助班主任改进班级管理，切实为学生和班级服务，促进学生成长，形成积极向上的班风。

2. 走进班级

邀请家长志愿者融入班级。充分开发并利用家长队伍中各类优质教育资源，让家长在班级中发挥教育效果。

3. 走进课堂

班级家委会可以与班主任及任课教师商定家长开放周及"不定期预约听课"方案，邀请家长走进课堂，由个体到群体，由学习到活动，由孩子到教师，对班级建设、教师能力

及学生精神面貌、成长状态，进行全方位的观察和交流反馈。

(四) 班级家委会的评价机制

评价机制本质上就是班级家委会的反馈与监管机制，是班级家委会发挥作用的保障。作为教师应该帮助班级家委会不断总结工作经验，调整策略方法。班级家委会的评价机制主要包括以下四方面。

1. 评价原则

公平、公正、公开。

2. 评价主体

家长委员会、普通家长、班主任及任课教师。

3. 评价方式

自评、互评、他评。

4. 评价维度

工作内容、工作能力、工作成效等。

监督评价制度让班级家委会在实践中不断总结经验教训，调整策略方法，并逐步走向成熟。

三、活动形式

指导家长建设、运行班级家委会并发挥其协同教育功能，教师可以借助学校的数字家长学校、微信公众号等方式，推送一些数字资料，供家长有选择地学习。除此之外，还可以通过主题会议、专题讲座、实践活动、论坛沙龙及个别对话等形式进行指导。

1. 主题会议

针对班级家委会的工作职能和功能定位，教师可召开主题会议，如定期例会、工作制度讨论、财务公开会议等。这种活动形式，优点在于聚焦班级家委会的功能与运作，根据主题推进班级家委会的运行，切实解决工作中遇到的实际困难，不断提升班级家委会的工作成效。

2. 专题讲座

专题讲座是一种形式较为简单的方式，也是教师组织培训中较为常见的一种方式。这种活动形式最大的优点在于信息量大，适用于将班级家委会建设与运行的相关知识与方法密集传递，但是缺点也较为明显，即效果不理想。组织专题讲座时，可以提前向家委会成员收集需要的讲座内容，切实解决班级家委会建设与运行中遇到的困难，以此提高讲座的质量。

3. 实践活动

将活动融入培训中，让班级家委会成员在活动中学习班级家委会运行的技能，尤其是情景模拟、活动方案设计等，让班级家委会成员在实践中不断提升组织协调、问题解决等能力，充分分析班级家委会运行过程中遇到的困难并提出解决方案，协助学校开展教育工作。采用实践活动的形式可以使班级家委会成员突破理论学习，在练习和讨论中提升能力。

4. 论坛沙龙

通过论坛沙龙的形式，请班级家委会成员来谈自己的工作体验，充分表达自己对班级家委会工作的体会，充分表达每个人的意见与想法，将一个问题讨论得较为透彻。这种方法介于专题讲座与实践活动之间，不过，此种形式缺乏专业引领与发展，只能使家长们停留在问题讨论层面，并不能解决实际困难。为此，可以提前配备一位领衔人，可以是专家或经验丰富的教师，确保论坛沙龙的价值。

5. 个别对话

个别对话是一种现场指导的形式。一般不是预先设计的，并不是独立存在的一种组织形式。个别对话往往与主题会议、专题讲座、实践活动、论坛沙龙等组织形式结合在一起。例如，专家讲座结束后，有些家长还意犹未尽，可与专家一对一交流，旁边允许其他人旁听。事实上，这时是培训效果最佳的时刻。首先，是培训对象的主动性被激发，其次，讨论的问题更为具体与聚焦，利于解决培训对象的实际问题。因此，在一些组织形式结束时，可以设计 15～20 min 的自由提问时间，这一阶段就属于"个别对话"。

四、活动组织

班级家委会功能与运作的主题、内容聚焦、培训的形式可以丰富多样。从针对性与适宜性的角度来看，教师在组织以班级家委会功能与运作的培训活动时，还需要把握以下三点注意事项。

1. 内容选择

班级家委会的功能与运作在家校合作中起着至关重要的作用。主要原因在于，班级家委会当好家长和学校（班级、教师）之间的桥梁，有效提升家长对学校（班级、教师）的认可，提升家校合作效果。教师对班级家委会进行指导时，必须围绕教育目的展开。首先，教师积极主动为班级家委会成员进行教育目的的解读，帮助班级家委会成员思考我们当下需要培养什么样的学生，应具备哪些基本素质，应发展哪些才能，帮助班级家委会成员树立正确的教育观。其次，对班级家委会成员开展教育规律认识的培训。只有遵循教育规律，才能安排科学合理的活动内容，选择合适的活动方式，在处理家校关系中保持正确的立场。

2. 组织流程

活动组织一般需要遵循准备、实施与总结三个基本环节。准备阶段需要做好三件事：一是邀请主讲人，确定活动主题与内容；二是确定活动的时间与地点，并公布，有条件的可以制作宣传海报；三是提前摸底，了解培训对象对活动内容的期望，并告知主讲人做好准备。实施阶段主要是会场秩序的组织，如场地纪律、指定座位、事先调试多媒体设备等，最为重要的是需要设计备案。总结阶段除活动报道，最后要将活动内容梳理成框架，再传播给培训对象，使培训对象可以查漏补缺，实现第二次学习。

3. 实施策略

活动实施时,需要借助班级家委会的功能与运作为主题的培训内容,深化教师与家长的合作。特别需要注意的是,教师指导时需要注意人文关怀,班级家委会成员为班级服务,无报酬可取,是义务奉献性质,处理班级事务时又难免会受到一些委屈,班级家委会成员工作十分辛苦。为鼓励班级家委会成员持之以恒地为班级服务,避免出现"挂名不出力"现象,教师需通过定期召开家长会、座谈会、家访、打电话等形式,多与班级家委会成员联系沟通,拉近彼此的距离。"好家长也是夸出来的"。荣誉感人皆有之,家长也不例外。每当班级活动结束后,教师需及时肯定每位班级家委会成员的辛勤付出,并致以诚挚的感谢。彬彬有礼、将心比心,语言上注意字斟句酌,使班级家委会成员们感受到班主任对他们发自内心的尊重。此外,教师建立班级家委会工作评价机制,期初向班级家委会成员颁发聘书,期末进行工作总结评比,在家长会或座谈会上进行表彰颁奖,从班级的层面肯定班级家委会的地位与作用,有利于班级家委会今后开展相关工作,也吸引更多家长参与、加入班级家委会。

主题3 家校突发事件的应对

现代社会飞速发展,深刻改变着人们的生活方式,同时也带来了一系列新情况和新问题。我们的孩子也面临着各种问题和挑战,如价值观念存在偏差、人际交往上的偏执、对网络的精神依赖、情感的冷漠、生活技能的缺失等,这些问题与家庭、学校有着千丝万缕的关系,需要家长和学校共同应对,如果能以家校协作的方式积极应对,很可能将孩子的一场危机转变为教育的契机,把坏事变成好事,促进孩子得到有效的教育和成长。反之,如果家长在面对家校突发事件时,只是一味发泄情绪、指责打骂孩子,则极其容易使矛盾升级,事态恶化,甚至可能给孩子、家庭、学校带来不可挽回的负面影响。

一、活动目的

通过培训,使教师掌握家校突发事件的应对方法,引导家长从促进孩子成长的角度积极行动,指导家长掌握协商沟通解决问题的方法。

二、活动内容

家校突发事件具有偶然性、难以预测性、爆发快的特点,在孩子利益受损的情况下,家长往往只关注问题表象,未能透过现象看到问题的本质,有时候家长只是站在自己的立场看到自己孩子的行为，解决方法单一，不能多角度、辩证性地思考问题。因此，设计与开展活动时，可以从家校冲突的类型、家校突发事件的场景、应对方法三个方面，梳理以家校冲突为主题的内容并对家长进行指导。

（一）家校冲突的类型

家庭与学校虽然都是教育者，但是两者的立场存在显著差异，简单来说即学校从全体学生角度考虑问题，但家庭更多地从自身利益出发。由于每一个家长的成长经历、生活阅历、学识学养的差异，决定了他们在教育观念、教育目标、教育内容、教育方法等方面与学校存在差异，同时，教师作为教育者也带有个人色彩，因此，家校之间难免会发生某些矛盾，具体表现在以下两类冲突。

1. 教育利益冲突

家校突发事件发生后，解决过程中的家校矛盾主要围绕利益而展开。在孩子遭遇学校突发事件时，可能会引发各种问题，从而激起家长不满。在家校关系中，学校作为主导方会显得教师比较强势，而家长作为弱势方，在孩子遇到问题时尤其可能感到自身权益受损、尊严不保、不公平公正。在突发事件发生后，若家长认为的合理要求得不到充分满足，也可能成为矛盾冲突的爆发点。

2. 教育观念冲突

学校的教育理念往往是主流的，尽管家长普遍认同素质教育，但更多的家长希望孩子既能全面发展，又能确保成绩优秀，然而很多时候事与愿违。在不确定因素影响下，家校突发事件的爆发，可能会成为家校冲突或者师生冲突的导火索。此外，现代家长推崇师生平等观念，认为学生有权决定自己的事务，教师应该充分保障学生的诉求，教育应该尊重孩子的个性。尽管这些思想具有一定合理性，但师生关系过于平等化同样存在问题。在突发事件的催化下，这些观念也可能导致家校冲突的发生。

（二）家校突发事件的场景

不同的家校冲突场景，会产生不同的矛盾和冲突。作为教师，要有能力应对家校冲突事件，首先要熟悉有哪些常见的家校冲突场景。家校冲突的典型场景有以下三种。

1. 同学相处问题引发家校冲突

当孩子走进校园，首先面对的正式群体是班级，孩子需要融入班级这个大家庭，同时也需要和班级中其他孩子和睦相处。然而，班级中的孩子来自不同的家庭，他们的沟通模式都带有鲜明的家庭特点。在同学相处过程中，可能出现人际关系的问题，如"淘气鬼"不被同学接纳、行为偏颇被同学嘲笑、成绩不好被同学嫌弃、习惯不好被同学投诉等，当孩子回到家和家长哭诉时，如果家长偏听偏信，就容易引发家校冲突。教师对这一类场景，要进行多维假设和实证分析，以便更好地应对和解决问题。

2. 家校合作误区引发家校冲突

家校合作的正确方式是学校和家庭在教育方式和教育成效上相互作用、相互影响。若家长教育方法不当，班主任的管理会增加难度；若是班主任教育孩子时缺乏技巧，家长的教育便如逆水行舟。家校合作误区主要体现在家校关系上出现过于谦卑或过于傲慢、态度不当的情况；也有的是因为平时疏于沟通，一旦出现问题则抱怨指责，进一步激化矛盾，却忘了解决问题和促进孩子成长的初心。基于这一认识，我们要注重家校合作的协同性，让每位教师都掌握与家长合作的技巧。

3. 安全事故引发家校冲突

家校双方，谁都不愿发生安全事故，但有时这些事故又不能避免。当孩子在体育课上因跑步摔倒而骨折，或与小伙伴玩游戏时磕到牙等意外事件发生时，家长的认知和态度会影响到事态的发展。面对这样的场景，家长可能会出现四种不同的反应：第一类家长可能认为孩子受伤或遭遇不公平，担心影响孩子的身心健康，采取回避或不解决问题的态度；第二类家长可能直接找班主任商谈，又担心老师有成见，对孩子不利；第三类家长可能越过班主任直接向校领导或教育主管部门投诉，期望得到公正的待遇；第四类家长可能会选择上网、发匿名帖进行声讨。教师应引导家长认识到这四类反应中的任何一种都可能造成伤害，要相信学校，主动敞开心扉，表达自己的心声，与学校共同协商解决问题。

（三）应对方法

在面对突如其来的事件时，教师、家长双方应冷静沉着面对，淡定从容地处理。在复杂多变的情境中，做出最合理的决定，采取适宜的方式与学校老师协同解决问题，需要注意以下应对方法。

1. 控制情绪

生活中任何人、任何事、任何物，甚至气候的变化都可能影响人的情绪。当孩子在学校发生问题时，因为信息不对称或不了解真实情况，爱子心切的家长很容易变得咄咄逼人，在愤怒情绪的驱动下，家长可能会气势汹汹地到学校找老师辩论。因此，教师首先要引导家长控制情绪，因为只有情绪得到良好的控制后，才能思考问题的解决方法。

2. 平缓对话

意外事件的发生具有偶然性和突发性，很难事先计划好处理方案。在处理突发事件过程中，家长也一定要从"为了孩子"的角度出发与学校平缓对话，家长的淡定从容也能给学校教师带来力量；平缓对话在缓解冲突的同时，也能帮助家长静下心来听取事件情况，理性协商解决问题才有可能。

3. 就事论事

学校在处理突发事件时要坚持公正公平的原则，家长有必要了解事情的真相，避免出现信息不对称的情况。然后根据事实审时度势，理性应对；如果出现对立的情况，不必急于解决，可以暂停沟通，并在此期间进行换位思考和冷静分析。逐步处理问题不仅可以避免事态激化，还能表达教师、家长对问题处理的谨慎态度。

4. 把握尺度

家长充分了解情况后，需要以事实为依据，把握好处理尺度。突发事件若在可控范围内，不要夸大其词；如果确实给孩子带来了较严重的伤害，也无须轻描淡写。如果涉及经济赔偿，可以通过法律途径解决。无论面对什么样的事件，教师和家长都应该透过表象看到实质，与学校一起积极应对，这样才有利于孩子健康成长。

三、活动形式

1. 家长成长营，提升应对素养

通过家长会、家长学校、家校开放日等专项活动不断提升家长的涵养，要让家长了解和学习家校合作的相关要求，在各级各类活动中感受到学校所遵循教育理念的科学性和可行性，从情感上信赖学校并从心理上依赖学校，建立起家校之间的情感连接。此外，这种学习方式能够让家长静下心来，沉浸在共同学习的氛围中，减少工作环境、家庭环境的干扰，同时，也能以较高限度普及大部分家长急需的家庭教育知识，效率较高、效果较好。

2. 家长俱乐部，突发问题专项解决

家长俱乐部是把有相同问题或困惑的家长聚在一起组成一个学习小组，以俱乐部方式组织的一种学习方式。每个学期初围绕家长育子中的共同话题确定俱乐部活动主题，由区内名师自主申报，通过组织团队成员学习某种理论或技术，帮助家长缓解养育子女的焦虑情绪，改变和调整育子中的不当行为。俱乐部活动相比沙龙具有主题更聚焦、形式更灵活、互动更充分的特点。

3. 家长模拟演练，走进教育现场

"纸上得来终觉浅，绝知此事要躬行。"在家校突发事件后能否有效、妥善地面对并解决问题，关键在于家长是否能抓住问题的本质。事情本身的复杂性有时候不是个体所能辨析的，这时候需要通过现场情景模拟形式让家长经历理解突发事件、分析突发事件，并开展深度对话，重视对问题的理性思辨，在各种意料之外、情理之中的问题解决过程中走进教育现场，最后由指导老师针对突发情境中的关键问题进行点拨，并指出、纠正问题过程中暴露的不足。

四、活动组织

家校突发事件的主题内容很多，适用场景很广，但矛盾冲突点比较凸显，培训的形式需要根据具体的冲突场景进行选择。从针对性与适宜性的角度来看，教师在组织以家校突发事件应对为主题的培训活动时，需要注意以下事项。

1. 选择合适的主题与培训形式

家校突发事件处理不及时会引发家校矛盾，主要原因在于，突发事件可能会猝不及

防的给孩子带来严重的伤害，加上信息不对称导致问题的扩大化或严重化。因此，有关家校突发事件的培训主题，需要从家校情感链接入手，强调家校合作的意义和价值、突发事件可能会出现的场景，设置一问一场景，通过案例分析家校突发事件发生的问题，聚焦其背后的原因，以问题解决的互动为主、情感互动为辅，在相互理解的同时注重语言的有效性，同时兼顾事件真实性和处理过程的正确性。通过丰富的场景体验与案例分析，提升培训对象解决家校突发事件的能力。

2. 确定规范的组织流程

活动组织流程一般需要遵循三个基本环节：准备、实施与总结。准备阶段需要做好三件事：一是邀请主讲人，确定活动主题与内容；二是确定活动的时间与地点，并公布，有条件的可以制作宣传海报；三是提前摸底，了解培训对象对活动内容的期望，并告知主讲人做好准备。实施阶段主要是会场秩序的组织，如场地纪律、指定座位、事先调试多媒体设备等，最为重要的是需要设计备案。总结阶段除了活动报道之外，最后要将活动内容梳理成框架，再传播给培训对象，使培训对象可以查漏补缺，实现第二次学习。

3. 推进灵活多样的实施策略

活动实施时，需要借助家校突发事件应对为主题的培训内容，提升教师的家校沟通能力。虽然角度不同，但教师与家长沟通时探讨的话题应该是一致的。当家校突发事件发生时，教师在与家长沟通的时候一定要聚焦到关键问题，直面矛盾，有真认识、真方法，必要时教师也需要掌握一些具体的沟通技巧，有助于教师从容面对不同的家长，同时需要对家校共育有着深入的了解。总而言之，面对家校突发事件，教师应以问题解决的互动为主，情感性互动为辅，在相互理解的同时注重语言的有效性，既领会家长的意图，真心诚意地表达支持，同时要兼顾事件真实性和处理过程的正确性。

主题 4　特殊学生的识别与支持

特殊学生在本主题特指由于生理、心理、行为和环境因素影响了个人的学习能力，最终导致学习困难的学生。学习困难的概念根据发生数量和发生概率可以分成以下三个层次。

（1）生理层面的学习困难。首先是特定学习障碍，即从医学角度被定义为有遗传基础的神经发育性障碍；其次是智力正常的学生，但在听、说、读、写、计算、思考等学习能力的一个或多个方面表现出明显困难，包括阅读障碍、书面表达障碍、数学学习障碍等学业性学习障碍，和注意缺陷、记忆障碍、感知觉障碍所导致的发展性学习障碍。这个层面的学习困难一般由于学生的生理因素导致，不以主观意志为转移，干预方法多借助医学手段或特定的专业化路径。

（2）心理层面的学习困难，即伴随一种或多种心理行为问题而形成的学习困难。此类学习困难的学生往往存在情绪、认知、社会知觉等方面的障碍，包括焦虑、抑郁、网络成瘾、学校适应障碍等。这个层面的学习困难与心理问题形成恶性循环，互为因果，往往需要采用心理干预甚至药物干预的方法来应对。

（3）环境层面的学习困难。此类是由于家庭、社会、学校等不良环境氛围对学生的学习情况产生影响而形成的学习困难。这个层面的学习困难和环境不良导致学生学习动力不足，干预多从改善社会关系、优化社会交往、增加社会支持着手。

就存在学习困难的个体而言，其学习困难有可能是以上其中一种因素发生作用，也可能是受多种因素综合影响。因此，在面对个体的问题时要具体分析、个别分析、分类施策、综合施策。

本主题讨论学习困难学生最普遍的特征和教育策略，帮助教师更好地指导家长支持学生发展。

一、活动目的

通过培训，帮助教师厘清有学习困难的特殊学生的特点，使教师掌握指导家长识别与支持学习困难孩子的方法，从而指导家长掌握适合的家庭教育方法。

二、活动内容

学生出现学习困难的原因有很多，在了解学习困难成因的基础上，本主题主要针对由于中枢神经系统功能失调引起的学习困难的特殊学生，进行培训时应强调针对性、重点教授家长在家庭教育中辨识学习困难的方法与训练技巧。因此，设计与开展活动时，可以从不同种类学习困难的识别、问题场景、支持策略三个方面梳理特殊学生的识别与支持作为主题的内容并对家长进行指导。

（一）不同种类学习困难的识别

由中枢神经系统功能失调引起而非脑损伤造成的学习困难有很多种，不同的失调会产生不同领域的学习困难，本主题选取在学生中最常见和普遍的种类，作为教师应该清楚地掌握不同种类的学习困难在学生身上的表现特征。

1. 阅读障碍

阅读障碍的学生主要在阅读解码、流畅性和理解方面存在困难。

（1）阅读解码是指识别和理解阅读中的字母与字母组合的过程，当学生在识别字母、音标、词汇和拼读单词时遇到困难，可能就遇到了解码困难。这会影响阅读的准确性，导致阅读速度下降。

（2）阅读流畅性是指阅读时的顺畅程度和速度。当学生阅读速度较慢、经常停顿、读取不连贯、需要花费更长的时间来读取相同数量的文字时，可能就遇到了流畅性困难，这会导致阅读效率低下。

（3）阅读理解是指理解和吸收所读内容的能力，当学生在理解文章或句子、提取主要信息等方面遇到了障碍时，意味着学生可能存在理解困难，即使能够准确阅读，也可能缺乏对阅读内容的深层次理解。

2. 书写和写作障碍

书写障碍是指学生写得慢，写出的字难以辨认，书写障碍不涉及拼写或语言问题，主要聚焦于书写技能。写作障碍是指学生在进行书面表达时，出现语法错误、句子结构过于简单、字词类型较少、段落组织结构散乱、难以表达思想等问题。写作障碍更聚焦于语言表达和写作技能。

3. 语言障碍

语言障碍是指学生在语言发展和语言使用方面存在困难。语言发展障碍表现在句法（或语法）、语义（单词意义）、语音（将字词分解为声音成分、将单个声音组合成字词并表达出来的能力）方面存在困难。当学生在使用和理解语法规则方面遇到困难，如出现语法结构错误、错误的时态使用等问题时，可能就是语法障碍；当学生在理解和使用词汇的意义方面遇到困难，如出现词义混淆、难以理解抽象概念等，可能就是语义障碍；当学生在发音方面遇到困难，可能就是语音障碍。

语言使用障碍通常表现为不擅长理解和表达话语，简而言之，他们难以理解和运用社会语言规则、难以适应不同的交际环境，不擅长回应他人的话语或提问，或长时间沉默，这会影响学生的社交关系。

4. 数学障碍

数学障碍是指学生在数学学习时遇到的困难，在较长时间内，学生的数学学习表现明显低于同龄人，这种困难影响着学生对数学概念的理解、数学技能的掌握和解决数学问题的能力。数学概念理解困难是指学生难以理解与数学有关的概念、原理或公式，对抽象的数学概念难以建立清晰的认识；数学计算和运算困难是指学生在进行基本的数学计算和运算时出现的错误率明显高于同龄人；解决数学问题的困难是指学生难以理解问题的要求、难以独立解决数学问题，不能有效应用数学概念知识解决数学问题。

5. 知觉、知觉－动作和整体协调障碍

知觉、知觉－动作和整体协调障碍是一种神经发展障碍，主要涉及学生在感觉、动作和协调方面的困难。

（1）知觉障碍主要是指学生对感觉刺激的处理和理解出现问题，包括触觉、听觉、视觉等方面。例如，可能对强烈的噪声、光线、触感等产生过于敏感或不敏感的反应，视觉障碍学生可能难以完成拼图，难以看见和识记视觉形状，或常常颠倒字母（如把 b 误认为 d）；听觉障碍学生可能难以区分两个听起来几乎一样的字词，或难以遵从口头指令。

（2）知觉－动作障碍是指学生在执行日常活动时，由于感觉和动作之间的不协调而遇到困难，导致学生可能表现出动作笨拙、不协调，精细动作控制难等，如书写困难、系鞋带困难等。

（3）整体协调障碍包括精细动作（小动作肌肉）和粗大动作（大动作肌肉）技能障碍，是指学生在进行整体动作、运动协调时遇到困难，难以完成需要动作技能的身体活动，如跑步、跳跃时遇到困难。

6. 记忆障碍和认知障碍

记忆障碍和认知障碍是与大脑功能发展相关的神经系统问题。记忆可分为短时记忆和工作记忆，短时记忆障碍是指难以回忆起刚见过或听过的信息；工作记忆障碍是指学生完成一项认知任务时储存信息的能力存在缺陷，研究发现有数学障碍的学生存在工作记忆缺陷。总的来说，记忆障碍可能导致学生难以记住学习过的知识或经验。认知障碍是指学生在思维、判断和解决问题能力等认知方面存在问题，认知障碍的学生在识别任务要求时通常难以判断任务的难度，在选择和实施适当策略时通常无法给出多种策略。监控和调整能力弱，通常难以根据任务来监控和调整。

7. 注意力缺陷障碍

注意力缺陷障碍（ADHD）是一种神经发育障碍，通常分为以下三种类型。

（1）以注意力涣散为主的ADHD。其表现特征为：

1）在功课、任务或其他活动中经常无法留意细节或因粗心而犯错；

2）在完成分派的任务或进行游戏时很难保持注意力集中；

3）与人交流时常常不注意聆听；

4）常常不能始终贯彻指令，无法完成功课、家务或工作职责（并非由于反抗行为或不理解指令内容）；

5）常常难以组织任务或活动；

6）常常逃避、不喜欢或不情愿参与那些要求长时间集中精力才能完成的任务（如学校作业或家庭作业）；

7）在完成任务或活动时常常丢三落四（如玩具、学校作业、铅笔、书或工具）；

8）常常容易因无关刺激而分心；

9）日常活动中常常很健忘。

（2）以多动-冲动为主的ADHD。其表现特征为：

1）经常玩弄手或脚、在座位上扭动身体；

2）在教室或其他要求持续就座的情境中时常离开座位；

3）常常在不适当的情境中乱跑或攀爬（在青少年或成人身上可能仅限于个人感觉坐立不安）；

4）常常难以安静地玩耍或参与休闲活动；

5）常常"忙个不停"或像"装了马达"一样；

6）常常言语过多。

（3）混合型的ADHD。其表现特征为：

1）常常在别人问完问题之前就抢先说出未经思考的答案；

2）常常难以等待按顺序做事情；

3）常常干扰或强迫他人（如中途介入其他人的交谈或游戏）。

（二）问题场景

1. 社会性-情绪问题

大多数学习困难学生都有严重的社会性-情绪问题，存在社会性认知缺陷，也就是说，他们会错误解读社会线索并进而错误理解他人的情感和情绪。学习困难的学生会无视自己的行为对同伴的影响，也难以认同他人观点、从他人的视角看问题。研究表明，数学、视觉空间任务、手工任务及自我调节和组织等方面有困难的学生会更明显地表现出社会互动问题。非语言学习障碍是大脑右半球功能失调所致，非语言学习困难个体可能会患上抑郁，这可能源自他们所体验到的社会性拒斥与孤独感。

2. 动机问题

学习困难学生似乎甘愿让事情自然发生，而不尝试控制或影响它们，他们的生活受运气或命运等外在因素影响，而非内在因素如决定或能力来掌控。一些学生还会表现出习得性无助，他们选择放弃努力，期待最坏的结果发生，因为他们相信无论付出多大努力，最后都会失败。学习与动机问题的相互作用使教师、父母和学生难以解决这些动机问题，从而形成一种恶性循环：学生在以往经历中学到，在任何新情境中都期待着失败。这种对失败的期待或习得性无助可能导致学生在面对困难或复杂的任务时选择放弃，不仅无法学到新技能，而且经历了不好的事件，进而强化了无助感，使这一恶性循环持续不断。

（三）支持的策略

本主题将讨论减轻学习困难学生问题的四种支持策略：认知训练、内容改进、直接教学和同伴指导。这四种支持策略在实践中需要结合使用。

1. 认知训练

认知训练包括多种特定策略，下面简要讨论自我教学、自我监控、支架式教学和互惠式教学。

（1）自我教学：旨在让学生在解决问题时能意识到任务的不同阶段，并用口语控制行为，分五步策略：

1）问题界定："我要做什么？"
2）计划："我如何解决该问题？"
3）策略使用：大声说出问题→寻找关键词并圈出来→画图以助于解决问题→写出数学语句→写出答案。
4）自我评价："我做得如何？"
5）自我强化："做得好，我做对了。"

（2）自我监控：指学生追踪自身行为。通常包括两个部分：自我评价和自我记录。学生评价自己的行为，然后记录行为是否发生。例如，做完一些数学题后，学生可以核对自己的答案，然后将做对的题数记录在图表上，几天后，学生和教师就能够看到一份展现学生进步情况的记录图。也可以记录学生专心和不专心的行为。

（3）支架式教学：在学生初次学习某项任务时给予支持，然后逐渐减少支持以便他们最终能独立完成任务。例如，教师以大声说出的方式示范了写作的三步策略：

1）思考。谁会读这篇文章而我为什么要写这篇文章？

2）计划要说些什么。采用 TREE 策略（写出主题句、写出原因、核查原因以及写出结尾）。

3）写出和说出更多的内容。示范该策略时，学生和教师对其各方面展开讨论，之后学生逐渐记住策略并能独立使用。

（4）互惠式教学：是指教师和学生进行互动式对话，两者的关系类似于专家与新手的关系。

2. 内容改进

内容改进是一种让材料更为鲜明或突出的方式。它有多种形式，图片组织者和记忆术是两种能够有效地改进内容的形式。图片组织者是"利用线条、圆圈和方框组织信息的视觉手段，信息的关系可以是层级式、因果、比较或对比以及循环或线性顺序的"。记忆术是指使用图片或单词以帮助识记信息。

3. 直接教学

直接教学是指将学业问题分解成各组成部分，以便教师可以先单独教授这些部分，然后教学生将这些部分整合起来以获得完整的技能。

4. 同伴指导

同伴指导是指将成绩较好和较差的两名学生组成学习对子，然后让他们参与高度结构化的指导性课程，在这些课程中两名学生轮流当"教师"和"学员"。

三、活动形式

指导家长了解并掌握不同种类学习困难的识别、问题场景和支持策略，教师可以借助学校的数字家长学校、微信公众号等方式，推送一些数字资料，供家长有选择地学习。此外，还可以通过专题讲座、角色模拟、分组交流及个别对话等形式进行指导。

1. 专题讲座

根据不同种类的学习困难开设专题，并提前预告讲座的内容，可以让家长根据自己孩子存在的学习困难表现有选择地参加学习。这种活动形式最大的优点在于信息量大，适用于将不同种类学习困难的识别、问题场景和支持策略密集传递，又能很好地解决家长在教养过程中遇到的困惑，精准帮扶学习困难学生的成长。

2. 分组交流

谈自己的育儿经验，充分表达自己作为学习困难特殊孩子父母的体会以及教养过程中的感悟，分组交流形式最适合这种内容。可以采用"六六法"，即每人对论点做 1 min 的观点分享，6 人轮完后，也可以进行第二轮的观点分享，"六六法"既能充分表达每个人的意见与想法，也有时间将一个问题讨论得较为透彻。也可以采用"鱼缸式"讨论法，选择一组家庭成员演绎生活中的教养场景，成为"鱼缸中的鱼"，场外观看的家长可以根据正在演绎的"鱼缸场景"提出自己的教养观点和策略，确保"鱼缸式"讨论的教育价值。

3. 专家对话

根据学习困难的表现，如注意力、感统失调等，聘请某一类的专家，邀请同质类的家长与专家一对一交流，这样的方式讨论的问题更为具体与聚焦，利于解决家长教养中遇到的实际问题。

四、活动组织

学习困难学生具有不同的原因和不同的特征表现，策略选择可以是丰富多样的。从针对性与适宜性的角度来看，教师在组织以学习困难学生的类别与干预策略为主题的培训活动时，还需要把握以下注意事项。

学习困难是家庭教育中的难点问题，主要原因在于，早期尤其是幼儿园阶段很难发现，当孩子进入学习阶段时，随着学业难度的增加，学习困难的问题才会凸显出来，家长在主观上往往会认为是孩子学习不够努力而导致的，也常常会造成亲子关系的紧张。造成学习困难的"问题"虽可分类，但每一个问题都有其独特的背景因素，很难有一致性。因此，在组织一般性知识与方法传授时，需要根据不同"问题"设计场景，通过案例剖析学习困难背后的原因与策略，可以为培训对象带来实操性的指导。

活动实施时，需要借助学习困难学生的识别与支持主题的培训内容，提升教师的家校沟通能力。教师在和家长沟通时，需要换位思考，体谅家长的心情，不是所有家长都愿意承认自己的孩子存在"中枢神经系统失调"的问题。教师和家长的沟通不是为了给孩子"贴标签"，而是告知家长孩子在校的表现和与别的孩子在学习上存在的差异，可以通过课堂表现、作业反馈、学习习惯、学习纪律的遵守、学科教师的反馈、孩子自己写的周记和作文、犯错后的检讨等方面，综合呈现给家长，最终的目标是形成家校共育的理念。教师与家长沟通需要注意：切记我们是教师，我们需要告知家长的是孩子的在校行为表现，至于孩子是否存在"病"的问题，需要由专业医生来鉴定，教师千万不能直接说"你家孩子有病"。

主题 5　特需家庭的识别与指导

从我国当前教育现状来看，社会中存在一类特殊性群体，即特需家庭中的学生。特需家庭是指由于各种原因与一般正常家庭在生活起居、生活质量方面存在差异的家庭。一般包括单亲家庭、父母双亡家庭、父母离异家庭、父母丧失劳动能力家庭、父母外出打工家庭、父母对孩子学习不闻不问的家庭等。这类家庭中的学生往往由于缺乏父母陪伴，在成长经历中埋下深深的创伤。随着《家庭教育促进法》出台，法律层面明确了家长在家庭教育中的主体责任，推动了"家庭责任""国家支持"与"社会协同"一体化教育格局的建构。基于此，教师有责任及时指导特需家庭的家长，采取措施对孩子的成长进行健康而有效的干预。

一、活动目的

通过培训，使教师掌握指导特需家庭家长的方法，促进特需家庭中的孩子健康成长。

二、活动内容

特需家庭的学生由于受到各方面的影响，因而在情感交流方面存在一定的问题。加强对特需家庭家长教育方式的指导已经成为社会的迫切需求。因此，培训时应强调针对性，从了解特需家庭孩子出现问题的原因、特殊家庭孩子存在的问题入手，重点是教师要指导特需家庭家长掌握对这些孩子的教育方式，以促进亲子关系变得融洽。

（一）特需家庭孩子出现问题的原因

1. 父母离异或父母双亡

在父母离异或父母双亡的家庭中，父母往往对孩子的家庭教养、学习习惯、行为监督上有疏忽或缺乏关心和照顾，这些状况对孩子来说就意味着"家"的支离破碎，他们会觉得世界崩塌了，父母不再爱自己，情感陪伴缺失；部分家长离异后跟孩子诉苦，这让孩子感到震惊，甚至因此陷入失落、孤独和抑郁的状态中。此外，特需家庭可能会面临周围的不理解和不支持，这可能使孩子感到被孤立和缺乏安全感，影响孩子情感和社交能力的发展。

2. 家庭关系不和睦

一些没有离异的父母，尽管还保持着婚姻关系，但由于夫妻间矛盾较大，经常大吵大闹，却没认识到这会影响孩子的学业和心理健康。长期在这样的家庭环境影响下，孩子容易形成暴躁、易怒的性格，同时对家庭也会产生一定的厌恶情绪。尽管这种情绪在短时间内不会表现得特别明显，但随着孩子的成长，他们会把这种厌恶之情转移到周围的环境和人物身上，从而引发心理问题。

3. 父母一方或双方常年在外打工

对于那些父母经常在外打工的孩子来讲，他们严重缺乏父爱或母爱，情感的缺乏很容易导致孩子的人格发展不健全。虽然从小受到爷爷、奶奶、外公、外婆的照顾，但这些照顾和父母给的爱是有很大差别的，父母给的爱往往是其他的亲人无法给予的。

(二)特需家庭孩子存在的问题

1. 单亲家庭的孩子存在的问题

首先,部分父母往往存在"唯分数论"的意识,认为孩子分数高才优秀,是自己教养得好,是孩子为自己"争了一口气"。同时,部分孩子也想用分数证明自己,来博取父亲或母亲的"开心",无形中这样的证明,会让孩子形成巨大的心理压力,长此以往,许多孩子会出现心理问题,甚至发生社会悲剧。其次,离异后成为单亲家庭,孩子的内心感受不到父母的爱,若父母分别组建新的家庭,缺乏对孩子的关心和照顾,孩子就会觉得自己是"多余"的,进而可能出现违纪、社交问题,甚至出现危害社会的行为。

2. 关系不和睦的家庭孩子存在的问题

首先,父母关系不和,长期争吵,甚至打斗,表明作为成年人的父母面对问题的处理能力比较弱,且倾向于通过发泄情绪来解决,当孩子犯错后,常常会采用"棍棒式"教育,不断打骂、指责孩子,导致孩子心中缺乏家庭温暖的感觉。这样的家庭环境也可能使孩子养成野蛮暴躁、冷酷无情的性格,尤其在中学阶段,孩子会出现叛逆、打架等行为。其次,关系不和睦家庭环境中的孩子,可能会感到自卑,觉得自己不如其他同学,害怕被同学嘲笑,尤其担心同学目睹父母打骂自己的场景。因此,他们内心可能会埋怨自己、埋怨父母,甚至对社会不满、心理变得扭曲和产生攻击性行为。

3. 父母一方或双方常年在外打工的孩子存在的问题

这样的孩子也称为留守儿童。因长时间与父母分离,孩子对父母的感情越来越淡,对父母的依赖也越来越少,甚至疏远。同时,祖辈的思想观念落后,不能及时地关注到孩子的心理变化和情绪需求,特别是在社交和学习方面遇到问题时,孩子未能得到及时的帮助和引导,从而导致心理问题或产生过激行为。无论是隔代监护、上代监护、单亲监护,都存在不完善之处,导致留守儿童家庭的安全功能受到削弱,进而造成心理上的不安全感。最后,沉迷手机、虚拟网络世界,可能会模糊他们的道德认知,使他们的道德情感冷漠化,形成扭曲的人生观和世界观。

(三)特需家庭孩子的教育方式

1. 父母需提升自我反思能力

有研究者对父母的反思功能、父母教养行为及儿童安全性依恋进行了探究,发现反思能力强的父母,在儿童情绪失调时能够更好地察觉子女情绪变化,并调适自身的负面情绪,从而对亲子间负面情绪的恶性循环起到缓冲作用,更有利于构建良性亲子关系。如何成为具有较高反思能力的父母?一是在教养子女时,提高自己的痛苦耐受度,面对负面情绪时冷静下来,分析子女真实的心理状态,做出正确的解读,采用更为有效的应对策略。二是努力使自己成为子女的"安全基地",能够支持子女发展自我调节与探索周围环境的能力。三是将子女作为独立的心理主体,尤其在负面情绪产生时,能区分并解释自己与子女行为背后的心理状态,帮助子女发展情绪调节能力与社交能力。

2. 根据特需类型选用方法

（1）单亲家庭教养措施：由于目睹了家庭的破裂，或长期处于有矛盾的家庭环境中，孩子形成了敏感、易怒的心理，缺乏安全感。单亲家庭的父母可以这样调整自己的教养行为：一是多关注孩子的心理状态，每天对孩子的生活多付出一点关心，让孩子感受到家庭的温暖，不至于完全丧失对他人和环境的信任感；二是帮助孩子学习处理负面情绪，提高自我掌控能力，学会合理的自我疏导方式；三是处理好夫妻、家人之间的关系，清楚地告诉孩子发生了什么，并让孩子知道，这是父母自己的选择，与孩子无关，父母依旧会爱孩子。

（2）留守孩子的教养措施：祖辈文化程度较低，家庭教育意识相对较弱，在教育上难免力不从心。父母要与长辈积极沟通，与长辈达成教育共识，避免在教育孩子过程中出现观点分歧与争执，引发家庭矛盾，造成家庭隔阂，影响孩子的身心健康。同时，父母还要经常与孩子视频通话，关注孩子的生活与学习，使孩子感到父母与自己的距离并不遥远，且充分感受到来自父母的关怀与鼓励。

三、活动形式

指导家长了解特需家庭孩子的问题，教师可以借助学校的数字家长学校、微信公众号等方式，推送一些数字资料，供家长有选择地学习。此外，还可以通过专题讲座、工作坊及个别对话等形式进行指导。

组织工作坊活动时，需要提前告知活动内容，可以让家长自愿选择是否参加，自愿参加的家长一般都有强烈的需求，活动中能积极参与互动，能提高工作坊活动的质量。工作坊活动可以借助家庭中存在的矛盾问题，现场复演矛盾激发时的片段，用"现场感"带动家长反思，从中感悟自身在家庭教育中存在的问题。工作坊进行时可以设计分组环节，让每位家长都表达自己的意见与想法。面对复杂问题时，工作坊讲师可以针对性给予指导建议。

四、活动组织

特需家庭的形成有不同的原因，有些涉及隐私，并不适合呈现在公众场合，从针对性与适宜性的角度来看，教师在组织以特需家庭识别与指导为主题的培训活动时，还需要把握以下三点注意事项。

1. 内容选择

特需家庭的形成原因和家庭背景都不相同，孩子存在的问题也不相同。因此，在组织一般性知识与方法传授时，需要梳理同质或相似的特需家庭，通过案例，剖析孩子的问题与教养方式。丰富的案例剖析可以为培训对象带来实操性的指导。

2. 实施策略

活动实施时，需要借助以特需家庭识别与指导为主题的培训内容，提升教师的家校沟通能力。教师与家长沟通时需要注意：一是要具有同理心，尊重家长，并不是人人都愿意被贴上"特需"的标签，面对孩子的问题，教师要通过倾听、积极回应等方式指导家长；二是教师与家长的角色不能模糊，就家庭教育而言，教师是指导，家长是主体，不能越俎代庖。

主题6　指导家长做好孩子的手机管理

智能手机的兴盛预示着我们进入了一个依赖移动终端的新媒体时代，几乎社会、家庭、学校中的所有成员都成了手机等电子产品的使用者。作为网络信息时代的原住居民，越来越多未成年人拥有了自己的手机，使得他们与网络世界连接紧密。党中央、国务院高度重视未成年人网络保护工作，颁布的《未成年人网络保护条例》明确指出要促进未成年人的网络素养和防治未成年人沉迷网络。然而在家庭生活中，一部手机经常导致亲子冲突频繁，甚至引发家庭矛盾。因此，教师在进行家庭教育指导时，有必要向家长传递手机管理的策略和方法，以促进家庭和谐，帮助未成年人健康成长。

一、活动目的

通过培训，使教师掌握指导家长开展亲子共同管理手机的方法，促进家长与孩子积极沟通，建立温暖有爱的亲子关系。

二、活动内容

手机管理方面相关的资料很多，培训时应强调针对性，重点帮助家长掌握手机管理的方法与技巧。因此，设计与开展活动时，可以从手机管理的场景、内容、方法与策略四个方面梳理以手机管理为主题的内容并对家长进行指导。

（一）手机管理的场景

在家庭生活中，手机管理可以分为两种场景：一是与生活完全融合在一起的以身示范手机管理场景，从而引导孩子对手机使用进行主动管理；二是针对特定目的进行有计划、有目的、有要求的手机管理场景。

1. 融汇生活的手机管理场景

家庭生活处处是教育场景，只要手机出现就是教育的契机。教师在培训时，要明确手机的所有权不是最重要的，重要的是家长在与孩子相处时充当着手机管理的示范者和指导者。每一个年龄阶段的孩子都在用自己的双眼在观察、用心灵在感受，父母的一言一行都在潜移默化地影响着孩子。就手机管理而言，父母正确地示范使用手机的情景，都如影像般留在孩子的心中，并在某一特定时刻成为他使用手机的参照。因此，教师对家长进行指导时必须强调生活中父母对孩子使用手机的教育、示范、引导和监督作用，生活本身就是手机管理的第一场景。

2. 聚焦目的的手机管理场景

当孩子拥有手机时，他就已经与网络世界产生连接，对于心智尚未成熟的未成年人来说，未知的网络世界充满着刺激的挑战和诱惑。教师在进行家庭教育指导时必须提醒家长，如果孩子拥有一部属于自己的智能手机，作为家长就需要安排至少两次以上规范使用手机的讨论场景。一次在孩子独立拥有手机前，可以以家庭会议或亲子一对一沟通的形式，讨论手机使用规则的相关事宜；另一次则在孩子独立拥有手机一段时间后，讨论手机使用过程中需要被纠正的现象，让孩子认识自己的手机使用情况，明确要调整的地方。

（二）手机管理的内容

指导家长开展手机管理时，管理的内容是教师在进行家庭教育指导时应该关注的重要内容之一。手机管理可以从提升家长对手机等电子媒介的认知入手，再到具体的指导策略的分享，教师可以从以下四个维度落实手机管理的内容。

1. 手机使用情况

教师要指导家长在家庭生活中明确规定孩子使用手机等电子产品的时间、时长、次数，控制使用手机的时间，坚持在不影响正常生活、学习的情况下适度使用手机的原则。孩子使用手机要坚持"适地、适事"原则，"适地"是指从孩子健康安全的角度出发，建议孩子在合适的地方使用手机，如在光线明亮的客厅可以使用，而在床上使用会影响睡眠、在公路上使用则带来安全隐患；"适事"是指家长要推荐孩子关注积极向上的内容，同时要告诉孩子，网络信息良莠不齐，要学会甄别、选择，拒绝暴力、血腥、淫秽的内容。

2. 手机消费情况

当孩子拥有手机时，会逐渐成为网络消费群体中的一员，网络消费简单易操作，对未成年人缺乏监护和监管，可能导致孩子上当受骗。教师和家长都应重视孩子健康的网络消费理念的培养，关注孩子的网络消费行为，加强对孩子网络消费的引导和教育，让孩子知道合理消费、勤俭节约。

3. 手机交友情况

当前，社交 App 已成为孩子认识新朋友的主要渠道之一，网络世界的互动性和无边界性给未成年人提供了更为便捷的交流方式，然而，由于他们的年龄和心智尚未成熟，缺乏一定的规则约束和判断能力，容易受到网络信息的吸引。网络交友的未知性迎合了青春期孩子的探索心理。在教师培训中，需要关注热衷于网络交友的未成年人的家庭情况和家庭关系，同时从网络安全、网络隐私、网络欺凌等方面进行指导。引导孩子回归现实生活，让家长和孩子都认识到：网络存在许多不确定性，网络交友缺乏相互信任和支持，可能会面临网络诈骗和危机。在虚拟世界中，需要保持适度，学会辨别是非，慎重对待交友关系。

4. 手机沉迷情况

家长需要判断孩子是否沉迷网络，教师可通过罗列事实以自问自答的方式指导家长了解孩子网络行为的实际情况。"罗列事实"式问答内容有：我家孩子每天最多花多少分钟在手机屏幕上？我家孩子在处理最紧要的事情上进展如何（最紧要的事情包括学习、参与家庭事务、锻炼、睡眠、交友、兴趣爱好等方面）？回答可以用"是"或"否"，也可以用语言描述，正向回答较多的则说明情况良好，反之则要警觉和进一步跟进。

（三）手机管理的方法

教师在进行家庭教育指导时，不能简单地对家长提出要求，而要指导家长掌握进行家庭教育的方法。亲子沟通也是如此，不能简单地告诉家长"你要重视亲子沟通"，而要指导家长在面对具体问题场景时，该如何进行亲子沟通，需要怎样的方法与技巧。针对手机管理的方法，以下 3 点可供参考。

1. 制定用机规则的家庭会议

与孩子一起制定家庭成员使用手机的规则，这将帮助孩子明晰关于使用手机的"可以做"和"不可做"，通过立界并遵照执行，来帮助孩子建立"掌控感"。教师可以从制定规则前、制定规则时及制定规则后三个维度对家长进行指导，如制定家庭用手机的规则前，需要亲子之间进行一场亲子沟通，可以提前提醒孩子对于手机使用的权利，家长也要认真思考这份规则的价值和目的。制定规则时要避免专制、内容要符合家庭实际情况、要互相协商还要避免苛刻等；制定规则后则要坚决地执行，在执行过程中可能会出现各种问题，甚至遭到孩子强烈的反对，家长要意识到这是一个长期的反复训练的过程，教师应该指导家长在理解、尊重、接纳孩子的基础上坚定地执行既定规则，对于孩子的错误也要有面对的勇气和处理的方法。同时，家长也要意识到，这份规则不仅是对孩子，对家长也具备约束力。

2. 基于手机话题的亲子沟通

通过有效的沟通，父母可以走进孩子的电子世界，理解和读懂孩子的行为，让孩子获得来自父母的尊重，从而相互探讨制定使用手机的规则。当孩子有想法要聊"手机"时，家长一定要放轻松，抓住靠近孩子的机会，认真倾听，表达欣赏、尊重、并且相信孩子能处理好自己和手机的关系。孩子的畅聊，父母的倾听，就意味着父母有机会走进孩子的电子世界，只有了解孩子在电子世界关注的内容，才能根据孩子关注的领域与其进行有效的对话。

3. 指向手机问题的家校协作

在现实生活中，我们的孩子确实存在过度使用手机而沉迷其中的问题。许多家长在面对孩子沉迷手机无法自拔的情况时，教师应建议他们主动寻求学校老师的帮助。作为孩子的重要他人，教师，尤其是班主任，能更好地对孩子产生影响。通过家校携手，家长和教师进行积极有效的沟通，教师能够在班级中就"网络行为"这一话题与学生沟通时，尽量客观地描述事实，避免对学生进行过度判断。家校之间的有效沟通有助于教师关注孩子的行为本身，而不是直接使用堕落、自制力差等贬低学生的词语。这种方法有助于教师从孩子的角度去理解网络行为，了解学生的处境，倾听学生的诉求，使学生感受到真诚的关爱，赢得学生的情感认同和心理信任。通过这样的方式，有助于帮助家长解决因手机引发的家庭问题。

（四）手机管理的策略

策略一，共同面对，延迟满足。当孩子在学习上遇到难题求助于家长，如果家长希望立竿见影地解决孩子的问题，这是最糟糕的想法，同时也是最糟糕的解决方法。一个有耐心的家长是能够陪着孩子一起来面对困难，能够陪着孩子一起经历学习带来的挑战，哪怕这是痛苦的，如果孩子无论在学习上还是生活中能够被家长陪伴，去面对各种各样的困难和痛苦，他会觉得这些都是可以忍受的。而反过来，如果一个孩子在小时候遇到了困难或挑战时，家长立刻把手机交给孩子，让他运用电子媒体独立解决问题，这其实回避了陪伴孩子共同面对困难的机会，把事件与父母本身的责任区隔开。所以第一次发生类似求助事件时，最好的教养方式是共同面对，延迟满足。

策略二，学习 App，为我所用。当不得不用手机 App 查题的时候，家长可以强化和培养孩子使用电子媒体辅助学习的良好习惯，我们会用到"八个一"策略，首先是"缓一缓"，就是前文所提到的不要急于帮助孩子解决，要有足够的耐心陪伴孩子一起面对学习上遇到的困难；"找一找"，引导孩子打开书本和练习册去找一找类似的题目，即便不能找到一模一样的也有类似的例题可供参考；"标一标"在完成作业过程中将所有不会做的题目进行标记，然后有针对性地进行"查一查"，利用 App 完成查题并仔细浏览过程后，要求孩子能脱离手机将解题过程大声地"说一说"，以此强化理解和明晰过程，然后脱离手机独立地"做一做"。在完成练习之后，要求孩子能把当天用手机查的难题都整理在一个本子上进行归类梳理，这是我们倡导的第七步"理一理"，最后还要引导孩子进行"算一算"，算一算今天使用手机的频率与昨天相比是增加了还是减少了，如果有减少的行为，家长就要进行点赞强化，让孩子意识到独立完成的价值和意义。

策略三，榜样示范，丰盈生活。从充实家庭生活开始，有质量的陪伴成为亲子约会的黄金时间。创造无手机环境，多做一些户外运动，多参加一些有益身心的活动，如散步、亲子体育游戏、外出爬山等，通过户外活动，不但增加了生活情趣，而且通过多样化的娱乐活动释放了压力，促进了父母与孩子之间的情感交流，培养起共同的兴趣爱好。合理安排好下班回到家后的时间，用丰富的、有意义的活动来替代手机，把目光从手机屏幕转移到家庭生活，从而达到更好、更有质量陪伴孩子的目标。我们可以按时间从"必须要做的事、想做的事情、应该要做的事"三个方面安排家庭生活作息表。

三、活动形式

指导家长重视家庭生活中手机使用及管理话题，可以从多维度的形式去推进。具体有以下几种形式。

1. 微课推送

微课推送是基于数字家校可以实施推进的培训形式,通过录制聚焦手机管理主题的微课,锁定家庭生活中手机使用引发的问题,如手机引发的亲子矛盾、手机上的野蛮消费等话题,基于问题解决式的"短频快"给予家长一些简单易操作的策略和方法。满足不同家长的不同需求,可以通过数字家长平台点对点地推送给家长。

2. 话题圈谈

我们认为很多家庭被羁绊在困境中,很大原因是缺少自我意识的辨识。立足家庭生活中的难点问题,在观点碰撞中对问题进行深刻的探索与剖析,重新认识自己、家庭、学校,发现生活之本,遇见家庭之美。开展关于手机的亲师圈谈,做淡定从容的爸爸圈谈/妈妈圈谈,爸爸妈妈们为自己找到了后续赋能的方向:平衡关系、终身学习、父母榜样及能量流动。

3. 家长沙龙

以轻松、开放的沙龙方式进行,体现培训的主题性和选择性,强调家长的参与性与体验分享。需要家长持续地互动交流分享,教师是主持人,其作用就是引导家长和提炼内容,家长在参与过程中不断发现问题并尝试探寻解决方法。

四、活动组织

从针对性与适宜性的角度来看,教师在组织以手机管理为主题的培训活动时,还需要把握以下三点注意事项。

1. 内容选择

手机管理是家庭教育中的难点和焦点问题,主要原因在于,孩子沉迷手机后会带来一些负面的影响,比如影响孩子的身体健康、心理健康,导致学业问题、睡眠问题,甚至影响亲子关系等。也就是说,手机管理需要从家长自身管理开始,并在日常的家庭生活中以身示范,潜移默化地影响孩子,要明确自我管理是孩子手机管理的先决条件。不能"头痛医头,脚痛医脚"的应对,更应做在手机引发的负面问题之前。

2. 组织流程

活动组织一般需要遵循三个基本环节:准备、实施与总结。准备阶段需要做好三件事:一是邀请主讲人,确定活动主题与内容;二是确定活动的时间与地点,并公布,有条件的可以制作宣传海报;三是提前摸底,了解培训对象对活动内容的期望,并告知主讲人做好准备。实施阶段主要是会场秩序的组织,如场地纪律、指定座位、事先调试多媒体设备等,最为重要的是需要设计备案。总结阶段除了活动报道之外,最后要将活动内容梳理成框架,再传播给培训对象,使培训对象可以查漏补缺,实现第二次学习。

3. 实施策略

不同的组织形式采用不同的实施策略,以手机管理的微课推送为例可以分四步走:第一步，网络问卷，建立话题。基于问题导向，通过网络问卷，收集问题资源，梳理问题并征求专家意见，将孩子成长过程中的问题通过大数据分析形成问题链。第二步，归类梳理，搭建课程。按照年龄段，围绕手机管理设计指导课程，形成贯穿学生整个发展阶段、覆盖全体家长的手机管理指导培训。第三步，解决问题，录制微课。组织名师通过微课程的形式进行解答分享，一个微课解决一个问题，时长不超过 8 min，重在指导家长如何做，为什么要这样做。第四步，搭建平台，推送学习。微课通过数字家校点对点定期推送到每一个家长的计算机端或手机端，方便家长随时学习。平台记录家长学习情况，学校可以准确采集已经完成学习家长的信息，并提醒未收看家长进行学习。

主题 7　指导家长做好孩子的睡眠管理

根据《中国学生心理健康问题调查报告》显示：睡眠问题已经成为我国中小学生心理健康问题中与抑郁同样重要的问题。这种现象具有一定的时代和文化特征，尤其是互联网文化的兴起可能是影响学生群体睡眠健康的重要风险因素。睡眠是一个非常重要的话题，它占据了我们整个人生中三分之一的时间。2021 年，教育部召开新闻发布会，发布了《关于进一步加强中小学生睡眠管理工作的通知》，通知明确规定了学生睡眠时间要求，根据不同年龄段学生身心发展特点，小学生每天睡眠时间应达到 10 h，初中生应达到 9 h，高中生应达到 8 h。然而，很多孩子都没有达到该要求，当孩子长期睡眠不足时，就会积累大量的睡眠负债，可能导致一系列的负面状况，因此，孩子的睡眠管理是非常重要的。引导孩子进行睡眠管理的关键在于让家长认识到睡眠的重要性并做到以身作则，保证孩子睡眠时间充足，同时掌握一些高效睡眠的管理方法。

一、活动目的

通过培训，使教师掌握指导家长做好睡眠管理的方法，从而促进孩子身心健康。

二、活动内容

培训时重点提升家长对高效睡眠的认知，并掌握几类睡眠管理的方法与技巧。因此，设计与开展活动时，可以从睡眠知识科普、睡眠问题引发的危害及睡眠管理方法对家长进行指导。

（一）睡眠知识科普

2021 年，教育部召开新闻发布会发布《关于进一步加强中小学生睡眠管理工作的通知》，以保证中小学生享有充足的睡眠时间、促进学生身心健康发展为出发点，提出在家庭生活中家长应知晓、需达成的基本要点，同时也结合学校要求，将孩子的睡眠放在管理的角度上去思考。

1. 加强科学睡眠宣传教育

睡眠是机体复原整合和巩固记忆的重要环节，对促进中小学生大脑发育、骨骼生长、视力保护、身心健康和提高学习能力与效率至关重要。教师指导时要把科学睡眠宣传教育纳入指导体系，普及科学睡眠知识，广泛宣传充足睡眠对于中小学生健康成长至关重要的作用，提高家长的思想认识，教育孩子养成良好的睡眠习惯，引导家长重视做好孩子的睡眠管理。

2. 明确学生睡眠时间要求

根据不同年龄段学生的身心发展特点，0～3岁宝宝每天睡眠应达14 h，3～6岁幼儿每天睡眠应达到12 h，小学生每天睡眠时间应达到10 h，初中生应达到9 h，高中生应达到8 h。学校、家庭及有关方面应共同努力，确保中小学生充足的睡眠时间。

3. 配合学校作息时间安排

从保证学生充足睡眠需要出发，学校根据相关要求并结合实际情况合理确定中小学作息时间。小学上午上课时间一般不早于8∶20，中学一般不早于8∶00；教师对学校作息时间的安排要有解读和引导。

4. 合理安排孩子就寝时间

培训过程中教师应指导家长和学生制订家庭作息时间表，在保证孩子睡眠时间要求前提下，结合其个体睡眠状况、午休时间等实际情况，合理确定孩子晚上就寝时间，促进学生自主管理、规律作息、按时就寝。小学生就寝时间一般不晚于21∶20；初中生一般不晚于22∶00；高中生一般不晚于23∶00。个别学生经努力到就寝时间仍未完成作业的，家长应督促其按时就寝不熬夜，确保睡眠充足；应有针对性地帮助学生分析原因，加强学业辅导，提出改进策略，如有必要可调整作业内容和作业量。

（二）睡眠负债危害

我们知道人的一生中有三分之一的时间是在睡眠中度过的，睡眠是生命的需要，是机体复原整合和巩固记忆的重要环节，可以促进大脑发育、骨骼生长、视力保护、身心健康，是提高学习能力与效率的至关因素。然而在现实生活中，很多孩子却很晚才睡，家长应该了解睡眠负债带来的危害。

1. 影响孩子身高

有研究表明，孩子的身高70%取决于父母的基因，30%取决于后天行为和环境。在这30%的外在因素中，睡眠对身高的影响排名是第一位的，超过运动和饮食。这是因为孩子在睡眠中会分泌生长激素。一天中有两个时间段对孩子长高至关重要：一个时间段是晚9点至第二天凌晨1点，特别是晚上10点前后，在深度睡眠中，生长激素的分泌量将达到最高，另一个时间段是早上6点前后的一两个小时，生长激素也有一个分泌小高峰。

2. 免疫力降低

睡眠不足的孩子会产生过度压力反应，他们会因为睡眠不足而感到疲倦，表现得易怒、暴躁，很难平静，甚至无法入睡，而且越是睡不着，情绪就越容易亢奋。情绪一亢奋，血压、呼吸、心跳都会加速，如果经年累月处在过度亢奋的状态下，就会发生心血管疾病。所以，如果放任孩子晚睡或睡眠习惯不良，相当于给孩子埋下了心血管疾病的种子。

3. 导致孩子肥胖

一般我们吃得足够多时脂肪细胞会产生瘦素，它能向大脑发出停止饮食的信号。当睡眠不足时，人体内的胃饥饿素就会增加，并抑制瘦素的分泌。因此，那些得不到充足睡眠的孩子更容易在夜晚进食，因而导致肥胖。此外，孩子休息不足、精神不济、就更喜欢坐着不动，缺少运动只会让身体更加不健康。

4. 影响孩子记忆

只有大脑、身体和神经都处于最佳状态的时候，孩子才能真正获得身心放松。有研究表明，在一个良好的睡眠过程中大脑还有一个功能，即整理记忆。只有在晚上睡觉时，白天所学习的知识才能够扎根脑海当中，良好的睡眠质量和睡眠时长能够保证孩子的大脑有充分的时间整理白天学习的知识，从而提高学习效率。

（三）睡眠管理方法

1. 树立"父母榜样"是关键

都说父母是原件，孩子是复印件。孩子好习惯的形成，说到底父母的引导是关键。在一个家庭里，孩子从生下来开始，行为习惯无不受到照顾他起居生活的那个人的影响。很多父母晚上做事拖拖拉拉，或忙于工作、沉迷于追剧，自身晚睡是常事。教师要给父母的建议是与孩子达成"身心健康是首位，健康睡眠很重要"的意识，互相提醒就寝时间并彼此监督与约束。

2. 时间管理很重要

建议通过召开家庭会议的方式，家长和孩子互相讨论，引导孩子学会合理规划自己放学后到睡觉前的这段时间，如什么时间可以玩？什么时间学习？什么时间做家务？什么时间洗漱？让孩子有掌控感地自主行动，朝着"到点睡觉"这一方向努力。可以结合几种时间的概念来制订方案，让时间管理变得有趣：

（1）根据孩子的特质，量身定制相关时间管理内容。如胖娃娃甩脂单，主要目的是通过运动助睡眠。"减"坐着不动的时间，如玩游戏、看电视等，"减"室内培训班的时间，如绘画课、编程课等；"加"亲子锻炼时间，如亲子啦啦操、交叉跳绳等，"加"家务劳动时间，让学生承担力所能及的家务劳动，"加"户外运动时间，特别是周末与假期，一家人一起去户外运动，呼吸新鲜空气。

（2）拖拉机提速单：主要目的是让孩子养成适时入睡的习惯。"减"枯燥的刷题实战、过量的培训班时间，"加"按规划表执行的时间，如坚决执行亲子制订计划表，"加"建立规章制度的时间，让孩子学会对自己负责，"加"孩子自由生长的时间。

（3）妈宝娃独立单：主要目的是让孩子养成自主且自律的习惯。"减"家长过度保护的时间以及协助做事的时间，"加"鼓励学生说出想法的时间和机会，"加"给学生自主选择的时间和机会，以及"加"参加挑战性活动的时间和机会。

在制订好健康睡眠的时间计划表后，要注意这睡前一小时避免做一些让大脑兴奋的事情。随后，家长就可以与孩子协商沟通设置入睡常规，让孩子的睡前节奏慢慢降下来。

3. 营造出浓厚的睡眠氛围

到了睡觉时间，最好给孩子营造一种安静温馨的睡觉氛围。选择棉质、亲肤的床上用品、舒适的睡衣。科学研究表明，房间温度在20～25℃时，人的身体感觉最舒服，也最适合入睡。这些事情不仅能帮助孩子缓缓地放松下来，还能为睡眠创造一个"锚点习惯"。锚点习惯就是孩子每天固定的行动习惯的动作提示。

三、活动形式

指导家长了解并掌握睡眠管理的方法与技巧，教师可以借助学校的数字家长学校、微信公众号等方式，推送一些数字资料，供家长有选择地学习，通过录制以睡眠管理为主题的微课，锁定家庭生活中睡眠问题，如孩子不肯入睡怎么办？如何制订孩子家庭生活作息时间等话题，基于解决问题，给予家长一些简单易操作的策略和方法。满足不同家长的不同需求，可以通过数字家长平台点对点地推送给家长。

此外，还可以通过镜面式培训、睡眠学习坊等形式进行指导。

1. 镜面式培训

镜面式培训源于舞蹈教学中的镜面示范教学，把这种教学模式进行泛化，同时借用平面镜成像原理。基于睡眠管理方法指导的家长镜面式培训途径包涵四大板块：利用镜面微课规范科学睡眠知识学习；镜面案例"睡眠负债"引发的问题学习；镜面实践"情景模拟"实践操作方法学习；镜面主题"沙龙研讨"的睡眠主题探讨研究学习。以己为镜、以他人经验为镜，不断深入学习，促进家长的家庭教育水平提升。

2. 睡眠学习坊

由一位教师和2～3个有睡眠指导需求的家长组建一个小团体，每一位老师与匹配的家长，进行点对点睡眠方法的落实和实施，并有督促指导。充分利用现代信息技术手段，提高学生睡眠管理的科学性、针对性和实效性。教师指导家长把孩子的睡眠管理工作纳入日常评价中，对于家长反映的问题及时改进指导方法，确保要求落实到位，切实保障孩子良好的睡眠，促进学生的身心健康。

四、活动组织

从保障孩子健康角度来看，教师在组织以睡眠管理方法为主题的培训活动时，还需要把握以下几点注意事项。

1. 内容选择

睡眠管理是家庭教育中容易被忽略的问题，主要原因在于，家长的生活习惯及对睡眠重要性的认识不足，家庭生活中潜移默化的影响给孩子带来一些主观烙印，觉得迟点睡也正常，直到导致比较明显的负面影响时家长才会对睡眠引发关注。在睡眠管理方法的指导上要从孩子健康角度出发，从家长的自我示范出发，对睡眠的常识性知识要了解，并挖掘家长关注的点，使其真正意识到睡眠对孩子健康成长的重要性，在此基础上根据家庭具体情况分享指导睡眠管理方法，让家长获得可在家庭生活中应用的方法。这些管理方法不仅对孩子也对家长自己具有指导意义。

2. 组织流程

活动组织一般需要遵循三个基本环节：准备、实施与总结。准备阶段需要做好三件事：一是邀请主讲人，确定活动主题与内容；二是确定活动的时间与地点，并公布，有条件的可以制作宣传海报；三是提前摸底，了解培训对象对活动内容的期望，并告知主讲人做好准备。实施阶段主要是会场秩序的组织，如场地纪律、指定座位、事先调试多媒体设备等，最为重要的是需要设计备案。总结阶段除了活动报道之外，最后要将活动内容梳理成框架，再传播给培训对象，使培训对象可以查漏补缺，实现第二次学习。

3. 实施策略

不同的组织形式采用不同的实施策略，以镜面式培训中镜面微课为例，可以这样操作：合作分析——镜面分享——学员点评。培训基于家庭生活中孩子睡眠实际问题，以大家热议的第一次问题确定好1～3个主题进行全真模拟，如果情景模拟的主题与之前学习的微课有相同，在教师的引导要求下找到自己家庭生活和微课的关键点契合，并做相对应的评价，比如找到很多契合点，但方式、方法多有创新可以为优秀。与示范微视频演示的基本相同，但有自己的创新能到良好级别。能够与示范微视频的演示相同，达到合格水平。

主题8 指导家长做好孩子的作业管理

作业管理主要指的是父母在家庭中帮助孩子做好作业管理，包括创造宽松的学习环境、巩固孩子学习到的知识、激发孩子自主学习、促进孩子拓展学习等。"加强亲子陪伴，培养儿童良好的学习习惯，增强儿童的学习动力"是《全国家庭教育指导大纲（修订）》对家庭教育的建议与要求。《家庭教育促进法》中阐述家庭责任时再次强调"帮助未成年人树立正确的成才观，引导其培养广泛兴趣爱好、健康审美追求和良好学习习惯"。这些足以说明，家长在孩子成长教育过程中的重要性，而作业是孩子教育过程中的一部分，家长在帮助孩子进行作业管理时，需要讲究方法与技巧。然而在现实中，因"作业辅导"导致的亲子矛盾与冲突越来越多。因此，教师在进行家庭教育指导时，需要将一些作业管理

的方法或技巧传递给家长。

一、活动目的

通过培训，使教师掌握指导家长作业管理的方法，促进家长提高孩子作业辅导的实效。

二、活动内容

设计与开展活动时，可以从家长做好孩子作业管理的场景、内容、方法、原则四个方面梳理相关主题的内容并对家长进行指导。

（一）作业管理的场景

作业管理的场景就是家长对孩子进行作业管理的时机与情境。对于不同的场景，家长对孩子的作业进行管理时需要使用不同的要求和方法。相同的语言，在不同的场景中会有不一样的教育效果。因此，教师应该清楚地掌握作业管理的基本规律。家长进行作业管理的场景主要分为以下两种类型。

1. 学段场景

学段场景是不容忽视的场景。教师在培训时，可以选择以孩子所处的学段为场景，再将该学段目标细化，每个阶段要有不同的侧重点，如低年级重在书写态度的端正和习惯的培养，中年级要重视思维锻炼，为小升初打基础，高年级则要提高效率和做题的准确性，在小升初时正常发挥。为培养孩子良好的学习习惯，提高其自主学习能力，家长所用的方法要有延续性和前瞻性。因此，培训者在培训时要渗透每个学段场景的重要内容，适当往前、往后拓展都有一定的必要性。总之，需要培训者根据实际情况选择作业管理的学段场景，组织有针对性的作业管理内容，设计适应场景的作业管理方法，确保管理的有效性。

2. 生活场景

作业管理需要关注生活中与作业有关的场景，如独生子女的生活场景与二胎、三胎家庭的生活场景是不一样的。家庭内，父辈与祖辈的作业管理方式也有所不同。家庭的生活场景与朋友家、户外的生活场景也不一样。不同的生活场景，家长实施的作业管理方法、策略也有所不同。家长要多角度、多方面了解作业管理方法，来解决不同生活场景中遇到的问题。因此，家长如何针对不同的生活场景进行作业管理，提高作业管理的实效，是需要关注并解决的。

（二）作业管理的内容

作业管理的内容有很多，面向基础教育阶段的学生，主要包含以下几个方面。

1. 学习环境

学习环境是作业管理最基础的内容，也是许多家长容易忽视的内容。一个良好的学习环境会使孩子学习得更加全神贯注，也能够培养孩子的专注力。如果学习环境很嘈杂，不仅影响孩子的学习进度，还会让孩子养成不良的习惯，做事容易三心二意。教师在指导时，应引导家长梳理"在什么情况下，孩子的学习状态相对较好"等问题，促进家长在作业管理时，为孩子们营造良好的氛围，包括家庭关系、空间布置、家人的支持等方面，减少学习环境的干扰。培训者要让家长知道家长言传身教的重要性。家长作为陪伴孩子时间最长的人，对孩子的学习方式、习惯养成等都是有很大影响，教师虽然是他们今后学习的引领者，但是孩子们的第一个老师，其实是家长。

2. 作业辅导

辅导作业，到底辅导什么？怎么辅导？妈妈是否越位？爸爸是否缺位？这些问题是家长迷茫的事情。有的家长喜欢盯着孩子做作业，一旦发现有问题，或字写错、写歪了，一边帮着孩子涂擦，一边批评、埋怨、责怪孩子："怎么搞的，又做错了，总是改不掉。""说过多少遍，就是记不住，气死人了！"我们可以想象孩子在这种紧张、焦虑的氛围中，他学习的兴趣和能量之门还能打开吗？培训者要指导家长，让其了解孩子的家庭作业辅导的内容是什么；孩子在学习时，家长该做些什么。

3. 学习动力

家长一定都有这些疑问：孩子怎样才能进好学校？我们该做些什么？还有家长担心孩子不爱学，总是要家长推着往前走。不同的家庭类型遇到的问题多种多样，不能一刀切，没有一把万能钥匙，也不能以能否进重点学校作为评判孩子的唯一标准。不过，有一件事是值得家长花精力去做的，就是激发孩子学习的内在动力。培训者要指导家长如何激发孩子内在的学习动力。如给孩子跳一跳就能摘到的苹果，千万不要为了面子而逼孩子，别把孩子当成装知识的"米袋子"，而是要放大孩子的成就感，用"限题计时"提高效率，把学习变得有乐趣。

4. 时间管理

"一寸光阴一寸金，寸金难买寸光阴。"时间是极其珍贵的。当一些家长不停地催促孩子做作业、吃饭、睡觉等，最后都会陷入"催就动、不催就拖"的局面，导致孩子在任何时候都非常"淡定"。时间观念是需要从小培养的，在生活中，就需要家长慢慢地引导孩子，具象地去理解时间。那么，如何让孩子学会时间管理？如何让孩子改掉拖拉、磨蹭的坏习惯？作为培训者要指导家长帮助孩子学会时间管理的方法。

（三）作业管理的方法

教师在家庭教育指导时，不能简单地对家长提出一些要求，而要指导家长掌握进行家庭教育的方法。作业管理也是如此，不能简单地告诉家长"你要重视作业管理"，而要指导家长在面对具体问题场景时，该如何进行作业管理，需要怎样的方法与技巧。在此分享

以下四种方法。

1. 以身作则

当家长和孩子同处于一个学习空间的时候，家长的存在要给孩子传达两个信号：其一是家长关心孩子的学习，希望通过作业管理的方式帮助他养成良好的学习习惯；其二是家长应该成为孩子的榜样，用自己无声的行动影响孩子。家长在作业管理的过程中，请放下手机等电子产品，可以利用这个机会自我充实提升，看看专业书籍、关于儿童成长的书籍，或者小说、杂志，安安静静和孩子一起学习。如果需要办公，需要使用电子产品，也请征得孩子的理解和同意。并借此和孩子来一场较量，看谁的效率更高。还可以利用学习休息的间隙，一起聊聊彼此的学习收获和学习心得。在点滴的交流中还能增进亲子的感情。

2. 氛围安宁

如果孩子真的走神了，可以轻拍桌子或他的肩膀，或轻轻地咳嗽，以示提醒。其他更多的时候，就是默默关注孩子学习的进程。有问题，等到孩子作业都结束了进行逐一的反馈。家长要注意控制自己的情绪，特别是面部的表情。为什么这么说呢？孩子很在意家长对自己的评价，所以，家长在检查孩子作业的时候，孩子通过偷偷观察家长的外在表现来判断自己的作业情况，预测作业检查完后等待自己的将是表扬还是批评。这个时候无论家长讲什么，孩子始终被恐惧包围，担心"我又会挨骂吗？会被罚做更多的作业吗？"等。所以家长不要喜怒形于色，哪怕孩子做得不理想，也请平静地帮助孩子分析，作业质量欠缺的原因是什么？是审题还是知识点没有掌握？找到了问题的根源，家长再帮孩子查漏补缺才更有针对性。

3. 由扶到放

作业管理的目的就是通过外在力量帮助孩子养成自觉良好的学习习惯，最终使孩子能独立支配时间、完成学习任务。可以和孩子商量制作一张行为量表，把作业完成的时间、书写的质量、坐姿、用眼的习惯等罗列在一起，进行记录，并以周为单位进行反馈，肯定他的进步，指出他的不足。通过行为量表，也让孩子能看到自己的优点和暂时的不足，再投其所好，通过适量的外部奖励，给予孩子改变的动力，如奖励孩子喜欢的文具，带孩子去游乐场等。当孩子的学习行为逐渐独立时，家长可以逐步退出孩子的学习生活。

4. 循序渐进

作为家长也要有这样的心理准备，即习惯的巩固是一个反复的过程。所以，家长不可操之过急。家长从开始的在同个一房间里进行作业管理，到之后的在房间外面默默关注，这是一个循序渐进的过程。如果家长还不放心，可以和孩子约定在互不干扰的前提下打开房门写作业。也可以在孩子书桌上放一个小闹钟，培养孩子的时间观念和合理规划利用时间的能力。

作业管理的方法不局限于以上四种方法，教师可以根据具体场景，提供更多的作业管理方法，如家庭会议、专题管理等。

（四）作业管理的原则

有效的作业管理是每位父母需要掌握的一种家庭教育方法。其价值与意义不言而喻。因此，除上述内容外，还需要强调家长在进行作业管理时应该持有的基本原则，以引起父母的重视。

（1）努力成为勤于思考的家长。俗话说，家长是孩子的第一任启蒙教师，父母在日常生活中是什么样子，孩子就会学着照什么样子去做。毫无疑问，不要求自己思考，觉得思考没什么用的家长，也培养不出会思考的孩子。父母不一定是特别杰出的人，但一定是遇事会思考、遇到困难愿意学习、对事情有自己见解的成年人。生活中家长示范性的语言有"我试试看""我想一想""我觉得""我认为"。

（2）为孩子提供思考的机会。爱因斯坦曾说："学会独立思考和独立判断的能力比获得知识更重要。"面对难题，有的家长想到的是怎样让孩子少走弯路、少犯错误，这样的想法是错误的。我们要为孩子提供自己想、自己做的机会；允许他们犯错误；给予他们提问和表达观点的机会。一个在日常生活中培养出独立思考能力、习惯了独立思考的孩子，等他上了学，你想让他不动脑筋，其实也是很难的。

（3）学会有效的鼓励和赞美。对于赞美这一点，有的家长可能认为自己做得很好，常说"你很棒！""我总对孩子说：你真聪明！"然而实际上，鼓励和赞美孩子也是一门学问，有效的赞美和鼓励能够引导孩子向着积极的方向发展。那么，哪些是有效的鼓励和赞美呢？当孩子表现努力的时候，多赞美孩子的努力少赞美孩子的聪明。把难题拆成一小步一小步，每获得一小步进步的时候赞美孩子。当孩子表现想退缩的时候，鼓励孩子不放弃并一直陪伴孩子左右。

（4）给予耐心的指导和帮助。在孩子遇到难题，确实找不到方向的时候，家长要给予耐心的指导和帮助：你能不能再读一读问题？——引导孩子养成审题的习惯和能力。很多时候孩子不是缺乏解决难题的能力，而是没有弄明白题目的意思。你怎么想的？哪里不懂？——引导孩子养成遇到难题先想一想，整理自己问题的习惯和能力，你还有哪些不懂的地方？——引导孩子养成把问题集中起来请教别人的习惯，而不是一有不懂就问。

三、活动形式

指导家长了解并掌握作业管理的方法与技巧，教师可以通过心得分享册、空中交流、头脑风暴等形式进行指导活动。

1. 心得分享册

循环式家长心得分享册是指家长将自己近期的作业管理做法、反思和自己的困惑写在循环式家长心得分享册上，并在班级家长中进行循环传阅、记录、出金点子。家长在记录循环式家长心得分享册的同时，会对自己的行为进行反思、总结，同时还会学习其他家长的做法，并给予他人意见。家长只要用心去学习、努力去尝试、积极去探索，肯定能够找到适合自己孩子作业管理的教育方式和方法。

2. 空中交流

榜样式坊主空中交流是由学校一些教育专业的家长，或从事教育行业的家长当坊主，结合自己的生活经验，通过各种方式，为其他家长提供作业管理的指导意见，以供学习和借鉴。如提升孩子自主学习能力的钉钉直播培训、微课、有关学习习惯养成的微视频、时间管理的微信公众号推文等。这些方式简单、高效，大大消除了时间限制对父母参与培训积极性的影响。通过"榜样式坊主空中交流"的形式，家长能够灵活调整学习时间，提高了参与积极性和学习效率。

3. 头脑风暴

在实际生活中，家长面临着各种各样的作业管理问题，有的普遍存在，有的又各具家庭特色。根据主题，利用"头脑风暴式线下交流"的形式，家长集思广益，共同寻找解决方案，让作业管理变得轻松、高效。教师利用"解决方案头脑风暴表"进行活动的实施。表中包括家长面临的问题，为使情况好转必须改变什么？为了实现想要达到的目标所用的策略是什么？如果需要他人改变时，你会有什么做法？并回想过去的主题中自己有效的做法。活动中，家长应积极发表自己的想法，相互分享自己与孩子之间存在的问题和矛盾，教师针对问题细心聆听、适时反馈。

四、活动组织

教师在组织以作业管理为主题的培训活动时，还需要把握以下注意事项：

作业管理是家庭教育中的重难点问题。良好的作业管理需要从学龄前开始培养。上小学后，父母要正视作业问题，了解孩子的身心特点和出现状况的原因。其次，明晰家长自身的角色定位——良好家庭氛围的营造者和孩子人生大厦的"脚手架"。父母在监管孩子做作业的过程中，应温和而坚定地传递进取的态度；发现孩子的优点，培养孩子的自我价值感；边界清晰，保护孩子的学习节奏；伴读陪练，注重孩子的全面发展等。因此，在组织一般性知识与方法传授时，需要强调作业管理的场景，一问一场景，通过案例剖析作业管理的道理与原则。

主题 9　指导家长做好孩子的体质管理

体质，简要地说，是指人体自身的质量，是人体在形态、生理、生化和行为上相对稳定的特征。体质可以反映人体的生命活动、运动能力的水平。孩子的体质不仅关系到自身生命的质量，更影响民族的未来。为此，从中央到地方都出台了一系列增强学生体质、促进青少年健康成长的政策文件。家长是孩子体质管理的重要责任人，在教育部等十三部门联合印发的《关于健全学校家庭社会协同育人机制的意见》中明确阐述了家长要注重孩子的体质管理。因此，教师在进行家庭教育指导时，必须让家长学会科学、合理地管理孩子的体质。

一、活动目的

通过培训，使教师掌握指导家长管理孩子体质的方法，促进家长掌握科学的管理孩子体质的理念和方法。

二、活动内容

设计体质管理培训活动时，主要从学生体质管理中的典型问题、影响体质的因素、体质管理常见误区及体质管理的策略四个方面来指导家长做好孩子的体质管理。

（一）学生体质管理中的典型问题

当前，大部分孩子的体质状况不容乐观，肥胖、营养不良、近视、身体力量等方面均出现不同程度的问题。教师要指导家长了解孩子在体质方面容易出现的问题，并认识到这些问题会对孩子身心健康发展带来不良影响。

1. 近视

目前，我国近视低龄化趋势和高度近视危害令人担忧。作为世界上近视率最高的国家之一，我国近视人数超1.6亿，居世界第一，且呈现出"总体基数越来越大，初始患者年龄越来越小"的发展趋势。现今社会很多职业对近视尤其是高度近视有限制，近视影响学习、生活和工作的方方面面。高度近视还有可能导致视网膜变薄，严重的甚至出现黄斑病变出血，导致眼睛失明，非常影响生活学习。

2. 肥胖

随着经济社会的发展、生活水平的提高，儿童青少年膳食结构及生活方式发生变化，加上课业负担重、电子产品普及等因素，肥胖率呈现快速上升趋势。儿童青少年肥胖会影响生长及发育，甚至还会影响记忆力。当体表面积比较大时，会导致血液带氧不足，并且肥胖的孩子还经常会出现犯困、注意力不集中等情况，影响身心健康。儿童青少年肥胖会增加成年期肥胖、心脑血管疾病和糖尿病等慢性病过早发生的风险，对健康造成威胁，给个人、家庭和社会带来负担。

3. 脊柱侧弯

《我国儿童青少年脊柱侧弯疾病流行病学调查报告》显示，我国青少年儿童脊柱侧弯的患病率为1.8%～3.0%，女性患病率明显高于男性。其中，女性的患病率为3.0%～6.0%，男性则为0.3%～1.1%。脊柱侧弯的症状包括身体的畸形、肩膀或骨盆高低不平、脊柱弯曲、脊柱旋转、腰部或身材的畸形、脊柱肌肉僵硬或疼痛、肋骨或骨盆的突出等。对于一些患者，脊柱侧弯可能会影响呼吸、心脏和胃肠等器官的功能，从而导致相应的症状。一些患者也可能会出现心理问题，如自卑感、焦虑、抑郁等。

4. 性早熟

在人的成长中，身体的发育是一个复杂而神奇的过程。然而，近年来，越来越多的儿童出现性早熟的现象，引起人们的广泛关注和担忧。儿童性早熟是指在年龄较小时，儿童身体发育性征出现过早的情况。这种现象不仅对儿童的身心健康造成潜在影响，也使家长和社会面临着新的挑战。早熟儿童在青春期可能比同龄人更高大，但最终身高可能不会超过同龄人，因为骨骼生长期缩短。这可能影响儿童成年后的身高，对骨骼健康产生一定影响。生理与心理不同步可能导致儿童自卑、焦虑或情绪波动。这些孩子可能会受到同龄人的误解或嘲笑，因为外表看起来更成熟，而内心仍是孩子。这可能对儿童的自尊心和情感健康产生负面影响。身体发育过早可能导致儿童在社交场合感觉尴尬或不适，影响其与同龄人的交往。他们可能面临与其他孩子的成熟度差异，导致社交隔离或无法适应同龄人之间的互动。

（二）影响体质的因素

孩子的体质是由先天遗传和后天获得所形成，教师在家庭教育指导中应重点关注后天的因素，如营养结构、生活方式等，使家长能够及时调整。

1. 先天因素

先天因素包含父母双方的基因，也包括母亲在怀孕过程中的营养摄入状态等因素。如果父母携带先天性遗传病，则可能会使孩子体质下降；相反，孩子的体质可能较好。例如，家族中患有高度近视、肥胖、脊柱侧弯、性早熟的前例，孩子出现相关问题的概率会相对增加。

2. 营养结构

膳食营养对于孩子的生长发育起到至关重要的作用。如果孩子经常出现挑食、偏食的情况，经常吃一些高糖、高脂肪零食，甚至以零食作主食，这样的饮食习惯会导致孩子营养摄入不均衡，加速身体的发育进程，容易出现性早熟、肥胖、营养不良等问题，体质也会减弱。

3. 生活方式

一些孩子长期待在家里，缺乏户外活动和体育锻炼，经常感冒发烧滥用抗生素，导致免疫功能越来越低。此外，不良的学习姿势、近距离用眼、长时间使用电子产品等是导致孩子出现近视、肥胖、脊柱侧弯、性早熟的重要因素。一些父母自身生活作息不规律，在孩子面前一直玩手机、晚睡晚起，孩子也跟着晚睡晚起，错过了生长素分泌的最佳时间，不仅影响孩子身高，也会导致孩子体质下降。

（三）体质管理常见误区

1. 太爱干净

爱玩是孩子的天性，他们喜欢在沙里、水里、土里玩耍，把自己弄得很脏，可作为父母的我们就会很担心会不会有太多细菌，染上疾病。有的父母甚至到哪儿都带着洗手液和湿纸巾，其实爱干净本是一件好事，但是过度干净就适得其反，若是孩子长期生活在几乎无菌的环境中，接触的微生物太少，那么免疫力会越来越差，还容易形成过敏体质。钟南山教授指出，人的免疫系统是在成长过程中逐渐完善的。而许多人总以为环境越洁净越好，殊不知病原体让人生病的同时，也能"刺激"人体自身防御系统的健康发展。如果人一直处于过度洁净的环境中，免疫系统得不到锻炼，人体会像新生儿一样变得脆弱。所以必要的时候就让孩子尽情地玩吧！

2. 药物滥用

一些家长养育孩子时，孩子一发烧就吃退烧药，一咳嗽就用镇咳药，一腹泻就用止泻药等。其实发热、咳嗽、腹泻都是孩子常见的病，这些症状是孩子机体的一种保护性反应，是机体消灭病菌、排出毒素的一种方式。在未明确病因的情况下，切忌乱服药物，年龄越小的孩子越要注意。还有一些家长被广告等误导，给孩子服用各种维生素、微量元素等。其实如果膳食安排得当，食物多样化，一般不会缺乏维生素，过多的服用并不能使身体更强壮、更有活力。

3. 忽视早餐

早上上学时间比较匆忙来不及在家吃早饭，一些孩子就在路边随便买些零食，有些孩子甚至经常不吃早饭。早餐是一天中最重要的营养摄入时段，不吃早餐或早餐不健康会严重影响孩子的智力发育和身体健康。研究表明，不吃早餐的孩子在记忆和知识应用方面，明显赶不上吃早饭的孩子，而且他们的口头表达能力和短时记忆力也不及吃早饭的孩子。

(四) 体质管理的策略

教师在指导家长进行孩子体质管理时，应根据家长在现实中遇到的问题，给家长提供科学、操作简单的方法。以下是针对近视、肥胖、脊柱侧弯和性早熟等常见问题的体质管理方法。

1. 饮食均衡

饮食均衡的关键在于多样化的食物选择。为了保证孩子各种营养的充分摄入，饮食要包含五大类食物，即谷物与薯类、蔬菜、水果、乳品，以及蛋类、肉类和豆类。孩子每天应摄入不同颜色的水果和蔬菜，多样化的食物搭配可以保证儿童获得全面的营养，增强他们的免疫力，提高抗病能力。此外，均衡饮食还应注意饮食应该以清淡、易消化、易吸收为原则，不过量摄入高糖、高盐、高脂和辛辣食品，合理控制零食的摄入。家中的餐桌应摆满各种健康食材，如色彩鲜艳的水果和蔬菜，让孩子在选择食物时更加有兴趣。家长还应培养孩子良好的饮食习惯，如定时定量、咀嚼细致、避免挑食和偏食等。家长还可以和孩子一起制订饮食计划，让他们参与到营养餐的选择和准备中，培养他们健康的饮食意识。

2. 合理运动

家长要了解孩子的身体特点，遵守孩子的运动规则。首先，锻炼时间不宜过长，锻炼强度不宜过大，锻炼的频率和时间应与孩子的生理特点和身体状况相适应。其次，家长应鼓励孩子参加户外活动，开展多种运动项目，可以让孩子以乐观、快乐的心情享受健康的锻炼，如游泳、徒步旅行、滑雪、骑自行车、跑步等。孩子还可以选择集体活动，如足球、篮球、排球等项目，以提高孩子的合作能力和团队精神。再次，家长要向孩子灌输正确的运动意识和技能，引导孩子养成良好的运动习惯，每天坚持运动，注重时间，并保证适当的间歇和休息，帮助孩子健康成长，塑造良好的身体素质。

3. 心态调整

儿童因为肥胖、性早熟等可能会出现心理、行为等方面的困扰，影响同伴交往和自信心的建立。家长要关注孩子的心理状态，倾听孩子的声音，给予支持，帮助孩子建立自信和正常的社交关系。

4. 专业干预

家长要多观察孩子的体质情况，如果出现一些问题，应及时向专业人员寻求帮助，养成定期监测的习惯，如定期检查视力、体重、身高等。

三、活动形式

指导家长了解并掌握孩子体质管理的方法，教师可以借助学校的数字家长学校、微信公众号等方式提供学习资料，供家长有选择地学习。此外，还可以通过专题讲座、经验交流和个别对话等形式进行指导。

1. 专题讲座

为了提高家长的认可度和接受度，教师可以通过学校聘请专业的医护人员来校开展讲座。

2. 经验交流

针对孩子的体质管理，教师可以组织本班的孩子开展主题式研讨活动，如根据调查本班孩子经常遇到的问题，选取几个主题，让家长互相分析养育过程中遇到的困惑和有效的经验。

3. 个别对话

对于一些情况特殊的孩子，教师可以根据实际需要和家长进行个别对话，指导家长如何更好地管理孩子的体质。

四、活动组织

孩子的体质管理，不同年龄段的孩子侧重点也不同，培训的形式也丰富多样。从针对性和适应性的角度来看，教师在组织以孩子体质管理为主题的培训活动时，还需要把握以下注意事项。

1. 内容选择

教师在组织和开展活动前，可以通过平时的观察、问卷和家访等形式了解孩子的体质现状，如近视、肥胖、病假人次等，同时也了解家庭饮食、运动等习惯，从而确立培训的内容和主题。此外，培训的具体内容应具有科学性，不能以教师个人的喜好传递信息。

2. 形式选择

教师应根据内容和主题，选择合适的方式进行指导。如果是体质类科普知识，可以利用灵活便捷的数字化信息，向家长推送；如果是涉及调整家长观念的更新，利用现场讲座、互动交流的形式效果可能更佳；还有的涉及个别孩子，可以采取个别对话的形式，让家长得到精准的指导和帮助。

3. 实施策略

活动实施时，首先，应让家长充分感受到教师与他们的目标相同，都是为了孩子的健康成长，对家长的一些体质管理中出现的误区，要带着尊重的态度沟通；其次，让家长带着长远的角度看待孩子体质管理的问题，体质管理的关键在于坚持，学校（幼儿园）要定期反馈孩子的体检信息。

主题 10　指导家长做好孩子的读物管理

读物管理是"五项管理"即作业、睡眠、手机、读物、体质管理的重要组成部分。2021年1—4月，教育部先后印发五个专门通知，对中小学生手机、睡眠、读物、作业、体质管理作出规定。"五项管理"是"双减"工作的一项具体抓手，是促进学生身心健康、解决家长急难愁盼问题的重要举措。然而在现实中存在家校协同不到位的问题，家长虽认可"五项管理"政策初衷，但对作业管理过于偏重，忽视了读物管理；还有家长不履行监护责任，把管理孩子的责任全部推给学校。因此，教师在家庭教育指导时，需要进一步厘清学校、家长的责任，增强家长的监护、教育责任意识，并给予家长读物管理的方法、策略、内容选择等方面的指导。

一、活动目的

中小学生读物管理，正如教育部前部长陈宝生所言，看似小事，但关系学生健康成长、全面发展，是广大家长的烦心事。通过培训，使教师掌握指导家长做好读物管理的方法，促进家长做好孩子的读物管理，确保学生读物的质量，促进学生爱读书、读好书。

二、活动内容

读物管理从家长的角度来说主要做好两件事情，一是要把好图书出口、入口关，确保学生"读好书"；二是要家长着力培养学生阅读习惯，使学生"好读书"。

（一）把好图书关，确保孩子"读好书"

"什么能读，什么不能读"是家长读物管理中首先面对的问题。教师在培训时，要首先帮助家长建立读物选择的原则性标准。读物的选择必须坚持方向性、全面性、适宜性、多样性和适度性原则，主题鲜明，内容积极，可读性强和启智增慧。

广大家长要熟知教育部办法中规定的12种情形不宜读物。并对家长图书进行排查，发现不符合要求的图书应剔除，禁止学生阅读。

违反《出版管理条例》有关规定，或存在下列情形之一的，不得推荐或选用为中小学生课外读物：

（1）违背党的路线方针政策，污蔑、丑化党和国家领导人、英模人物，戏说党史、国史、军史的；

（2）损害国家荣誉和利益的，有反华、辱华、丑化内容的；

（3）泄露国家秘密、危害国家安全的；

（4）危害国家统一、主权和领土完整的；

（5）存在违反宗教政策的内容，传扬宗教教理、教义和教规的；

（6）存在违反民族政策的内容，煽动民族仇恨、民族歧视，破坏民族团结，或者不尊重民族风俗、习惯的；

（7）宣扬个人主义、新自由主义、历史虚无主义等错误观点，存在崇洋媚外思想倾向的；

（8）存在低俗、媚俗、庸俗等不良倾向，格调低下、思想不健康，宣传超自然力、神秘主义和鬼神迷信，存在淫秽、色情、暴力、邪教、赌博、毒品、引诱自杀、教唆犯罪等价值导向问题的；

（9）侮辱或者诽谤他人，侵害他人合法权益的；

（10）存在科学性错误的；

（11）存在违规植入商业广告和变相商业广告及不当链接，违规使用"教育部推荐""新课标指定"等字样的；

（12）其他有违公序良俗、道德标准、法律法规等，造成社会不良影响的。

（二）阅读有习惯，培养孩子"好读书"

这部分培训内容是培训中的重点和难点。因为选择读物内容往往比较简单，好操作，甄别不合适的读物加以剔除就可以，时间上的花费较少；而培养阅读习惯是更加复杂、更加灵活、需要坚持的过程。

1. 陪伴孩子自己选书

在培养阅读兴趣阶段，孩子只要愿意拿起书就是通往热爱阅读的第一步，家长不要过多干涉，尤其不要限定孩子只能读什么书，否则容易引起孩子对于读书这件事情的厌烦情绪。只要选择的书不是教育部办法中规定的12种情形不宜读物，都要给予孩子自由选择的权力。一般来说在书店选择的书都是可以阅读的，即便有时候选择的图书内容对孩子来说过深或过浅都没有关系，只要孩子愿意翻看就行。

2. 为孩子提供类目丰富的书

家中的书要多而全。有研究表明，家里书多的孩子比家里书少的孩子更爱看书，阅读能力也更强。这个很好理解，孩子从一张白纸开始，接触什么越多肯定就越喜欢什么。另外书籍的种类要全，无论是故事、历史还是自然科学、物理、国学等，各个方面的书家长都应该挑选几本给孩子看。

3. 营造良好读书环境

环境会影响心境和行为。家长可以为孩子准备专属书架和书桌，书籍放在书架上，方便孩子拿取，看完书，制定规则让孩子把书放好，养成整理的习惯。当然，书架上也不用放太多书，因为书太多显得杂乱，不好拿取，也不利于孩子选择。可以定期更换书架上的书籍，让孩子有新鲜感。孩子有专属的书架或是家里的书架给孩子留几个格子，是为了让孩子有自主权，有归属感。

4. 着力开展亲子阅读

亲子阅读是一个非常好的增进亲子关系、帮助孩子和家长共同进步的活动。父母是孩子的榜样，如果希望培养孩子阅读书籍的好习惯，莫过于以身作则。如果要求孩子看书，自己却在一旁玩手机，孩子还怎么会愿意看书呢？对于年龄小的孩子，亲子阅读可以引发孩子阅读的兴趣，帮助孩子解决阅读中的困难；对于年龄大的可以自主阅读的孩子，家长可以陪伴阅读，然后再交流看书感想，以此促进孩子的阅读、理解和表达，这对孩子的思维能力、表达能力都是一个很好的锻炼。

5. 允许孩子自在地读书

孩子喜欢怎样看书都是合理的，都是被允许的，无论是趴着看，还是坐着看，如果孩子很投入，家长不要去打扰，当保持一个姿势时间长了孩子自己会调整的。

6. 尊重孩子表达感受

尊重孩子想说或者不想说，以及说什么的自由。不要孩子看完一本书，家长就像考官似的问："这本书讲啥了？给我复述一遍！"真诚地跟孩子你问我答、我问你答，让自己融到孩子的世界，尽量以孩子的眼光去看待，以轻松有趣的方式聊天，以平等的角度和孩子交流这本书，甚至可以假装不太懂的样子跟孩子请教书里的一些情节，这样孩子才愿意慢慢跟你开口探讨。

7. 坚持培养读书习惯

家长要认清阅读习惯的养成不是一朝一夕的事，不是给孩子读几次书或者买几套好书就够了，而是需要家长的陪伴、参与、倾听，在孩子越小时开始越好，但只要家长意识到了并且着手去改变，什么时候都不算晚。一本书读完可能很快就忘了，好比竹篮打水是一场空，但竹篮经过一次次水的洗礼，会一次比一次干净。一个人每天看书可能会记不住什么，但在潜意识里会明白什么是对、什么是错。相信在未来的某一天，孩子一定会感谢现在这个努力帮助他培养阅读习惯的妈妈或爸爸。

三、活动形式

指导家长掌握读物管理的方法，教师可以借助学校的数字家长学校、微信公众号、班级群等方式推送数字资料，供家长有选择地学习。此外，还可以通过"书香家庭"评比、读书交流会等形式进行指导活动。

1."书香家庭"评比

开展"书香家庭"评比，和学校开展的书香校园的活动相辅相成，可以促进孩子在家在校都有良好的读书环境。通过评比，可以促进家庭读书环境的建设，对做得好的家庭及时肯定，并通过表彰起到示范的作用。

2. 读书交流会

读书交流会是一种在平等主体之间（如家长之间或同学之间）构建的由读书而连接起来的一种有组织的交流形式。读书交流会可以交流读物内容，分享读书心得；可以交流读物管理的有效方法，促进共同学习；还可以就读物管理中遇到的困惑进行交流；还可以组织共读，提升参与者的自身学习效果。

四、活动组织

读物管理看似简单，但要做好、做出效果实则非常不易。从针对性和适宜性的角度来看，教师在组织以读物管理为主题的培训活动时，还需要把握以下三点注意事项。

1. 观念先行

要让学生们热爱读书、养成读书的良好习惯，首先要让学生及家长认识到"读书好"。文以成卷，书以载道。读书可以满足学生的好奇心，增长知识，增强学生的想象力和逻辑思维能力，也可以开阔视野，端正审美，提升修养，塑造品格，正可谓"腹有诗书气自华"。家长千万不能认为阅读是在耽误时间。著名数学家苏步青曾说："阅读是语文学习的关键钥匙，而语文是众学科之基础，语文你都不行，别的是学不通的。"正因如此，教师们往往有一个共识：从小喜欢阅读的孩子，成绩肯定差不了。但阅读对于学业成绩的提升，可能不如刷题、上辅导班那么直接，其影响是潜移默化的，需要厚积薄发。因此，在孩子阅读问题上，家长不要急功近利，要有"静待花开"的心态。

2. 内容选择

学校可以成立由各学科教师组成的荐书专家组，对书目进行梳理、筛选，并按照不同学段的需求特点向学生推荐。例如，小学阶段，学生亟待提升认知力、理解力，需要广泛阅读，教师可以多推荐一些启蒙绘本、经典故事，以及识字、益智、科普类书籍；初中阶段，出于激发学生学科兴趣、提升学生思维水平的考虑，教师可以给学生推荐一些经典名著和自然科学类书籍；高中阶段，教师可以引导学生多读一些人物传记、励志类书籍，以激励学生树立远大理想，规划人生道路。随着信息技术的不断发展，人工智能将在学校选书、荐书过程中发挥重要作用。智能化识别搜索、净化筛查，再加上人工确认，就可以实现大批量选书。

3. 时间保障

即使明白阅读这件事对孩子的重要性，但如果不给予时间保障，也是空谈。学校应每天开设一定时间量的阅读必修课，家长也要协调好作业、运动等其他管理项目的时间分配，争取让孩子有早读、晚读、睡前读等各种时间保障。

主题 11　预防孩子厌学方法与技巧指导

厌学心理是指学生在学习过程中缺乏学习的积极性和主动性，认为学习活动单调、枯燥、乏味，对听课、做作业、复习、考试等感到厌倦，并将学习视为一种生活的沉重负担，不能从事正常的学习活动，经常逃学或旷课，严重的导致辍学。每个厌学孩子的背后都是一个焦虑无助，甚至濒临崩溃的家庭。很多家长由于对厌学不了解，往往简单地认为是孩子懒惰，沉迷手机，进而责骂孩子；也有家长以为是孩子压力大，只要不要求孩子成绩好，便没有问题了。然而，由于没有科学、及时地处理孩子的厌学问题，情况反而越来越严重。因此，教师在进行家庭教育指导时，需要让家长了解孩子发生厌学背后的原因，及时发现孩子厌学的信号，掌握科学的预防和应对策略。

一、活动目的

通过培训，使教师掌握指导家长了解孩子厌学心理形成的机制，对厌学有科学的认知，掌握预防和应对孩子厌学的策略。

二、活动内容

孩子厌学的关注度很高，培训时应重点让家长了解孩子产生厌学的原因，不同阶段的表现及相关的策略。因此，设计与开展活动时，可以从厌学产生的心理学解释、影响孩子厌学的常见因素、不同阶段的厌学表现、如何预防厌学，以及孩子厌学后家长如何应对等几个方面对家长进行指导。

（一）厌学的心理学解释

孩子产生厌学，源于自己预定的学习目标不能实现，在学习中不断体验到挫折和失败，自尊心和自信心受到了很大的伤害。这些孩子往往感觉自己没有办法达到父母和教师的期望，学习给他们带来了很多无助和痛苦的体验。当他们缺乏自我认同感和自尊心受到伤害时，他们就会对学习失去兴趣和动力，甚至认为学习没有价值，从而导致厌学的产生。

这种学习上的挫折和失败，虽然有些是由于知识基础不牢及智力的原因引起的，但最主要的不是由于知识的或智力发展上的差异，而是学生心理状态发展上出现了问题，这些孩子由于在学习上遇到了困难和挫折，没有得到及时的解决，一而再，再而三的失败，最终导致他们放弃了在学习上的努力。而这种学习上的困难和挫折得不到及时解决的原因则主要是学生的非智力因素及教育环境造成的。

（二）影响孩子厌学的常见因素

孩子产生厌学心理的影响因素是多方面的，主要有个人因素、家庭因素、学校因素和社会因素。

1. 个人因素

（1）学习动机不足。学习动机不足包括两个层面的因素。浅层因素是无成就动机，即对学习没有需求欲，因而没有学习的动机。成就动机对学习人生道路上信念的养成非常重要，它将激励个体努力获得将来的成功；相反，缺乏这种成就动机就会限制个人的努力，以及降低获得成功的可能性。主要表现在对学习好坏不在乎；无成就感，无抱负和期望，对学习基本上采取一种放任的态度；精神面貌萎靡不振，懒散、拖沓，常把主要精力放在与学习无关的活动上，缺乏奋发向上、刻苦学习的原动力。

（2）学习兴趣缺乏。处于成长中的青少年，其兴趣的显著特点是动摇性，只要干扰因素强烈，就会发生转移。厌学的孩子大多数是将兴趣由学习转移到其他事情上去了。如一些学生迷恋游戏、上网，有些本来热爱学习的学生由于迷恋上了计算机游戏后，逐渐荒废了学业。他们的兴趣一旦由学习转为社会不良活动后，不仅对学习不感兴趣，反而讨厌学习、反抗学习。兴趣转移的原因除自制力不强外，还有其他心理因素，游戏更容易引起他们的注意。

（3）学习策略不当。学习策略因人而异，没有统一的模式和规律。有些孩子上课常常走神，并且课后对不懂的知识点也不想弄懂，经常抄作业，甚至不交作业。有些孩子为自己制定了过高的学习目标或抱负，虽竭尽全力仍和目标相差甚远，造成心理压力大，因而产生消极情绪，阻碍学习，且恶性循环，这些学生缺乏探讨有效学习策略的能力，导致对学习没有兴趣、学业差，需要借助外力促进学习。有些孩子干脆认为自己基础差，学习吃力，即使努力了也不会有多大进步。

（4）抗挫折能力较弱。许多学生虽然主观上有学习的愿望，但学习毕竟是一项艰苦的事情，需要一定的时间及毅力，目前的中小学生几乎都是独生子女，是父母的宠儿。他们在生活中遇到的任何困难几乎都是父母帮助解决，因此很多学生在学习上无法持之以恒，意志薄弱。一旦碰到困难便打退堂鼓，害怕去学、去动脑，长期下去，便产生厌学情绪。

2. 家庭因素

家庭因素指家庭的社会经济地位等相关因素，包括父母的教养态度、教养方式，以及家庭的学习环境等都会对孩子学习产生重要的影响。如家庭环境不好，父母离异、经常争吵等，致使孩子心灵受到创伤，由无法安心学习发展到失去学习兴趣；父母过高的期望与孩子实际水平差距太大，孩子因心理压力过大，难以承受，就用消极对抗来发泄自己的不满等。

3. 学校因素

教师的信念、师生关系、教学技巧等方面都会不同程度地影响学生的学习。教师对学生非智力因素的培养以及学校的育人环境与学生的学习之间是一种循环关系：教师对学生关心、重视—学生非智力因素得到有效培养—学生学习积极性高—学生学习成绩好—教师对学生更加关心、重视。

4. 社会因素

社会上某些不正之风，如拜金主义思想、享乐主义倾向和一些不良风气及读书无用论等，都是造成儿童厌学的社会诱因。当前就业形势严峻，高学历待业者比比皆是，学习成绩好的学生未必能找到合适的工作，有好工作的未必是优等生，学习成绩、学历与就业水平不成正比，这样的想法使部分在校生对自己的未来缺乏信心和目标，学习没有动力，对所学知识的实用性和社会认可性产生怀疑。

（三）厌学的不同阶段和表现

根据孩子厌学情绪的发展，大致可以分为三个阶段，孩子对学习的痛苦感也会随着厌学情绪的不断发展而不断加重。这三个阶段分别是轻度厌学、中度厌学和重度厌学。

1. 轻度厌学

轻度厌学是指讨厌学习课本知识，注意力无法集中，觉得学习没有用等情况。这个时候的孩子虽然会表现出对学习的不耐烦，但是他并不会讨厌去上学，甚至有的孩子虽然不愿意学习，但是他会非常喜欢去上学，因为在学校里有他最喜欢的朋友圈子。

对于轻度厌学的孩子，家长要做的就是帮助孩子拓宽视野，激发孩子的学习动机，提高孩子的学习能力。学习动机可以分为两个方面，分别是内动力和外动力，在低年级的时候，孩子的学习动机基本上就是外部动力，而在进入高年级以后，孩子的学习动机就需要从外部动力转化为内在动力。在这个时候，孩子就需要清晰地认识到学习的目标是什么，对自己的学习和未来有什么样的打算等。

当孩子醒悟以后，他自己就知道要努力学习了，也会有很强的学习自主性，因为他清楚只有努力学习才会实现自己想要的人生目标。自我价值感很高的孩子，他会拥有自信、坚强、自尊的品质，在以后的学习上，在人生中哪怕遇到再大的困难和挫折，他都会勇往直前地克服。可以说，轻度厌学的孩子其心智还没有发育成熟，家长需要做的就是通过学习帮助孩子实现自我认同感和自我价值感的塑造。

2. 中度厌学

如果在轻度厌学的时候，家长没有正确地引导孩子，教育孩子，那么轻度厌学就会逐渐发展成中度厌学。中度厌学的孩子有些是轻度厌学发展导致的，也有些孩子是因为情绪的困扰，就像有的孩子以前的学习成绩也很优秀，学习态度、学习习惯都是非常好的，可以说是别人眼中的模范孩子，但现在孩子出现了情绪上的问题，如抑郁情绪、焦虑情绪，或学习压力太大，学习内卷太严重，导致孩子被压得喘不过气来。因为人都会有情绪，如悲伤、沮丧、失望、怀疑等，这些情绪都会困扰着孩子。有的孩子内心强大，或家庭氛围比较轻松、愉悦，所以孩子很快可以调整好状态。但是有些孩子可能因为天生比较内向，比较敏感脆弱，也可能是因为高压的家庭教育环境，导致孩子的情绪调节能力无法正常运作，那么孩子的情绪就很难调整好，因为情绪的困扰，孩子就会经常请假，三天两头不想上学，这时候孩子有不想上学的表现，我们可以理解成是孩子在向家长求助，孩子是想告诉家长："我现在上学很痛苦，我很压抑，我恐惧上学，我焦虑，我抑郁，我快要坚持不下去了，我需要帮助。"这是孩子的求救信号。在孩子求助的时候，如果家长能及时关注到，帮助孩子及时疏导情绪，或帮助孩子寻找心理老师进行心理干预，那么孩子的心理状态也可以得到调整。

3. 重度厌学

重度厌学的孩子都会伴随着抑郁情绪或叛逆情绪，所以一旦发展到重度厌学，叛逆的孩子就会抵触和反抗父母，把自己关在房间里不理父母，甚至是离家出走。同时，严重厌学的孩子，他已经不是不想去上学，而是不能去上学。例如，孩子一到学校就出现头晕、头痛、恶心、呕吐、发烧等身体上的反应，在你送孩子进入校门的那一刻，你都能明显地感觉到孩子身上的不舒服，这种身体上的不舒服并不是孩子装出来的，而是真实的身体反应，但是只要孩子离开学校，他的身体就可以很快地恢复正常，甚至有的孩子在看见学校的时候就会出现恐惧、紧张的情绪反应。

（四）如何预防孩子厌学

（1）理解孩子，多与孩子沟通。父母与子女之间良好的沟通是亲子教育至关重要的环节。只有孩子愿意向父母敞开心扉，父母才能及时了解孩子每种变化产生的原因，有针对性地给予指导。

（2）多欣赏和赞扬孩子自立、自主的行为。这样的称赞和鼓励可以使孩子将学习与自我成长结合在一起，形成青春期孩子的学习动力，并有助于培养孩子主动学习、自我管理的行为习惯。对于青春期的孩子，父母应避免用其他孩子来贬低自己孩子的做法，父母越是不承认孩子的努力，孩子成长得就越缓慢，其主动性和自我管理能力的发展都会因此而滞后。

（3）协助孩子制订切实可行的目标。青少年自我评价的能力并不成熟，常常会过高估计自己，所以他们容易制订超出自己能力范围的学习目标，经历多次失败的打击后，孩子容易产生厌学的情绪。对此，父母应当客观评价孩子的能力，协助孩子把如考名牌大学这样的大目标，划分为各个阶段逐步实现的小目标。小目标的制订应该遵循经过努力就能达到的原则，促使孩子在每个阶段目标实现的喜悦中体验成就感，增强自信心，同时提高孩子学习的积极性。

（五）孩子已经厌学需要做的事

厌学的孩子当中有一部分需要药物的介入，单纯进行心理治疗可能很难取得好的效果，那么就需要遵从医生的建议来进行药物的干预。

在情绪方面，家长要放下对孩子的成见，不指责、不抱怨、保持平和；在沟通方面，多与孩子聊他感兴趣的话题，亲子有互动，情感才有连接；在心态方面，权当孩子暂时病了，就像孩子入学前那样无私地照顾他，放下功利心，享受纯粹的亲子关系。

（六）警惕厌学的常见误区

1. 厌学都是手机的错

在厌学的若干原因中，手机一定是排在第一位的，几乎到了"罄竹难书"的程度。任何一个厌学孩子的家长，提起手机都是恨得咬牙切齿。每个厌学的孩子，其实内心都是非常脆弱的，当特别需要关心和支持的时候，手机成功地转移了家长的注意力，被忽略的孩子内心就只剩下孤独和失落。所以，最需要关心的是孩子，是他的感受、想法和他的无助，而不是附加在他身上的成绩，他手里的手机。厌学的孩子，也是孩子！

2. 乖孩子不会厌学

乖孩子懂事、听话，什么事情都能自己搞定，为别人着想；乖孩子用"生病"来逃避沉重的负担，不用应付各种各样外在的要求，用"生病"来换取心安理得的内心需要。乖孩子的父母总是很省心，因此，要乖孩子的家长接受孩子厌学的现实变得尤为困难。

作为父母，日常中要更多关注孩子内心的需要，鼓励孩子表达自己内心的想法，多一些陪伴。孩子如果不愿交流怎么办？请记住：给一些时间，给一些耐心，慢慢来。

3. 轻易答应孩子不去上学

一些家长在碰到孩子不想去上学后，就轻易同意。他们的理由是现在的孩子心理问题多，要尊重孩子，否则要逼出问题来怎么办？然而，孩子在家家长却缺乏监管，任由孩子放飞自我。这样做的家长看似很开明，尊重孩子，实则是不负责任的。这样轻易不去上学的孩子，一开始只是经常请假，渐渐地就会长时间不去上学，后来干脆不出门，日夜颠倒，生活混乱。当孩子体验到逃避困难的轻松和愉悦，知道家长会帮他阻挡压力时，就会成为一种欲罢不能的经典模式，而不是去挑战自己，战胜困难。上不了学，是他们遇到了困难，他们需要的是专业的引导，帮助他们一起解决问题，而不是直接带着他们逃回家。

对于轻度厌学的孩子，如果家长没有具备足够好的条件，可以保证安排好孩子在家的时间，最好不要轻易松口同意孩子不上学，特别是年龄尚小的孩子，家长要引导孩子去进步和克服自身弱点。这是他们成长的一部分。

三、活动形式

指导家长了解厌学的原因并掌握预防和应对厌学的方法，教师可以借助学校的数字家长学校、微信公众号等方式，推送一些数字资料，供家长有选择地学习。此外，还可以通过专题讲座、经验交流会、个别对话等形式进行指导活动。

1. 专题讲座

专题讲座是教师组织培训中较为常见的一种方式。这种活动形式最大的优点是信息量大,能将预防厌学的相关知识与方法密集传递,但缺点就是缺乏针对性。组织专题讲座时,需要提前预告讲座的内容,可以事先收集家长的需求,也可探索让家长"自愿参加"的组织办法,以此提高讲座的质量。

2. 经验交流会

教师向家长发出邀请并告知交流主题,家长们自愿报名,提前准备,人数一般控制在6~12人。经验交流会一般由教师主持,搭建平台让家长交流分享自己预防和应对孩子厌学的有效做法,以及遇到的困惑,使大家在取长补短的同时,彼此鼓励,获得心理上的支持。

3. 个别对话

个别对话是一对一的交流,是最有针对性的家庭教育培训形式,可以深入指导家长了解孩子的具体情况,分析原因,商定应对策略。个别对话可以是线下面对面的交流,也可以是线上的网络家访、电话家访等。

四、活动组织

厌学心理作为当前学生学习心理障碍中最常见的一个问题,已经引起越来越多的家长和教育工作者的重视。教师在组织预防孩子厌学为主题的培训活动时,还需要把握以下三点注意事项。

1. 收集资料

每个家庭都有各自的特点,孩子厌学的原因和表现也各不相同,没有哪个方法能放之四海而皆准。要想指导能取得好的效果,教师需要先了解孩子和孩子背后的家庭,可以通过问卷、家访、小组问答谈话等形式了解孩子的厌学现状、孩子的需求和家长的需求。

2. 制订计划

以学年为单位,根据学生的实际情况和家长的需求,确立每次活动的主题、时间、活动形式、人数、场地等,提前制订好方案,告知家长。

3. 实施策略

活动实施时,首先教师应当对家长持平等、尊重的态度,让家长感受到大家是为了孩子的健康成长,而不是推诿责任;其次,使家长明确在预防和应对孩子厌学中应承担起自己的责任;再次,对于出现中度甚至重度厌学的孩子,应和家长交流,并给予转介的建议。

主题 12　指导家长建立良好亲子关系

亲子关系是我们每个人来到世间的第一个人际关系，它对个体的身心健康十分重要。家庭是"人类性格的工厂"，它塑造了人们不同的人格特质。麦肯依有关早期童年经验对人格发展影响有一个总结："早期的亲子关系定出了行为模式，塑造出一切日后的行为。"中国也有句话说："三岁看大，七岁看老。"孩子早期的行为、习惯养成，都和家庭教育及父母的关系有着必然联系。

一、活动目的

通过培训，使教师掌握指导家长了解亲子关系相关知识、掌握建立良好亲子关系的方法，促进亲子关系的和谐。

二、活动内容

家庭教育最重要的是什么？是爱孩子、与孩子建立良好的关系。家庭教育与其他教育最不同的地方，是家庭教育一定有情感的投入。所以，成功的家庭教育一定是利用父母与孩子之间这种情感联结，与孩子建立起良好的关系。当然，也要警惕无原则的、无理性的爱。好的家庭教育是理性和情感的平衡。因此，设计与开展活动时，可以从亲子关系的内涵、不同年龄段亲子关系的特点、不同年龄段建立良好亲子关系的方法这三个方面梳理以建立良好亲子关系为主题的内容并对家长进行指导。

（一）亲子关系的内涵

1. 亲子关系的含义

亲子关系指亲代和子代之间的生物血缘关系。从家庭的角度看，亲子关系是夫妻关系之外的第二种最基本、最重要的关系，是维系家庭的第二纽带，大多数具有永久性，是不可选择和不可改变的。

2. 亲子关系的独特性

亲子关系是人际关系的一种，但是与其他人际关系相比具有独特的特点：

（1）不可替代性：亲子关系是以血缘关系为基础的关系，这种关系是其他任何关系都不能代替的。亲子关系的缺失对孩子心理发展和一生成长存在巨大的负面影响。

（2）持久性和不可变更性：只要亲子双方的生命存在，这种关系就永远存在，无法更改。

（3）不平等性：在亲子关系中，父母一方具有先天的优势，处于主导地位，孩子则处于相对被动和受支配的地位。当亲子关系出现问题时，很容易导致孩子心理出现问题。

（4）阶段特征性：亲子关系从孩子出生甚至孕育的那一刻就已形成，但随着孩子生理和心理的发展和变化，父母需要不断地调整变化，才能适应孩子发展的需要。

（二）不同年龄段亲子关系的特点

1. 0～6岁阶段亲子关系的特点

本阶段亲子关系的重点是孩子与父母形成健康的依恋关系。依恋指婴幼儿与他的照顾者（一般为父母）之间形成的强烈情感联结，它产生于婴幼儿与其照料者母子依恋的相互作用过程中，是一种感情上的联结和纽带。依恋关系在婴儿期开始建立，有助于孩子更好地适应社会，母婴依恋的类型对儿童今后人际关系、人格发展、情绪和认知等方面的发展都有着重要的影响。依恋的发展一般经历前依恋阶段、依恋开始阶段、依恋形成阶段、互惠关系形成阶段4个阶段。儿童的依恋可以分为安全型依恋、回避型依恋、抵抗型依恋三种类型。

（1）安全型依恋：这类儿童与父母在一起时能愉快地做游戏，自信地探索环境，能与母亲进行近距离或远距离交往，不总是注意母亲是否在场，在紧张情境下，能迅速回到母亲身旁，寻求保护和安慰。他们对陌生人的反应比较积极，在母亲鼓励下能顺利地与陌生人交往。当母亲离开时，探索的行为会受到影响，有的会哭泣，不哭泣的儿童也会表现出苦恼的状态，但总体来说没有明显的分离焦虑。当母亲又回来时，他们会立即寻求与母亲的亲近和安抚，并能很快地与母亲一起做游戏。

（2）回避型依恋：这类儿童与母亲在一起时，很少关注母亲的行为，母亲在场或不在场影响不大。在活动中与母亲的身体接触很少，也很少与母亲主动交谈，与母亲的分享行为少。对陌生的人和事物表现得胆子很大、不退缩，能进行自主探索活动。母亲离开时不哭泣，悲伤程度小，未表现出分离焦虑。对母亲的归来不积极欢迎，也无明显的喜悦。

（3）抵抗型依恋：这类儿童似乎离不开母亲，喜欢缠在母亲身边，和母亲的身体接触比较频繁，探索活动不积极；对陌生的人和事物拘谨、退缩；母亲离开时极端痛苦，表现出反抗、哭泣，悲伤的程度高，但母亲返回时又表现出矛盾心理——既想与母亲接触，又在母亲表示亲近时生气地拒绝反抗，不容易平静下来。

2. 6～12岁阶段亲子关系的特点

小学阶段的亲子关系与幼儿时期的不同，孩子与家长的"地位"逐渐趋于"平等"，进入亲子共律期。亲子共律是指家长与孩子共同约束自身的行为，家长保持一段距离去引导和监督孩子，以身作则，帮助孩子加强自我管理和自我监督的能力。亲子共律是一种温暖的、相互尊重的亲子互动模式。

（1）孩子和家长的相处时间减少，对家长的依赖性降低。调查显示，孩子5～12岁和家长一起消磨的时间（包括日常护理、聊天等）减少了一半。孩子开始有自己的世界，需要与其他人（教师、伙伴）交往，对家长的依赖性会逐渐降低。

（2）在小学阶段的亲子共律期中，孩子开始进行自我管理和监督。在小学阶段的亲子关系中，家长是舵手，负责掌握大方向，对孩子进行大体上的监督；孩子则是拥有一定自由的水手,能自主做决定,对自己的言行思维拥有一定的控制权。

(3)孩子逐渐拥有"文化反哺"能力,会挑战父母。随着社会信息的增加、传播方式的改变,小学生掌握的知识有时甚至超过父母,可以告诉家长很多新的信息,因此,家长可能会受到孩子的挑战,甚至有一种"落伍"的感觉。

(4)在高年级,亲子关系发生急剧变化,比较紧张、容易产生冲突。六年级孩子的身心都发生了质的变化,独立意识增强,解决问题的能力提高,他们不再认为父母是"万能超人",对父母的亲密度和安全感也在下降。

(5)在高年级,父子关系、母女关系会变得更亲密。高年级孩子逐渐进入青春期,对性别的看法和理解有所变化,对"男女有别"理解得更深。父母是同性别子女社会化学习和模仿的对象。儿子模仿爸爸学习做"男子汉",女儿模仿妈妈温婉大方。

(6)在高年级,父女、母子关系对孩子行为、适应情况具有重要影响。对高年级的男孩子来说,母子关系越亲密,男孩欺负他人、受欺负等问题行为越少。母亲的理解和温暖可以有效减轻男孩的消极情绪,从而减少孩子不良行为的发生。对高年级的女生来说,拥有亲密、互信的父女关系,能减少不良因素的负面影响,尤其是与父亲的冲突。父女间的冲突会使女孩情绪低落、抑郁的风险增加。女孩越信赖父亲,与父亲关系越好,越少受到他人的欺负。对女孩来说,父亲是"护身符",获得父亲的支持能帮助女孩建立自信,减少被欺负的可能性。

(7)懂得尊重孩子、接纳孩子的家长,与孩子的关系更融洽。家长懂得尊重和接纳孩子的意见,愿意与孩子平等沟通、愿意倾听,孩子会信任家长,喜欢跟家长诉说自己的想法和遇到的问题。这样亲子之间的冲突较少,亲子关系更为融洽。家长对孩子过多限制和约束,反而会导致孩子抵触情绪和不良行为的增加,亲子间的冲突增多,破坏了亲子关系。父母在孩子身上附加的诸多限制,无形中就拉开了双方的距离。

3. 12～18岁阶段亲子关系的特点

(1)中学生的自主性增加,对父母的依恋减少。依恋和自主是亲子关系的两个方面,自主通常有两个方面的表现:一是"行为自主",包括获得足够的独立和自由,在不过于依赖其他人指导的情况下自行其是;二是"情感自主",指抛弃儿童期那种在情绪、情感上对父母的依赖,渐渐对父母"去理想化",把父母看成普通人,对父母直接情感支持的依赖越来越少。随着认知能力的发展,中学阶段的孩子与父母间逐渐较少出现拥抱、抚摸等身体接触,取而代之的是言语等思想上的沟通和交流。他们在与父母的相处中寻求自主,争取自主权,表现为反驳父母的观点,希望获得父母的尊重。

(2)要求父母转变角色——从教育者转变成陪伴者。在中学阶段,父母不再是单纯的教育者——告诉孩子应该怎样、不应该怎样,让孩子按照要求成长为我们希望的样子。父母应该从起主导作用的教育者转变成陪伴者,以孩子为主,父母处于非主导地位。陪伴者,意味着一种无言的支持和认同;陪伴者,意味着一种平等的关系,父母是孩子成长过程中的伙伴和朋友。

(3)信任、倾听和接纳是陪伴者的重要特征。中学生需要信任。进入中学阶段,伴随着生理上的发育，他们产生一种成人感，希望被当做大人对待，希望按照自己的想法去做一些事，希望得到父母的信任和理解。中学生需要倾听。伴随着认知能力的发展，中学生对很多问题有自己的思考和理解，他们希望父母能多听一下他们的意见，而不是像小孩子那样没有发言权，并且孩子在青春期会遇到各种新的问题，他们需要父母能像朋友一样，倾听他们的困惑。中学生需要接纳。中学阶段是自我同一性发展的关键期，孩子开始探索自我、审视自我、寻找"我是谁"的答案。在这个过程中，他们会尝试各种可能，做他们以前不会做的事，这个时候他们需要父母的接纳，接纳他们的一切，包括好的和不好的方面，允许他们犯错，允许他们表现"出格"。

（4）中学阶段是改变父母教养方式的重要契机。中学阶段很多家长会觉得孩子"很不好管"，孩子的问题提示家长前期家庭教育的失误所在，需要调整教养方式。教养方式可分为权威型、专制型、溺爱型和放任型四种类型，其中权威型教养方式被认为是最有益的。权威型父母能够理解孩子追求自主的意愿，鼓励孩子自立，尊重孩子的自我管理和自主性发展；权威型的父母也会给孩子制订规则，给孩子适当的规范和要求。权威型教养方式最有利于青春期问题的解决及中学生人格的塑造。

（三）不同年龄段建立良好亲子关系的方法

1. 0～6岁阶段建立良好亲子关系的方法

（1）做高敏感性的母亲：高敏感性指母亲对儿童发出的需求能敏锐地观察，并给予恰当、及时的满足。母亲在日常的抚养中更多地与孩子在一起，始终保持对孩子的关注，了解孩子的生理和心理需求，及时地给予反应和满足，并且多给孩子以社会性刺激，多和他们微笑、说话，多与孩子有身体接触等，这些都有利于孩子形成安全型依恋。

（2）创造与孩子气质特点相协调的抚养环境。孩子按照气质特点，可分为易养型、难养型、发育缓慢型三种类型。对于易养型的孩子要适时满足他们的要求；对于难养型的孩子要了解他们的特点，耐心地对待，努力调整自己的行为来符合孩子的要求；对于发育缓慢型的孩子，要耐心对待，并创设轻松、愉快的环境，用积极的情绪和行动唤起孩子的反应。

（3）根据孩子的不同依恋类型，进行有针对性的教导。对于回避型依恋的孩子，要多给予鼓励、帮助，不能认为这些孩子"没出息"，不必强求他们快速达到父母所要求的目标。对于抵抗型依恋的孩子，要特别有耐心和爱心帮助他们逐渐适应新的人物和环境。

2. 6～12岁阶段建立良好亲子关系的方法

（1）家长从"事事管、时时管"转变为"大体上的监督"，培养孩子养成"自己的事自己做"的习惯，给孩子适当的个人空间。

（2）转变教育方式，与孩子多沟通、讲道理，与孩子一起探讨问题，相互说说自己的理由。

（3）家长要以身作则，传递积极正向的思想、语言、行为，为孩子树立一个良好的榜样。

（4）接受孩子的"挑战"，懂得与孩子一起学习、分享知识，锻炼孩子的表达能力，感受孩子对自己的尊重，学会接受他人的不同意见。

（5）保持一段距离"监督"孩子，逐渐培养孩子的自我管理能力。

（6）接纳孩子、尊重孩子，鼓励孩子独立、多尝试，"事事代劳""事事限制"等于剥夺孩子成长的机会。

（7）重视亲子沟通，学习沟通技巧，提高沟通质量。小学生的表达能力有限，尤其是低年级孩子表达不完整，甚至有答非所问的现象，因此，掌握一些亲子沟通的技巧对于家长来说是重要的。

（8）享受与孩子的专属时光，与孩子一起创造美好的回忆，可以相互分享最近开心的事、逛博物馆、逛书店买书、讨论最新上映的电影、相互倾诉心事等。

3. 12～18岁阶段建立良好亲子关系的方法

（1）转变自己教养角色，做孩子成长的陪伴者，从处于控制地位的教育者转变为处于辅助地位的陪伴者，不再控制孩子，不再强迫孩子按照自己的设计和期望成长，以孩子为主，相信孩子有自我成长的能力，用放松的态度陪伴孩子成长，减少自己的焦虑和无力感。

（2）信任孩子，给其做决策的机会，让孩子自己解决问题。

（3）接纳孩子的缺点，接纳孩子与父母的不同观点、意见、感受和要求。允许孩子表达负面情绪，可以帮助孩子逐渐脱离负面情绪，积极地寻求解决问题的办法，为自己的情绪负责任。

（4）学会倾听技巧，如以积极的方式做出反应、不要说太多、抑制要争论的念头和有效重复。深层次倾听孩子的声音，对孩子的情感理解，通过面部表情、肢体语言和话语的回应，向孩子传递一种信息"我尊重你，我关心你，我在用真诚平等的态度听你说话"。

（5）对孩子有适度的要求，避免当众批评。

三、活动形式

指导家长建立良好的亲子关系，教师可以借助学校的数字家长学校、微信公众号等方式，推送一些数字资料，供家长有选择地学习。此外，还可以通过PLA家长课堂形式进行指导活动。

参与式教学法（Participatory Learning and Action，PLA）是在培训者组织下，受训者根据已有的经验，与培训者和其他受训者之间开展合作、交流，一起去寻找问题、分析问题、解决问题的一种方法，可以提高受训者的自我意识与自主发展能力。

PLA家长课堂是以家庭教育问题为引领，以活动为主线，使每个家长个体形成小组团体，以小组团体的方式参与学习，通过设计真实的任务情境，以自主探究的方式实践任务，激发每位家长的学习兴趣，让家长在参与活动的过程中认知、感悟和构建新的认知，从而提高自己解决家庭教育问题的能力。

四、活动组织

在组织亲子关系相关培训活动时，需要注意以下内容：

教师要与家长开展合作、交流，一起去寻找亲子关系中存在的问题，进而分析问题、解决问题，过程中需要注意以下三个方面。

1. 自主

参与式学习的内容和学习的时间由家长自主选择，充分激发家长学习的内驱力。

2. 群体

互动式学习小组是个"小社会"，以家长自愿为前提搭建学习小组，按各自能力与专长分工合作，促进家长们相互了解、相互帮助、相互鼓励，从而促成亲密融洽的群体关系，在学习小组团体动力的带领下将学习群体化。

3. 学习

游戏式学习小组把课堂内容和游戏结合起来，采用寓教于乐的学习方式，让复杂的建构良好亲子关系的策略，变得通俗易懂、易学习、易操作。

主题13 "正面管教"与家庭教育指导

"正面管教"是美国著名教育学博士简·尼尔森开创的家庭教养方式，其核心要义是提倡一种和善、坚定并且对孩子充满鼓励的家庭教育养育方式。其理论基础来自两位著名的心理学家阿尔弗雷德·阿德勒和鲁道夫·德雷克斯，这两位心理学家认为培养一个孩子最重要的目标是培养孩子七项感知能力和技能，即对个人能力的感知力、对自己在重要关系中价值的感知力、对自己在生活中的力量或影响的感知力、内省的能力、人际沟通的能力、整体把握的能力和判断能力。"正面管教"将这七项能力的培养发展成了一套系统的方法，并运用到家庭教育的指导过程中。

一、活动目的

通过培训，使教师能运用"正面管教"的方法去指导家长开展家庭教育，在家庭生活中营造一个和善而坚定的教养环境，培养孩子学习、生活乃至在未来工作中的勇气、激情和人生技能。

二、活动内容

以"正面管教"作为家庭教育的畅销书籍有很多，培训时应把重点放在创建一个相互尊重和支持的教养环境，激发孩子内在动力去追求学业、生活和未来社会生活的成就，使得家庭成为一个愉悦和快乐成长的场所。因此，在设计与开展活动时可以从"什么是'正面管教'""透析'正面管教'的理论依据""掌握并运用'正面管教'的工具卡"等三个维度为探索重点对家长进行指导。

（一）什么是"正面管教"

要解读家庭教育中的"正面管教"，首先要了解什么是"正面管教"。

日常家庭生活中经常出现种极端教养类型，第一种是严厉型教养，崇尚严厉型教养方式的父母认为"没有规矩不成方圆"，在家庭生活中以爱的名义要求孩子完成规定动作，其结果是有了规矩缺少了自由；第二种是骄纵型教养，以无条件爱的名义实施无条件满足，其结果是孩子有了自由少了规矩。"正面管教"的养育教养方式追求既有规矩又有自由。

1."正面管教"养育类型

"严厉型"和"娇纵型"教养方式不同，"正面管教"倡导在家庭生活中落实"既有规矩又有自由"，但这两者之间似乎是矛盾的，尤其在以私密性和亲缘性为特点的家庭生活中推进"既有规矩又有自由"的教养方式有一定的难度，这就需要指导者从思维模式角度指导家长进行转变，譬如不要通过简单的奖励或惩罚来解决孩子的问题，表面上奖励或惩罚这类方法看上去有帮助，因为立即制止了很多可能会出现的错误，但可能对孩子造成的是长期负面影响。在培训过程中一定要让家长和教师理解"既有规矩又有自由"的深层内涵，以及如何正确解读孩子（也包括父母解读自己）的错误行为背后的信息，该怎样采取最有效的应对方法。理解得越深刻，就会做得越自然、越"本能"、越彻底。

2."正面管教"养育目标

在培训之前教师应对"正面管教"的养育目标有清晰的了解，简·尼尔森认为把一个孩子培养成真正有能力的人，需要培养"七项重要感知力和技能"。

（1）有对个人能力的感知力——"我能行。"

（2）有对自己在重要关系中的价值的感知力——"我的贡献有价值，大家确实需要我。"

（3）有对自己在生活中的力量或影响的感知力——"我能够影响发生在自己身上的事情。"

（4）内省能力强：有能力理解个人的情绪，并能利用这种理解做到自律以及自我控制。

（5）人际沟通能力强：善于与他人合作，并在沟通、协作、协商、分享、共情和倾听的基础上建立友谊。

（6）整体把握能力强：以有责任感、适应力、灵活性和正直的态度来对待日常生活中的各种限制以及行为后果。

（7）判断能力强：运用智慧，根据适宜的价值观来评估局面。

3. "正面管教"养育根本

和善而坚定。"和善"的重要性在于表达我们对孩子的尊重。"坚定"的重要性，则在于尊重我们自己，尊重情形的需要。专断的方式通常缺少和善；娇纵的方式则缺少坚定。和善而坚定是"正面管教"的根本所在。"和善而坚定"首先让孩子感受到了无条件的爱，但又是有边界的，这种边界带给孩子安全感；其次"和善而坚定"的教养方式给孩子带来归属感，孩子知道有人爱他，这种感觉对于孩子来说非常重要。简而言之，"和善"体现在尊重孩子，坚定则是尊重自己和现实。

（二）透析"正面管教"的理论依据

阿德勒，奥地利精神病学家，人本主义心理学先驱，个体心理学的创始人，著有《自卑与超越》《人性的研究》等书，阿德勒的学说以"自卑感"与"创造性自我"为中心，并强调"社会意识"。他认为人的行为是由社会力量决定的，在社会生活中，人们进行交往，相互依赖，相互合作。"正面管教"就是以此为理论基础。

1. 孩子是社会人

孩子对自己的看法以及如何行事，是以他们怎样看待自己与他人的关系，以及他们认为别人怎样看待他们为基础的。孩子随时随地都在做着决定，并形成着对自己、对世界，以及对应该做什么才能求存或成长的信念。以班级为例，如果把班级当作一个小社会，那么他会希望自己在这个班级群体中有归属感，但是对如何获得归属感并没有清醒的意识，有时候，他们的行为方式所达到的效果往往与其目的背道而驰。为了获得归属感而运用了笨拙的方法，反而让其背道而驰。同样在家庭生活中，孩子的一些不被认可的或者不被理解的行为，也仅仅想要有所归属并且不知道该怎样以一种恰当、有效的方式来达到这一目标。

2. 孩子会犯错误

家长们有一种错觉，如果他们不助推孩子做得更好，他们就没有尽责，于是竭尽所能引导或者激励孩子为了"遇到更好的自己"甚至是"最好的自己"而坚持努力，"直升机父母""虎爸虎妈"等养育方法就是建立在"不确定带来的害怕之上"。很多家长手把手地教孩子，努力规避孩子发生错误，似乎只要犯错误孩子就不完美了。教师应引导家长意识到家长自己要学会而且要教孩子学会，"犯错误"其实是一个很好的学习机会。很多时候孩子犯错误是因为家长没有花时间训练并鼓励他们，当孩子三番两次地重复错误时，家长一味地批评、要求和指责只会带来孩子更多错误，而不是进步。家长要做勇于接受"不完美"的榜样，从孩子"犯错误"的行为上把握学习的好机会。

"矫正错误的三个R"，是树立"勇于不完美"榜样的一个绝佳的方法。"矫正错误的三个R"中的前两个——承认与和好——为第三个R（解决问题）营造出一种积极的氛围。

（1）承认（Recognize）——"啊哈！我犯了一个错误！"

（2）和好（Reconcile）——"我向你道歉。"

（3）解决（Resolve）——"让我们一起来解决问题。"

3. 孩子能感受爱

"正面管教"倡导要确保把爱的信息传递给孩子。强有力的科学证据表明，增强孩子与父母之间的情感联结，会使得家庭教育更成功。情感联结就是孩子相信父母关心他们的生活、关心他们的健康、关心他们的学习，并将他们作为一个个体来爱。孩子们的信念：相信自己的父母无条件地爱着他们，是他们在家庭中感受到归属感和自我价值感的一个首要因素。教师要引导家长清楚自己的孩子是怎样的人并能鼓励他们将错误看作是学习和成长的机会，并相信他们有能力做出有意义的贡献时，他们的孩子就会知道家长的爱是无条件的，当父母足够尊重孩子，让孩子一起参与做出决定的全过程时，他们就会知道父母是爱他们的。

（三）掌握并运用"正面管教"的工具卡

"正面管教"倡导和善与坚定并行，既不惩罚也不骄纵，不交换条件、不取消特权，不是教会家长获得搞定孩子的套路，而是提升自己做父母的能力。学习"正面管教"工具卡不仅仅是学技术，而是要懂得技术背后的原理，"照葫芦画瓢"的教育是行不通的，因为孩子与孩子之间存在个体差异，成长环境、家庭能提供的条件也不同，生搬硬套只会适得其反。"正面管教"工具箱里提供了很多非惩罚性的管教工具：鼓励、花时间训练、家庭会议、有限的选择、积极暂停、倾听、关注解决问题、启发式提问、选择轮、惯例表、达成约定并执行等，这些正面管教的工具都是既不惩罚也不骄纵的养育方法，在此列举三个"正面管教"的工具。

1. 积极暂停

每个人都会有情绪失控的时候，对于父母来说，如果因为孩子的错误让你陷入负面情绪状态时，最好的行为就是"暂停"，避免做出伤害孩子的行为。积极暂停要让孩子知道，我正在积极处理自己的情绪，而不是在报复或是逃避。家长需要暂停跟孩子的互动，但不是扭头就走，应该和孩子说清楚：我现在需要冷静一下，我等一会再来找你。这样孩子就知道生气中的父母现在需要一点自己的时间。在家里建立一个属于自己的积极暂停角。每当生气的时候，去舒适的小天地里待一会，让自己的心情好起来，等恢复理智的状态后再去处理问题。

2. 愤怒选择轮

同样是情绪问题，在生活中我们无法避免负面情绪，但可以控制它。正面管教的工具箱里有一个"愤怒选择轮"，它让孩子学会关注问题的解决，学会疏导矛盾和情绪。在父母和孩子的情绪都趋于平静的时候告诉孩子，有负面情绪或者不舒服的情绪都是正常的，但是如果做出伤害自己和别人的行为就不对了。"愤怒选择轮"是家长引导孩子主动创造的，在讨论过程中要让孩子更多参与，帮助孩子找到管理情绪的方法。制作愤怒选择轮的步骤如下：

（1）妈妈准备一个圆形的硬纸板，划分成若干份，再准备一个挂钩。询问孩子，下一次孩子感到沮丧伤心时，有什么办法能让他感觉好一点；

（2）两个人一起头脑风暴，写下能想到的所有方法；

（3）去掉双方觉得不合理的、有冲突的建议；

（4）把删减后的选择写在选择轮上；

（5）把"愤怒选择轮"挂到醒目的地方，每当孩子心情不好的时候，转动"愤怒选择轮"，转到哪里就去做，让自己心情变好。

3. 家庭会议

根据调查了解，孩子是最爱开家庭会议，又最能在家庭会议中学到更多的人。"正面管教"倡导在家庭生活中召开会议，很多家庭也尝试召开家庭会议，但开着开着就变成了"批斗大会""一言堂"，对于问题的解决要么已经有了策略没有落实，要么压根就没有达成策略。"正面管教"倡导的会议需要明确的规则来制约。如家庭会议的时长，时间不要太长，一般控制在 10～30 min，召开频率是固定的，最好是一周一次，每次讨论都是从家人们关注的小事开始；如分工，家庭会议上有三个角色：主持人，记录员和计时员。例如，确定好议题，并让每个人说出自己的观点，其他人不要评论或批评。要确保孩子感觉到自己在家庭会议中得到了认真对待，并被当作家里重要的、有贡献的一员对待。

三、活动形式

"正面管教"工具箱里各类工具卡的运用更适合组织开展参与式的培训，具体可以有以下几种培训形式。

1. 定制化课程服务

将"正面管教"工具箱中的各类工具以音频或视频的方式做成工具卡，强调板块的选择和工具卡的运用，注重指导性和实操性。家长在遇到问题时有选择地进行学习并能简单地操作、运用到家庭养育中。其优点是具体的方法能有效地支持家长获得即时改变的力量。

2. 家长沙龙

以轻松、开放的沙龙方式进行，体现培训的主题性和选择性，强调家长的参与性与体验分享。需要家长持续地互动交流分享，教师是主持人，其作用就是引导和提炼，家长在参与过程中不断发现问题并尝试探寻方法解决。

四、活动组织

正面管教的相关书籍有很多，其工具卡也有很多，适用场景很广，培训的形式也是丰富多样。从针对性与适宜性的角度来看，教师在组织以"正面管教"为主题的培训活动时，还需要把握以下三点注意事项。

1. 内容选择

"正面管教"工具卡内容选择要遵循适合性和本土化原则，"正面管教"作为解决日常养育难题的掌中宝，具有很大的指导意义和价值。教师在选择"正面管教"作为指导工具的时候，一定要与孩子的实际情况相吻合，摒弃"拿来主义"的想法和做法。在理解孩子、理解自己和情形的前提下，预防问题的出现，让孩子能够学到生活技能。在帮助家长获得"正面管教"的先进理念时，还要关心孩子的行为习惯养成和品德操守。

2. 组织流程

强调活动的主题性和参与性，人数控制在35人左右，中学和小学分组实施，略有不同。每一期5节课，一般连续5个晚上，每晚3h，全线下活动，重感悟体验。

目标导向，建立机制，通过家长相互的分享觉察自己教育方式的不足，并运用"正面管教"工具卡开展自我调整家庭教育的方式。每次课程后都会布置家长感悟作业，并设立内控机制，每场培训后让家长进行民主评议课程，以便课程主讲老师自我调整，提供给家长满满的"干货"。

3. 实施策略

"正面管教"工具卡的分享可以通过游戏活动化的形式推进，具有系统性、趣味性，循序渐进，在亲密亲子关系、家庭关系的同时，让孩子在一个丰富的、安全的、自由的、富有教育意义的环境里成长，让孩子获得终身成长的内驱力。实施过程中强调活动性和参与性，通过设计丰富多彩的参与体验活动，让父子之间、母子之间、家庭成员之间的爱意流淌，建立起家庭成员之间的亲密链接，引导家长看懂孩子，引导孩子明白家长，处理好彼此的关系，在笑声中激活成长的动力。通过丰富多彩的"正面管教"课程内容和父母在家庭生活中进行延伸，家长以成长的心态理解孩子、帮助孩子，孩子则养成终身成长的心态。

主题14　指导家长做好孩子的压力管理

压力是指个体在生理或心理上感受到威胁时的一种紧张状态。现在的孩子学业压力和社会压力越来越大，家长的期望、过高的目标都会给孩子带来精神负担。一些家长则认为，孩子的压力根本不算什么，有压力才会有动力。然而，若孩子的压力得不到及时调节和释放，时间一长就会产生很多消极的影响。在孩子应对压力的过程中，家长是孩子重要的支撑。因此，教师需要指导家长合理地看待压力，及时辨别孩子的压力状态，以及有效地帮助孩子调节压力。

一、活动目的

通过培训，使教师掌握指导家长开展管理孩子压力的方法，帮助家长形成面对孩子压力的科学态度，掌握帮助孩子管理压力的方法。

二、活动内容

孩子的压力管理是家长比较困惑的问题，无论是成年人还是孩子，压力无法回避，在给家长培训时，应指导家长合理看待压力，从孩子压力的影响、来源，压力过大的表现及管理压力的策略四个内容进行指导。

（一）压力的影响

任何事物都有两面性，心理压力也不例外。教师在培训时应传递给家长压力对孩子的影响是两个方面的。

1. 压力的积极作用

适度的压力是有积极作用的，它可以促使人保持较好的觉醒状态，集中精力，激发人的潜能，调动更多的能量来处理学习、工作、生活中的各种问题。适当的压力能够激励孩子努力向上，完全没有压力可能会使人懒散。培训时，教师要指导家长，避免走向另一个极端，即对孩子完全放任，没有任何要求，也不利于孩子的健康成长。

2. 压力的消极作用

压力不是在任何时候都能转化成动力的，更不是越大越好。持续的、超强度的压力会给人的身心带来很大的伤害。根据脑神经科学，当一个人的压力过大时，扮演理性、抑制角色的前额叶皮层的能力明显降低，而掌管"情感大脑"的边缘系统就会被唤醒，并消耗大量的能量。在长期的唤醒状态中，孩子很容易"关机"，产生冲动或攻击行为（对自己和他人）。长期精神恍惚或多动的孩子，往往是经历着太多的压力所致。

根据"耶克斯－多德森定律"，人们在完成简单的任务时，心理压力越大越认真，工作效率最高，如抄写单词，越认真就越不容易写错。完成中等难度的任务时，心理压力适中比较好。这样你既不会因为太紧张而心慌，也能保持一定的专注度。而在完成难度大的任务时，其实应该是越轻松越好。任务太难时已无法把握细节，只能凭着第一感觉直接去做。当然，任务的难度因人而异，而学习对于很多孩子而言，算得上是难度不小的任务了。人的记忆、思考、练习，都需要在相对放松的状态下进行。

（二）压力的来源

教师在指导家长寻找孩子压力来源的时候，应怀有平等、尊重的态度，让家长感受到我们的目的是帮助孩子健康成长，而不是互相指责，应指导家长站在孩子的角度去了解孩子压力的来源，这样才能对症下药。一般来说，孩子常见的压力源主要来自以下五个方面：

（1）父母。孩子的压力很大一部分是来自父母。有的父母忽视孩子的实际能力，给孩子提出过高的要求，把自己的焦虑情绪传递给孩子，经常拿孩子的弱势与其他孩子的强势进行比较。有些父母平常忙于工作而忽略与孩子的沟通，态度粗暴，打骂和批评孩子，还有的父母情绪不稳定，家庭关系紧张，乱发脾气，甚至经常当着孩子的面争吵、打架、闹离婚。这些都会给孩子的心理造成很大的压力。面对这样的父母，许多孩子不愿意将内心的压力讲出来，家长们就不能及时发现，时间长了，一些孩子会产生心理上的问题。培训时，让家长逐渐学会自我觉察和反思自己的家庭环境和亲子关系，有觉察才能有改变。

（2）教师。教师对孩子的态度不好，批评孩子，惩罚、责骂孩子，冷落孩子，不公平，偏心，吝于表扬，无意伤害和忽略等，这些行为都会给孩子的心理造成沉重的负担。面对来自教师的压力，教师应指导家长接纳孩子的感受，陪伴孩子，为孩子提供支持，一起寻找合理的解决办法，而不是带着情绪激化矛盾，这会让孩子承受更多的压力。

（3）环境适应能力。孩子刚入（校）园，转班，和父母短暂分离，不习惯学校（幼儿园）的生活和各种规章制度，如不愿午睡，不喜欢学校的饭菜，嘈杂的声音，统一的着装和作息要求等，这些都会让孩子体验到很多不舒服的感受，如紧张不安、迷茫烦躁等情绪，进而让孩子感到有压力。

（4）同伴关系友谊的破裂。受到别的同学的欺负或嘲笑，同学之间争吵，被孤立，同伴竞争等都会让孩子感受到压力，体验到焦虑不安等消极情绪。积极的同伴交往经验有利于孩子自我概念和人格的发展，家长要提高孩子社会交往的技巧。

（5）学业压力。对于孩子来说，学习和考试压力可能是最大的压力来源之一。他们需要面对繁重的学业任务和考试压力，而且可能会遇到挑战，如复杂的课程、学习障碍或对未来的不确定性。很多孩子的学业压力往往来源于与同学的攀比、父母的期望及自己的目标过高等。

（三）压力过大的表现

孩子在压力过大时，会通过各种信号表现出来，教师要指导家长掌握这些信号，了解孩子的压力状态，及时提供支持，帮助孩子自我调节，释放压力。

（1）睡眠。夜惊、做噩梦、浅眠、难入睡或睡眠过度、终日困倦。

（2）饮食。食量骤减或过度饮食。

（3）思维。负向思维、犹豫不安、固执而缺乏弹性等。

（4）兴趣。对很多东西都不感兴趣，特别是原来喜欢做的事情也不愿意参与。

（5）情绪。忧愁、紧张、挑剔、易怒、惊恐不安等情绪。

（6）身体症状。疲倦、头痛、肠胃不适、磨牙、心跳不规律、呼吸浅短、尿频、皮肤长疹子等。经医院正规检查生理上没有发现问题。对于年幼的孩子来说，本来已经能控制大小便，又频繁出现尿裤子的情形，可能也是压力问题。

（7）行为。撒谎、退缩、攻击（肢体、口语）、经常哭泣、注意力不集中、干扰行为增加、强迫行为（频繁咬手指、拔头发、洗手、敲头）等。

此外，一些孩子"故作轻松"，整天吊儿郎当，一放学就玩手机，不思进取，在父母看来"无可救药"。其实压力也分"冷""热"，切勿以为孩子只有垂头丧气才是有压力，

孩子过度的故作轻松，也有压力过大的可能。他们表现得吊儿郎当，是为了掩饰内心真实的焦虑，以及面对压力时的无能为力。强烈的自尊心让他们无法展示自己的脆弱。

（四）管理压力的策略

教师在指导家长如何管理孩子的压力时，应指导家长要根据不同学段孩子的心理特征调整应对策略。

1. 耐心地倾听

当孩子叙述、表达时，不要随意打断或直接下结论提建议。应耐心地听孩子把话讲完，力求清楚地了解孩子内心的真实感受，找到孩子的压力来源。孩子告诉父母自己的压力和痛苦，并不是要马上让你帮助他们解决，而是需要更多的理解和支持。无论孩子表现得多么叛逆，多么故作不在意，家人都是他们潜意识中觉得最可靠的人。孩子向我们诉苦，是想听到父母说："我知道你的压力，我理解，我知道这很难，爸妈也许没有经验，但是我们想跟你一起面对，我们一家人一起面对。"

2. 贴心地安慰

家长应该关注孩子的情绪变化，及时发现孩子的情绪问题，并给予适当的支持和帮助。例如，当孩子情绪低落时，家长可以与孩子沟通，给予鼓励和支持，帮助孩子重建自信。家长也应该尊重孩子的选择，让孩子感受到自己的价值和尊重。如果年龄较小的孩子突然从梦中惊醒，要及时地抚摸、拥抱、安慰孩子，鼓励他们表达情感。尽量让孩子拥有充足的睡眠，吃到健康的食物，因为吃和睡对于孩子来说很重要，孩子只有吃好睡好了，情绪才会稳定，心情才会愉快。

3. 充足地陪伴

孩子和家长在一起会更有安全感。遇到压力时，陪伴可以起到安抚作用。年龄越小的孩子需要的陪伴越多。多陪孩子游戏、玩耍，如果家长很忙，对于年龄小的孩子可以让孩子待在旁边，帮他找一些事情做，如涂鸦或摆积木，同孩子一起安静地做事，也是很好的陪伴。

4. 合理地引导

家长应从小注重培养孩子的心理素质，教育孩子积极面对问题、勇于承担责任，让孩子拥有强大的心理抗压能力。在孩子处于压力状态的时候，家长可以教育孩子正确的应对方式，如呼吸放松、运动、听音乐、阅读、亲近大自然，以及向别人求助等方式都是有效的缓解压力的方法。如果孩子允许，可以陪着他们一起做这些事情。如果孩子因为压力过大，产生了一些情绪问题不能自我调节，睡眠、饮食、学习等功能受损，家长应该向专业人员寻求帮助。

综上所述，家长应该关注孩子的情绪变化，了解他们的压力来源，提供适当的支持和帮助，教育孩子正确的应对方式，培养孩子的心理素质。这样才能让孩子正确处理压力，健康成长。

三、活动形式

指导家长对孩子进行压力管理时，最方便的方式就是充分利用网络教育手段，组织家长观看有关资料，帮助家长科学地了解孩子，有效地管理孩子的压力。此外，还可以通过专题讲座、个别对话等形式进行指导活动。

1. 专题讲座

专题讲座是教师组织培训中较为常见的一种方式。这种活动形式最大的优点在于信息量大，适用于将压力的相关知识与方法密集传递，但是缺点就是缺乏针对性。组织专题讲座时，需要提前预告讲座的内容，可以事先收集家长的需求，也可探索让家长"自愿参加"的组织办法，以此提高讲座的质量。

2. 个别对话

当家长主动求助时，可以采用个别对话的方式，一对一的交流，深入指导家长了解孩子的具体情况，分析原因，商定应对策略。个别对话可以是线下面对面的交流，也可以是线上的网络家访、电话家访等。

四、活动组织

孩子的压力管理是当前儿童青少年不可回避的一个问题，已经引起越来越多的家长和教育工作者的重视。教师在组织以孩子压力管理为主题的培训活动时，还需要把握以下三点注意事项。

1. 收集资料

每个孩子的压力来源、表现各不相同，没有哪种方法能放之四海而皆准。要想指导能达到好的效果，教师需要先了解孩子和孩子背后的家庭，可以通过问卷、家访、小组问答谈话等形式了解孩子的需求和家长的需求。

2. 制订计划

以学年为单位，根据学生的实际情况和家长的需求，确立每次活动的主题、时间、活动形式、人数、场地等，提前列好方案，告知家长。

3. 实施策略

活动实施时，首先教师应当对家长持平等尊重的态度，让家长感受到大家是为了孩子的健康成长而共同努力，而不是推诿责任；其次，明确家长在孩子压力管理中应该持有的态度和认知；再次，对于已经出现压力过大问题的孩子，应和家长个别交流，并给予转介的建议。

主题 15　亲子活动的策划与指导

亲子活动，顾名思义就是由家长和孩子共同参与、相互合作进行的一系列活动。亲子活动为孩子、家长和教师创造了共同活动的空间，成为孩子与家长之间建立的一种特殊互动、信任和交流的方式，不仅能增进家长和孩子的友谊，使孩子充分展现自我，还能帮助家长更加深入地了解孩子，有利于激发孩子的内在潜能，能让孩子身心健康发展。亲子活动越来越受到教育工作者和家长的重视。教师在家庭教育指导中应掌握亲子活动策划和指导的方法。

一、活动目的

通过培训，使教师掌握指导家长开展亲子活动的方法，进而组织和指导亲子活动的开展，促进亲子关系健康发展。

二、活动内容

要想组织一场让孩子和家长有良好体验的亲子活动，教师需要考虑多方面的内容。在亲子活动策划和指导过程中，教师可以从亲子活动的原则、策划内容、指导、执行策略四个方面开展工作。

（一）亲子活动的原则

亲子活动通过寓教于乐的方式，促进亲子关系的发展，增强孩子的身心健康。教师在策划和组织活动的时候应遵循以下原则。

1. 适宜适度

亲子活动的组织者要根据孩子的年龄特点和发展水平，确定符合儿童发展需要的活动目标。适宜的目标应既高于孩子现实发展，又是经过努力能够达到的水平；既考虑孩子某一方面发展的需要，又着眼于孩子整体发展的需要；既要考虑儿童群体的水平，又要兼顾他们之间的差异。亲子活动的目标要具体，一定要符合孩子发展的需要，具有指导性和可操作性。

2. 寓教于乐

活动的内容和形式的选择必须充分考虑孩子好奇、好动、好游戏、好户外的特点。以游戏为基本活动的内容和形式，以充满"趣味"、能够吸引孩子的游戏活动为基础，注重动静交替，集体活动与分散活动相结合。同一个活动以变化的形式和内容进行适当重复，满足孩子喜欢新鲜的心理特点，在游戏和活动中达到促进孩子发展的目的。

3. 互动体验

亲子教育活动是一种教会家长如何教育孩子的教育活动，需要家长以正确的心态参与其中。家长应热情参与活动，鼓励孩子勇敢、自信地与教师合作、与同伴交往。在活动中，家长应积极协助教师有针对性地指导孩子，从而提高自己的教育能力，但要避免包办代替，应当把学习、锻炼、完成任务的机会留给孩子，要正视和尊重孩子间的个体差异，不要在孩子面前做横向比较。同时还要将活动的指导性向家庭延伸，如每次活动后对家长提出回家应继续完成的任务，使亲子活动向家庭延伸，鼓励家长举一反三，创造更多、更好的经验和方法。

（二）亲子活动的策划内容

1. 活动主题

在活动策划的开始，教师要考虑活动的背景，搞清楚活动目的是什么，要在基于怎样的前提之下定下活动的主题和活动目标，制定宣传口号。主题明确、目标清晰对于整个亲子活动能否成功，能否让孩子和家长有收获，起到至关重要的作用。亲子活动的内容非常广阔，其是根据家长的需要、阶段教学的需要及孩子成长中典型问题的需要而产生的。要做到目标清晰，教师在设计亲子活动时，目标必须描述具体，不使用大而空和口号式的语句。

2. 活动内容

亲子活动的内容应该来源于生活，是多样化和具体化的，包括户外亲子、亲子体验、主题活动、家庭游戏、习惯培养等。游戏的内容应该是针对孩子的年龄和发展阶段的，丰富的内容不仅可以让孩子们学习新知识，感知新世界，还可以培养他们的好奇心和创造力。

3. 活动时间

亲子活动的时间应该是适应不同孩子的发展特点，特别是幼儿园阶段孩子，不应过长或过短。大多数幼儿的注意力保持时间较短，因此游戏时间不应超过 15 min，小学中段以后时间可以增加，每个项目时间最好控制在 1 h 以内。此外，游戏活动应该安排在孩子不疲倦和不饿的时间，以保证游戏效果。

4. 活动规则

亲子活动规则要简明易懂，这是保证活动顺利进行的关键，而且应注意将规则制订得宽松一些，以适应一部分技能较低或相对大胆的孩子。游戏规则的制订要尽可能多地考虑到孩子的年龄、性别、兴趣及习惯。

5. 活动形式

亲子活动的分类按照活动的人数可以分为集体类型亲子活动和分散自主的个别活动。亲子活动的方式可以不受时间和地点的限制，根据季节安排在室内或户外，使活动的趣味性更强，形式更加多样，如生动有趣的亲子调查活动、亲子探究活动、亲子制作活动、亲子展示活动、亲子郊游活动等。开展活动时，应尽量考虑到不同孩子的需要，掌握方式，

争取所有孩子都参与。亲子游戏活动应该尽量使用直观的教学方式，如演示和表演，以便孩子和家长能够理解活动的意义和规则。

（三）亲子活动的指导

在亲子活动中，教师不仅是活动材料的提供者、活动的组织者，还应该是家长和儿童的合作者。教师要尊重家长，以平等合作的态度与家长共同商议活动的方式与流程，建立良好的家校关系。

1. 解释、说明

教师在游戏开始之前，告诉家长本次亲子游戏的目的、游戏材料的操作要领，提醒家长引导儿童遵守游戏规则和秩序，游戏结束后将玩具放回原处等，帮助家长分析儿童行为产生的原因和身心发展特点，进而共同促进儿童养成良好的游戏习惯。

2. 示范

教师向儿童和家长演示活动材料的操作或亲子游戏的方法，呈现所使用的材料、操作步骤等。如果材料是仅供儿童操作的，可将儿童召集到自己身边，家长仍坐在原处。

3. 引导

当教师发现家长在指导儿童游戏出现问题时，要及时提供解决问题的方法，引导家长更好地指导儿童完成亲子游戏，以后再碰到类似问题，也能有效解决。有的家长在指导孩子活动时，因为孩子违背自己的意愿或未达到要求，家长就不耐烦了，严厉地指责批评孩子，使原本快乐的游戏活动不再受孩子的欢迎。所以在亲子活动中，教师应提醒家长耐心地指导孩子。

4. 建议

教师可以通过与家长交流等方法，深入了解儿童的特点和家庭背景，从而有针对性地指导家长应如何引导儿童更科学地进行亲子游戏，给予家长亲子游戏延伸的方式方法，并对家长询问的关于家庭教育方面的问题，及时给予指导和帮助。

（四）亲子活动的执行策略

1. 全面细致

亲子活动方案的制订需要考虑全面，活动方案的内容包括时间、地点、对象、内容、形式、规则和要求、活动材料、场地布置。在设计每个亲子活动时，教师应考虑到孩子的身心发展特点，将活动生活化、游戏化、音乐化，更多地关注孩子的情绪、情感体验。让亲子活动以其本身固有的情趣性和娱乐性，吸引家长和孩子愉快地参与活动，减轻家长的重重顾虑，使家长感受到孩子是在玩中学到了本领。

2. 调动资源

教师可以鼓励家长参与设计亲子活动方案，发动家长和孩子共同设计活动的内容、形式、规则和要求，准备活动材料，布置活动场地。通过参与活动的设计，家长的积极性和能动性进一步发挥，充分开发和利用家长资源。在设计亲子活动时，可以根据季节不同，适当将活动安排在室内或室外，根据孩子年龄的不同确定活动时间的长短，活动要注意动静交替，集体活动与分散活动相结合，设计亲子活动时要多关注孩子情绪情感的体验，时间不宜过长，防止过度疲劳。

3. 做好宣传

亲子活动的顺利开展，家长的配合非常重要，现在的学生家长一般工作都较忙，教师可以通过网络途径对学生家长进行活动的宣传。教师可以把活动的地点、形式、内容及注意事项等告知家长，以便于学生家长对活动有初步的了解。其次，教师要及时对家长产生的所有问题进行耐心和诚实的解答，帮助学生家长去了解每一次的亲子活动。在幼儿亲子活动中，游戏的主角是幼儿，家长只是活动的参与者和配合者，所以，教师要提前告知家长，要求家长在活动中无条件地对幼儿进行配合。亲子活动目的并不是让学生学习到知识和技能，而是让学生感受到"爱"，所以在举办亲子活动时要尽量借助游戏的特性给学生和家长安排一些肌肤接触，让幼儿感受到更多的爱。

三、活动形式

1. 集体活动

集体活动是一种重要的亲子活动形式，由学校或班级统一组织，家长和孩子在指定的时间和地点集中参加活动。集体活动在教师的组织指导下统一开展，这样一举多得，既能帮助学校和家长相互熟悉，又能促进家校共育。

2. 个体活动

个体亲子活动是以家庭为单位，家长和孩子之间自主地开展亲子互动活动。活动的主题可以是教师指定的，也可以是家长自主开展的。

四、活动组织

亲子活动在依据活动策划有序开展的过程中，会遇到各种各样的情况，要想参与者有良好的体验和收获，活动中需要遵守以下基本原则。

1. 安全第一

如果活动开展过程中遇到一些特殊情况，要以所有成员的安全为第一，如道具的使用、场地的设置等。

2. 注重现场

活动在开展过程中，会出现和预设不一样的情况，可以根据现场家长和孩子的具体表现进行调整。

3. 及时反馈

在活动结束后，教师要及时给予家长和孩子本次活动的总结和反馈，反馈的内容可以

是大家在活动中的精彩表现,也可以收集家长和孩子的活动感受,发现的问题和改进的方面等。反馈的形式可以是微信推动等数字手段,也可以是现场的总结等。

主题 16　建设儿童友好家庭

联合国儿童基金会指出,儿童友好家庭是禁止一切形式的直接或目睹的暴力,依儿童最佳利益原则照顾和保护儿童,尊重并鼓励儿童表达与参与的家庭。家庭对儿童个体的发展影响深远,幸福、关爱和谅解的家庭环境营造对儿童健康成长至关重要。2021年10月,国家发展和改革委员会联合多部门印发《关于推进儿童友好城市建设的指导意见》,2021年,《中国儿童发展纲要(2021—2030年)》强调全面贯彻"儿童优先"原则。同年出台的《家庭教育促进法》第十五、第十六、第十七条明确规定父母或其他监护人在家庭教育中应当"为未成年人健康成长营造良好的家庭环境",并细化了家庭责任落实的具体内容和教养方式。可见,家庭作为城市社会的基本单元,是家国同构及国家现代化转型的载体,更是儿童社会化成长最重要的场所。然而现实中,因种种原因,漠视、暴力、侵害儿童等非友好的行为与现象时有发生。因此,教师在开展家庭教育指导时,需要传递一些儿童友好家庭建设的理念与方法给家长。

一、活动目的

通过培训,教师指导家长树立建设儿童友好家庭的理念,促进家长掌握建设儿童友好家庭的方法。

二、活动内容

家庭教育不是一成不变的过程,儿童在成长中会与环境发生互动,因此,培训时应重点提升家长儿童友好的理念与儿童友好家庭建设的方法与技巧。设计与开展活动时,可以聚焦儿童友好家庭的建设理念、创建维度等内容并对家长进行指导。

(一)掌握儿童友好家庭理念原则

"儿童友好"理念源于将儿童权利与可持续发展目标相结合、以营造良好的儿童成长环境的国际项目。尽管不同时代、不同地域、不同文化会形成不同的儿童观,但是,目前以"儿童为本"的儿童观已为国内学术理论界与国家社会主流意识所接纳,即对儿童的看法从"成人本位""国家立场"发展至"儿童本位"。儿童与成人、儿童与家庭之间的关系逐渐由从属性向平等互动转变。儿童观的嬗变也从思想道德、文化哲学、教育理念等方面发展至国家政策和法律层面。

1. 基本理念

儿童友好家庭的基本内涵：建设"儿童友好城市/社区""儿童友好型学校""儿童友好空间/家园""儿童友好家庭"等。国际国内的研究团体认为，儿童友好家庭应具有以下共同点：一是安全、受保护，无暴力；二是友善的环境，能够确保儿童利益；三是尊重儿童，允许儿童参与。

儿童友好家庭的核心特点：即"具备儿童友善的环境"和"无暴力"。联合国儿童基金会及一些国际研究组织认为，"一个对孩子友好的家庭应该尊重儿童权利，促进儿童的幸福生活"，这样的家庭无暴力现象，有着温暖和能够提供支持的亲子关系，以及积极的教养方式。家庭关系质量与个体的健康和幸福感之间是双向影响关系。

儿童友好家庭的具体内容：儿童友好是一种理念，更是一种行动，主要体现在安全与健康的生活环境、父母高质量的陪伴、家庭教养方式、家庭教育和家庭支持5个方面。

安全与健康的生活环境是家庭教育的前提。父母高质量的陪伴是陪伴儿童成长最有价值的营养。家庭教养方式是教育理念的集中体现，对儿童成长影响巨大。家庭教育应该是生活化、游戏化、情景化的。家庭支持即政府将家庭教育指导服务纳入公共政策和服务体系中，而家长则要积极学习、提升、行动。

2. 宗旨原则

儿童友好是"为了保障和实现儿童的生存权、发展权、受保护权和参与权，为儿童的全面发展提供适宜的政策、空间、环境和服务"。《世界人权宣言》中宣布：儿童有权享受特别照料和协助，儿童的成长和幸福的自然环境，应获得必要的保护和协助，应让儿童在家庭环境里，在幸福、亲爱和谅解的气氛中成长。由此表明：家庭在保护儿童和保障儿童身心健康方面具有最重要的潜在作用。儿童友好型家庭的创建需要体现对儿童四大权利的保护，遵循无歧视原则、儿童利益最大化原则、尊重权利与尊严原则、尊重儿童观点原则等。

（二）了解儿童友好家庭创建维度

《家庭教育促进法》第二章家庭责任中第十七条明确规定："未成年人的父母或者其他监护人实施家庭教育，应当关注未成年人的生理、心理、智力发展状况，尊重其参与相关家庭事务和发表意见的权利。"现代儿童观认为，儿童是具有主观能动性的，具备不同能力、技能、知识和经验并受其需求调节反应，而家庭作为最核心的近端微系统，对儿童的成长而言可以是保护因素，也可以是风险因素。因此，儿童友好家庭的构建，要从儿童个体发展所需及儿童权利保障目标出发，以儿童的基本权利为基础，以非暴力、不忽视为基本定位，充分考虑到儿童在不同生命周期需求的差异，包含了家庭环境创设、儿童—环境互动，以及儿童状态等三个方面的内容，体现儿童友好。

1. 儿童友好的环境创设

（1）生活养育：家庭有稳定收入保障儿童生活和发展所需，儿童有相对独立自主的生活空间；获得适当的医疗照顾；提供健康、营养均衡的饮食；培养规律的生活作息，保证足够的睡眠；有适当的户外活动与锻炼的时间；父母成为儿童的稳定照料者等。

（2）预防保护：保护儿童不受身心虐待；预防儿童发生意外伤害；尊重儿童的隐私权；有适龄的自我保护知识和技能教育；培养儿童抗击挫折的能力等。

（3）家庭氛围：有明确的家庭规则；家庭角色分工明确，界限清晰；家人之间沟通良好；父母有良好的情绪管理能力；父母关系和睦等。

（4）社会资源：家庭及孩子有需要时可以从亲戚朋友获得必要的帮助；有需要时会从邻居邻里获得帮助；与社区友善，有需要时得到支持；与学校关系良好，能获得必要的支持等。

2. 儿童与环境互动

（1）可达性：儿童的合理需求可以获得满足；儿童可以获得帮助其发展的信息；儿童有与父母亲直接互动的时间；经常对儿童表达关爱，给予积极评价。

（2）互动性：能察觉到儿童的感受，并积极回应；鼓励儿童尝试，允许犯错；鼓励儿童做力所能及的事情；儿童有与自己年龄相适应的选择权。

（3）参与性：儿童可以参与商讨家庭事务；鼓励儿童发展自己的兴趣；鼓励儿童的独特性与个性化发展；鼓励儿童结交朋友；鼓励儿童参与学校内的各种活动。

（4）整合性：鼓励儿童积极参与社区活动；教导儿童良好的社会行为、遵纪守法；鼓励儿童热爱国家和民族。

3. 儿童状态

儿童发展：身体健康、情绪稳定；正确认知自我、悦纳自我；社会适应良好；同伴关系良好。

三、活动形式

教师指导家长了解儿童友好家庭的内涵，并鼓励进行儿童友好家庭创建的培训活动，可以运用线上加线下，双线进行的模式。线上培训活动的优势是参与便捷，不受限制，特别适用于留守家庭等特殊家庭或时间不便的家庭，缺点是培训效果的不可控性。线下培训活动的优势是参与性高，且可利用的人力资源较好，如可以邀请儿童友好方面的专家资源等。上述两种方式各有优缺点，一般建议双线进行。因此，以参与性和针对性为指标，在此介绍教师指导儿童友好家庭建设培训活动的几种主要形式。

1. 信息推广

信息时代，教师可以借助丰富的网络资源，采用学校的数字家长学校、微信公众号等方式，推送一些儿童友好的数字资料，如儿童友好的知识视频、网络课程等，供家长有选择地学习。也可以有针对性地组织一些问卷调查、知识问答、有奖竞猜等活动，提升家长群体、社会对儿童友好的认知度，也为其他培训活动积累第一手的数据。

2. 专题讲座

专题讲座是一种形式较为简单的方式，也是教师组织培训中较为常见的方式。这种活动形式既可以是推广性的知识型讲座，也可以是有针对性的小主题解惑型讲座。例如，可根据前期的问卷情况开设讲座，也可根据不同的对象、不同需求开设专题，如按年段进行、按主题进行等。专题讲座有针对性，知识密集程度高，且比较具有权威性。但若要专题讲座效果最佳，一是要提前做好宣传工作；二是要吸引家长"主动参加"，特别是与主题相关的同质家长群体。

3. 沙龙交流

类似于分组交流的沙龙交流模式，从形式上来说，是一个相对自主自由、宽松的氛围，有利于个人充分表达自己的看法、感受。从参与性来说，是一种沉浸式的学习，可以发挥环境影响的作用，达到境教的目的。从成员组成角度来说，同质或同学龄段群体的交流，其主动性、教育性比直接教授更好。而教师在其中的作用主要是串联与引导，以保障沙龙的主题方向。沙龙规模以 15 人或家庭为宜。在场地条件允许的情况下，可以是校内也可以是校外，如某成员的家中等。

4. 个案专题

个案专题形式往往以两种情况呈现，一种是根据家庭需要，进行一对一的指导或交流；另一种是以一户家庭的情况为例，一组教师（专家）进行督导。前一种是临时个案辅导式的，后一种是研讨式的。根据现场情况可以接受旁人围观，也可单独进行个别对话。一对一的指导，时间大约在 30 min 以内，而督导可以是一个长期的、系统的过程。从效果来说，无疑个案专题的效果会比其他形式要好，但操作要求比较高。比较适合专家型、研究型教师运用。

四、活动组织

目前，虽然以儿童为本的儿童观已为国内学术理论界与国家社会主流意识所接纳，儿童观的嬗变也从思想道德、文化哲学、教育理念等方面发展至国家政策和法律层面。但总体来说，社会认知度还有待提升，儿童友好家庭指标体系的构建也还待发展。家庭作为私领域，在儿童教养过程中享有高度的自主性。因此，在组织以儿童友好家庭建设为主题的培训活动时，要注意以下几个方面。

1. 组织系统

儿童友好家庭建设是一个嵌套的系列结构，家庭之外的环境系统会对家庭产生重要影响，家庭与环境系统相互作用并影响儿童的发展。因此，教师在指导培训的过程中，首先要特别重视以《家庭教育促进法》《家庭教育指导大纲》等法律条文为依据、为指导；其次要强化家庭、学校和社会的协同作用。在内容的选择与确认上，要综合家庭环境、儿童与家庭互动及儿童状态等的维度，既要注重系统学习指导，又要关注个体差异。既要注重客观系统，又要注重主观感受。

2. 组织流程

儿童友好家庭建设的系统性决定了这一主题中，教师指导培训活动的严谨性。建议在活动组织上要特别重视活动前的调查、主题确定及宣传。在活动准备阶段，可通过家长、学生等的问卷或其他途径，充分了解培训对象对活动内容的需求与期待。确定好主题后，组织者或主讲人要有针对性地设计培训主题、内容与形式；确定后要对活动的时间、地点、内容等做到精准传达，保障活动的顺利进行。其后，实施阶段要做好，活动现场的布置、活动秩序的安排等。最后，活动结束后，及时做好活动效果调查、统计，活动宣传报道，活动资料整理，以及活动小结等。

3. 组织策略

作为家校协作的内容，儿童友好家庭建设培训活动双方的目标是一致的，彼此间的相互尊重是前提，也是保障。但考虑到家庭间、个体间的差异往往较大，学校或教师作为组织者，为了最大化地提升家长学生参与活动的积极性和提高活动的有效性，一是要建立权威性、秩序感。任何活动的组织都只有在一定的规则下进行，才能发挥其有效性；二是要多运用正面激励，激发主动性。家庭是较为隐私的场所，要多鼓励家长、多肯定家长的正面做法，弘扬正能量，正向行为，尽可能避免负面言论行为，力争最大化的家校合作。

第五章
高级水平：基于培训者的培训主题

主题 1　新时代家庭教育指导的使命与作为

"国是千万家，家是最小国。"家庭教育关乎每个孩子的成长成才，关乎千家万户的切身利益，关乎国家和民族的前途与命运。21 世纪以来，随着人们物质文化水平的提高，国家也日益重视家庭教育所发挥的功能和作用，陆续出台了很多家庭教育指导的相关法律和政策文件，对家庭教育指导进行了规范，尤其是 2022 年 1 月 1 日，《家庭教育促进法》正式实施，规定了家长家庭教育的主体责任和学校协同育人及家庭教育指导责任，将家庭教育由"家事"上升为"国事"。学校承担着重要的家庭教育指导职责，教师则是实施家庭教育指导最直接、最关键的对象，需要不断提升自身的家庭教育指导能力，引导家长学会依法、科学实施家庭教育。

一、活动目的

通过培训活动，让教师明白在新的时代背景下自己所肩负的开展家庭教育指导的使命和责任，明确自己开展家庭教育指导的担当和作为，并且通过后续的理论学习和操作训练，使参与者获得高级家庭教育指导师所需具备的心理辅导、个案咨询、活动策划和培训教师等方面的能力。

二、活动内容

设计与开展活动时，可以从家庭教育指导的重要性、家庭教育指导者的使命与作为这三个方面对家长进行指导。

（一）新时代家庭教育指导的重要性

1. 新时代家庭教育指导的内涵

相较以前的家长教育，新时代的家庭教育指导是指家庭教育指导者为落实立德树人教育根本任务而对家长开展的指导、支持和服务等工作，是用党和国家教育政策和科学的教育理念方法指导家长开展家庭教育，同时指导家长掌握科学实用的家庭教育知识。尽管家庭教育指导也需要家长了解一定的知识技能，但关键还是在于家长如何结合自家情况，灵活运用学到、悟到的知识来进行自家的家庭教育。鉴于现代家庭的复杂性，有的家庭不仅需要教育理念和方法，还需要社会给予特殊的支持，因此家庭教育指导的内容和任务还包括为一部分有特殊需求的家庭提供必要的支持和服务。

2. 新时代家庭教育指导的要求

教育子女是父母的天然权利，但却不是天赋能力。受智能化时代多因素的影响，未成年人往往个性鲜明，无论是生活习惯还是学习方式都不同于以往任何时代，具有个性化、多样化、理性化和高期待性等特征，他们渴望得到认可、敢于冒险、愿意承担责任。然而，对自我和家庭的高期待以及人际疏离和代际隔阂，又常常使他们感到痛苦和孤独。因此，家长要注重子女的成长体验，在子女的成长与发展方向方面加强引导，从情感上发自内心地接纳、认可、关心未成年人。作为家庭教育指导者，我们要指导家长提高认知水平和教育能力，以品德教育为核心，注重科学育人、全面发展、培养创新精神、家风建设、心理健康等方面，不断提高自身的素质和能力，为孩子的健康成长提供全方位的支持和帮助。

3. 家庭教育与学校教育的互补性

家庭教育和学校教育在教育内容、教育方式、教育时间和教育环境等方面都具有很强的互补性。学校教育注重系统知识的传授和学科能力的培养，是在规定的时间内主要通过课堂教学、集体活动等形式进行，可以提供更多的知识和信息；家庭教育则更关注生活技能和社会能力的培养，注重通过日常生活中的互动和言传身教来影响孩子，可以在任何时间、任何地点提供更真实、更贴近生活的经验和指导，使孩子随时随地都能够得到必要的指导和帮助，从而更好地成长。这种互补性让孩子能够获得更加全面的教育，更好地理解和掌握知识技能，也有利于他们的情感和社会交往能力的发展，更好地理解和适应不同的环境、情境和社会。

（二）新时代家庭教育指导的使命

家庭教育指导的根本目的是指导家长落实立德树人的根本任务，帮助家长更好地理解和应对教育改革。家庭教育指导者要通过专业知识和经验，帮助家长解决家庭教育中遇到的问题，提高其家庭教育的胜任力。具体体现在帮助家长明确角色意识、宣传正确的教育观念以及促进良好的家校合作等方面。

1. 明确家长的角色意识

习近平总书记在全国教育大会上指出，家庭是人生第一所学校，父母是孩子第一任老师；要给孩子讲好"人生第一课"，帮助孩子扣好人生第一粒扣子。尤其是"双减"政策的落实更是体现了家庭教育的重要性，培训机构的减少使得家庭承担起了更多的教育责任。因此，要让家长认识到，履行家庭教育职责是家长的法定义务，"亲自养育"和"共同参与"是家长不可推卸的责任。要引导家长认识到，履行教育责任需要科学养育，并积极配合学校，接受学校指导，与学校在教育目标与方法上保持一致，资源共享、优势互补、相互支持。

2. 宣传正确的教育观念

家庭教育指导者应立足于帮助家长理解和接受新的教育观念，例如全面发展、注重实践、尊重个性等。要为家长提供关于教育改革和政策解读方面的支持并提供专业的教育指导，如如何制订合适的学习计划，如何帮助孩子解决学习困难，如何培养孩子的自主性和创造性等。通过向家长介绍一些科学的教育方法，如鼓励孩子、引导孩子自主思考等，帮助家长更好地教育孩子。同时，也应该引导家长指导家庭建设，树立和传承良好的家风，培育积极健康的家庭文化，弘扬中华民族传统家庭美德，共同构建文明、和睦的家庭关系，为未成年人健康成长营造良好的家庭环境。此外，还要引导家长建立合理的教育期待，树立正确的教育目标，正确看待分数和成绩，注重培养孩子的综合素质和未来发展潜力，启发孩子遇见最好的自己、成就最好的自己。

3. 促进良好的家校合作

可以通过为家长提供关于学校教育的情况介绍和家校沟通的桥梁、协助家长与学校建立合作计划、听取家长关于学校沟通和合作的建议、搭建社区资源共享平台等方式，培养家长参与学校教育的意识，促进良好的家校合作，为孩子的健康成长创造更好的环境和条件。可以组织家长和学校之间的定期会议和活动，为双方提供交流的平台，让家长了解学校的教育理念和计划，也让学校了解家长对孩子的期望和需求。通过宣传和教育帮助家长认识到参与学校教育的重要性和意义，让家长更加主动地参与到学校教育中。协助家长和学校共同制订孩子的教育计划，包括学习目标、学习计划、课外活动等，确保双方的教育理念和目标得到充分体现。应该充分利用社区资源为学校教育和家庭教育提供支持和帮助，促进家校之间的合作与发展。

（三）新时代家庭教育指导的作为

作为家庭教育骨干教师，除帮助家长了解孩子的个性心理，为家长和孩子提供专业的家庭教育咨询外，还需要组织策划家校共育活动，并通过各种途径为学校培养一支家庭教育指导专业化的师资队伍。

1. 帮助家长了解孩子的个性心理

每个孩子都有自己的特点和问题，家长往往对孩子的学习和生活给予了极大的关注，但却容易忽视孩子的心理现象和个性特点。家庭教育指导师可以通过与孩子的深入交流和细致观察，了解孩子的具体情况，帮助家长了解孩子的心理现象和个性特点，为后续提供个性化的家庭教育指导提供基础，帮助孩子更好地成长。尤其是特殊家庭的特殊孩子，他们的成长环境和成长过程往往非常复杂，家长更需要在教师的专业指导下深入地挖掘其行为背后的原因。

2. 提供专业的家庭教育咨询

可以通过评估和了解家庭情况，提供专业知识和建议、个性化的辅导及专业的工具和资源等方式，为家长提供专业的家庭教育咨询。通过与家长的交流，了解家庭的总体情况和家庭成员的关系，包括孩子的年龄、性别、性格、兴趣爱好，以及家庭的教育方式、家庭经济状况等。结合了解到的家庭情况，提供专业的教育知识和建议。根据每个家庭的特殊情况，如家长的焦虑情绪或粗心大意等，提供个性化的辅导，建立积极的心态或提醒家长注意细节等。还可以为家长提供专业的工具和资源，包括教育类书籍、课程、游戏等，帮助家长更好地了解孩子的学习特点和需求。

3. 组织策划家校共育活动

利用家长学校的平台，家庭教育指导教师可以组织策划一些家校共育活动。组织家长座谈会，结合孩子在家庭和学校的具体表现，讨论孩子成长中的问题和解决方案。组织家长经验分享会，邀请教育专家、学校老师、优秀家长等，分享自己在家庭教育中的成功经验和心得。开设家校互动课程，让家长和学校共同参与孩子的教育过程，增强家校之间的沟通和合作。组织亲子活动，增强家长与孩子之间的互动和沟通，促进家庭和谐发展。与学校合作开展项目，如家长志愿者活动、家庭教育实践等，促进家校之间的合作和互动。组织社区家庭教育活动，如亲子读书会、家庭教育主题活动、家庭教育讲座和培训等，促进家庭教育和社区的融合和发展。

4. 培养专业化的师资队伍

可以通过确定标准和选拔机制、提供专业培训、建立团队合作机制、开展实践研究、建立评价和反馈机制等方式为学校培养一支家庭教育师资队伍。对教师的教育背景、专业知识、实践经验等方面进行考察，确保只有符合条件的教师才能进入家庭教育指导队伍。提供包括家庭教育理论、教育心理学、家庭教育指导实践等方面的知识和技能，鼓励交流、分享和协作，帮助教师提高家庭教育指导的专业水平，提升解决实际问题的能力。组织家庭教育指导教师开展实践研究，不断优化指导方法和策略。定期对教师的工作表现和教学效果进行评价，通过反馈帮助教师了解自己的不足之处，及时调整教学策略，不断提高专业素养。同时，加强与政府、学校和社会各界的合作，共同推动家庭教育指导教师队伍的专业化发展。

三、活动形式

活动安排需要综合运用多种方式，以满足不同教师的需求和提高家庭教育的效果。同时，需要结合实际情况和教育的要求，制订科学、合理的活动计划和方案，确保培训质量和效果达到预期目标。

1. 专家讲座

可以邀请家庭教育专家、学者或知名教育家，为教师提供有关家庭教育的专业知识、技巧和方法的讲座或培训。这通常涉及一个或多个主题的深入讲解。例如，儿童发展阶段、有效的沟通技巧、家庭财务管理等。讲座可以帮助参与者理解并掌握有关家庭教育的关键概念和方法。除线下讲座外，也可以组织教师参加各种线上家庭教育课程，如家长沟通技巧、情绪管理、家庭关系建设等，以便更好地掌握家庭教育相关知识和技能。

2. 分享研讨

定期组织教师参加家庭教育经验分享会，让教师分享自己在家庭教育中的成功经验、心得体会等，促进教师之间的互相学习和交流。定期组织一些关于家庭教育的话题的论坛，可以邀请教育专家、家长和其他利益相关者共同探讨特定的家庭教育问题，教师可以根据自身需求和兴趣，交流思想、表达观点，互相学习和借鉴有效的家庭教育方法。这是一种开放式的讨论方式，通过这种形式，参与者可以更全面地了解不同观点和解决方案。

3. 案例分析

通过分析典型案例，让教师了解不同家庭背景、不同性格的孩子需要不同的家庭教育方式，从而提高教师对家庭教育的理解和实践能力。这种方式可以鼓励参与者分享他们的经验，并从其他人的经验中学习。案例分析可以通过组织小组讨论、角色扮演等形式进行，这种形式可以帮助参与者更好地感知孩子的情绪，关注孩子的特点和需求。

4. 实践操练

实践操练是让参与者直接在真实或模拟的家庭环境中进行实践和演练，如制订家庭预算、规划孩子的学校活动、处理家庭冲突和危机事件等。这可以帮助他们将理论知识应用到实际生活中，提高他们的家庭教育技能。

在进行家庭教育培训时，应考虑到参与者的背景和需求，以便选择最合适的方法和内容。同时，要确保培训过程是互动和包容的，让所有参与者都能积极参与并从中受益。

四、活动组织

家庭教育涉及面广，需要家长全方位地参与和关注，随着时代的变迁，家庭教育观念也在不断地更新，需要活动组织者紧跟时代潮流，设计符合现代家庭教育的活动内容和形式。

1. 内容选择

要深入理解新时代家庭教育指导的使命与作为，应该基于对家庭教育重要性的理解，以及家庭教育指导师在培养孩子方面的角色定位。比如，介绍家庭教育的重要性，特别是在孩子的学习、行为和情感发展方面，以及家庭教育缺失或者不当可能带来的负面影响。明确家庭教育指导师的角色和职责，包括如何正确地进行家庭教育，如何与家长、教师、学生沟通，以及如何理解和解决家庭教育中出现的问题。也可安排教师深入学习并理解家庭教育理论，如发展心理学、教育心理学等，同时结合实际案例进行实践和运用。

2. 组织流程

组织开展活动，可以遵循"分析—实施—反馈"三个环节，首先，要明确新时代家庭教育的重要性和使命，分析当前家庭教育的问题，如过度保护、过度安排、缺乏沟通等，进行深入剖析，引导家长反思自己的教育方式。然后根据制定的家庭教育策略，设计课程或者活动，通过线上或线下的形式，引导参与者掌握新时代家庭教育的理念和方法，提升

家庭教育的质量和效果。最后通过问卷调查、反馈意见收集等方式评估活动效果，了解参与者对培训内容的掌握情况，以及在实践中的运用情况，以便对下一次活动进行改进和完善。

3. 实施策略

为了将家庭教育指导的使命与作为充分内化，首先要重视培训内容的设计，要确保活动内容符合新时代家庭教育的要求，同时也要考虑到参与者的实际需求。在培训过程中让参与者认识到自己在孩子成长过程中的角色和责任，从而更加重视家庭教育。要引导参与者反思自己的教育方式，包括对孩子的期望、对孩子的管教方式、与孩子的沟通方式等，帮助他们发现自己的不足之处并积极改进。在培训过程中，可以提供一些实际操作的指导，帮助家长更好地掌握新时代家庭教育的方法和技巧。要建立反馈机制，及时收集家长的意见和建议，以便更好地改进和完善活动计划。

主题 2　家庭教育指导的比较与启示

随着社会转型、家庭变迁和教育变革，我国家庭教育工作无论在实践层面、研究层面还是法律政策层面，都面临很多新情况、新问题。近年来，我国政府、社会和研究者对家庭教育工作的关注程度越来越高。在这样的背景下，了解域外家庭教育指导特别是西方发达国家的家庭教育指导模式和成果，对我国家庭教育指导研究和实际工作能够起到一定的参考作用。"他山之石，可以攻玉"，通过对比不同国家的家庭教育指导，我们希望能够找到一些启示，为家长提供更多有效的指导策略，找到符合中国特色的家庭教育指导模式。

一、活动目的

比较不同国家、不同文化背景下家庭教育的主要特点，借鉴发达国家和地区较为完善的家庭教育指导服务经验，了解其在指导模式、内容特点等方面的基本情况，特色举措和先进经验，助力杭州市教育指导服务体系构建，从而进一步提高杭州市乃至全国家庭教育指导服务的质量和水平。

二、活动内容

设计和开展活动时，可以从国内外家庭教育指导模式和策略的比较、不同文化背景下家庭教育指导的主要特点与挑战、家庭教育指导比较的启示与建议三个方面对家长进行指导。

（一）国内外家庭教育指导模式和策略的比较

无论是我国还是西方国家，家长都希望通过家庭教育来培养孩子的良好行为习惯、道德品质和学习能力，促进孩子的全面发展。家长都注重与孩子的沟通和交流，了解孩子的需求和想法，并尽力满足孩子的合理需求。不过在指导模式和策略等方面，中西方还是存在较大差异的，这些差异反映了各国不同的文化、社会和历史背景。下面从四个方面对我国和西方代表国家展开比较。

1. 家庭教育理念目标

在家庭教育观念方面，我国家庭受到传统文化的影响，注重亲情和孝道，强调家庭成员之间的互相尊重和关爱。美国和欧洲家庭更注重个人成长和发展，强调个人的独立性和自由，强调个人的权利和责任。日本的家庭教育则重视培养孩子成为和谐社会中的一员，注重礼仪、独立性、自律、责任感及个性发展。

2. 家庭教育指导方式

我国通常是通过家庭成员之间的交流、家庭会议、家庭教育讲座等方式进行家庭教育指导，而美国和欧洲国家则更加多样化，包括书籍、杂志、网站、课程等。日本家长更倾向于采用开放式的教育方式，鼓励孩子表达自己的想法和观点，并让他们自主探索、体验和学习，以便孩子能更好地适应未来的社会发展。

3. 家庭教育指导内容

我国通常有较严格的道德要求，包括如何培养良好的品德、如何保持家庭和睦、如何教育孩子遵守社会规范等，中国家长往往更注重孩子的学习成绩和考试表现，尤其重视孩子的成就和优秀表现，对孩子的教育侧重于与升学有关的问题。而在美国更加注重如何培养孩子的创新精神、如何提高孩子的竞争力、如何培养孩子的独立性等。欧洲国家的家长则更注重培养孩子的兴趣爱好和特长，鼓励孩子追求自己的梦想和兴趣。日本则重视礼仪教育以及对孩子的自立教育和抗挫折能力的教育，特别注重培养孩子的自主性、创造性和创新性，激发孩子的兴趣和潜力。

4. 家庭教育指导策略

我国家长往往更关注孩子的未来职业和经济状况，以及在同龄人中的地位和声誉。因此，中国家庭教育指导项目主要针对学生的学业成绩和考试表现，以及学生的个人特长和兴趣爱好。美国非常注重家庭教育立法，构建家庭教育的家长参与机制，以保障儿童在家庭中的合法权益，其中最有代表性的就是"开端计划"，该计划提出父亲的家庭参与对于儿童的身心健康及个性发展有着重要的积极促进作用，旨在鼓励父母在家庭教育中发挥重要作用。而欧洲国家的家长则更注重孩子的心理健康和幸福感，以及孩子的社交能力和人际关系。所以，欧洲家庭教育指导项目则更加注重对家长的教育和指导，通过家长与学校的合作来共同促进孩子的成长和发展。日本家庭教育指导项目注重培养孩子的独立性、自主性、自律性、团队协作能力和精神教育等方面的能力，旨在帮助孩子成为一个有责任感、自律、有礼貌、有爱国之心的人。

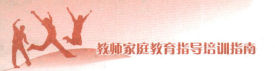

(二) 不同文化背景下家庭教育指导的主要特点与挑战

1. 中国

我国大多数省份都建立了省级家庭教育相关机构，相关政策不断完善，工作经费也逐步落实。近十年来，党和国家高度重视家庭教育指导，出台多项政策文件，逐步推动把家庭教育纳入政府教育职能、将家庭教育指导服务纳入基本公共服务。但是家庭教育指导在日益完善的过程中还存在一些挑战，如指导服务机构不完善、专业能力有待增强、家庭教育研究滞后等，亟须建构更加科学、专业的家庭教育指导服务体系。

2. 美国

美国的家庭教育指导开始较早，自20世纪60年代以来，政府开始对家庭教育进行干预，于1965年和1968年先后颁布了"开端计划"和"跟踪计划"，各地区相继开展相关的家庭教育指导项目。美国将"家庭教育指导"定义为一项为父母提供的服务，是为父母（包括其他监护人或照看者）提供的家庭教育相关的指导。美国家庭教育指导项目主要包含情绪管理类、行为管教类、亲子关系类、家长自我关怀类等方面，这些项目面向不同儿童年龄群体的家长，取得了比较好的效果。

3. 日本

日本的家庭教育指导注重培养孩子独立性、自主性、自律性、团队协作能力和精神教育等方面的能力，还注重培养孩子的礼仪、自立、情感、抗挫折和创新等方面的能力，旨在促进孩子的全面发展，提高其社会适应能力和竞争力。

由于日本文化的特殊性和多样性，日本家庭教育指导也面临着一些挑战。例如，在情感教育方面，由于传统文化中强调家庭的团结和集体主义精神，家长可能过于强调孩子对家庭的依赖和顺从，限制了孩子的个性发展和情感表达。此外，由于日本文化中强调等级制度和尊重长辈，一些家长可能过于强调孩子的服从和尊重，忽略了孩子的自主性和个人权利，导致家庭教育的过度控制和孩子自主性的缺乏。

4. 欧洲

欧洲国家注重培养孩子的自主性、平等性和相互尊重。欧洲的父母希望孩子能够在家庭中自由地表达自己的观点和想法，强调与孩子之间的互动和平等交流。在教育上，欧洲的家庭教育注重培养孩子的自主性、批判性思维、探索和创新能力，鼓励孩子挑战传统观念和思维模式，追求自己的兴趣和目标。

由于欧洲社会普遍重视个人自由和平等，一些家长可能过于放任孩子的行为和决策，导致孩子缺乏自律性和责任感。另外，由于欧洲社会的文化和价值观念的多样性，一些家庭可能存在文化差异和价值观冲突，这也会对孩子的成长和发展产生一定的影响。此外，欧洲的学校教育体系比较独立和专业化，对家庭教育的需求和参与程度相对较低，这也可能导致家庭和学校之间的沟通和合作存在一定的困难。

(三) 家庭教育指导比较的启示与建议

通过对不同文化背景下国家的家庭教育指导进行比较，我们可以更好地了解不同国家的家庭教育理念、指导方式、内容等，从而更好地促进孩子的全面成长和发展。同时，我们也可以借鉴不同国家的家庭教育指导经验，为自己的家庭教育指导提供启示和建议。

1. 家庭教育指导受到文化传统的影响

不同文化背景下的国家，其家庭教育理念、方式、内容等也会有所不同。这主要受到该国文化传统、社会价值观念、教育体系等因素的影响。例如，中国文化注重家庭观念和孝道，而美国文化则注重个人主义和自由精神。

2. 家庭教育指导应关注孩子的个性发展

无论在哪个文化背景下，孩子的个性发展都是家庭教育的重要目标之一。父母应该尊重孩子的兴趣、天赋和需求，并提供相应的支持和引导，促进他们形成独立的思考能力和创造力。

3. 家庭教育指导需要注重全面成长

不同文化背景下的家庭教育都应该注重孩子的全面成长，包括品德、智力、体育、美育等方面。不仅要关注孩子的学习成绩，还要培养他们的道德品质、审美素养和社会责任感。

4. 家庭教育指导需要关注国际化趋势

随着全球化的不断发展，国际化趋势已经深入到各个领域。家庭教育也需要关注国际化趋势，培养孩子的国际视野和跨文化交流能力。这有助于孩子更好地适应全球化的发展，并在未来成为具有国际竞争力的公民。

5. 家庭教育指导需要寻求专业指导

家庭教育是一项复杂的任务，需要专业的知识和技能。不同文化背景下的父母可以寻求专业的家庭教育指导，了解不同国家的家庭教育理念和方法，并结合实际情况进行家庭教育。

三、活动形式

开展中西方家庭教育比较活动，可以通过以下几种形式进行。

1. 讲座和研讨会

邀请中西方家庭教育专家就各自的文化背景和家庭教育实践举办讲座或研讨会，以便参与者了解中西方家庭教育的不同之处。

2. 观察和交流

安排参观和访问中西方家庭，让参与者有机会观察和交流不同文化背景下的家庭教育方式。

3. 案例分析

收集不同文化背景下的家庭教育案例，组织参与者对这些案例进行讨论和分析，以便更好地理解不同文化背景下的家庭教育方式。

4. 问卷调查

设计问卷，针对中西方家庭教育的不同方面进行调查，以便收集更具体的数据和信息。

5. 小组讨论

组织参与者分成小组，就中西方家庭教育的不同方面进行讨论，以便更好地理解不同文化背景下的家庭教育方式。

6. 影视资料

通过观看有关中西方家庭教育的影视资料，让参与者更好地了解中西方家庭教育的不同之处。

四、活动组织

家庭教育指导比较内容庞杂，覆盖面广，因此在组织活动时应该注意以下几点。

1. 内容选择

在选择家庭教育比较的活动内容时，应该明确目标、确定对象、选择合适的比较内容、设计活动环节、注重实践与体验、考虑后续反馈与跟进等方面进行综合考虑，以确保活动的有效性和实用性。比如，活动时要充分考虑活动对象的年龄、文化背景、家庭观念等因素，如果针对家长，可能更适合采用讲座、研讨会、亲子活动等形式，如果是针对孩子，则可能更适合采用游戏、互动、体验等形式。

2. 组织流程

活动组织一般包括准备活动资源、开展活动、总结反思、活动评估四个环节。为了使活动更加生动有趣，可以准备多媒体教室、PPT 演示文稿、视频资料、家庭教育案例、问卷调查表等资源。活动过程中可以通过案例分析、视频展示等方式，向学生介绍不同文化背景下的家庭教育方式，包括家庭教育的分工、父母的管教方式、孩子的学习方式等。通过问卷调查表的方式，了解学生对家庭教育的看法和对未来孩子的期望，从而引导学生思考家庭教育对孩子成长的影响。活动结束后，要及时引导参与者总结活动内容，反思自己的家庭教育模式，提出自己的看法和建议。最后，通过问卷调查表的方式，了解学生对活动的满意度和收获，从而评估活动的成效。

3. 实施策略

在活动中，要重点比较不同国家家庭教育的差异及其背后的文化因素。例如，东方国家和西方国家的家庭教育观念和方式可能存在显著的差异。案例分析要针对不同国家的家庭教育案例进行分析和比较，以便听众能够更深入地了解各种教育方式的优缺点。

讨论不同国家家庭教育指导面临的主要挑战，以及应对这些挑战的有效策略，这将有助于听众更好地理解不同国家的家庭教育如何应对各种问题。鼓励听众参与讨论，提问或分享自己的看法和经验，这有助于提高活动的互动性和参与度，同时也能让参与者更好地理解和掌握讲座内容。

主题3　家校社协同育人机制建设

党的二十大"健全学校家庭社会育人机制"战略部署和习近平总书记关于注重家庭家教家风建设的重要论述，使家校社协同推进家庭教育上升为党和国家的重大教育战略举措。与此同时，《家庭教育促进法》的实施、教育部等十三部门联合印发的《关于健全学校家庭社会协同育人机制的意见》及"双减"政策持续开展，使协同育人已成为新时代推进家庭教育的重大趋势。构建协同育人体制机制既是落实立德树人工作的具体要求，也是新时代提升教育质量、促进社会治理的重要举措。

一、活动目的

通过培训，提升教师家校社协同育人的意识与能力，充分发挥学校教师协同育人的主导作用，帮助家庭、学校、社会形成联结，积极构建家校社协同育人的体制、机制，助力形成学校积极主导、家长主动尽责、社会有效支持的协同育人新格局。

二、活动内容

教育从来都是学校、家庭和社会各方协同合作的结果。为充分发挥中小学校、家庭在学校家庭社会协同育人中的主导作用，凝聚育人合力，使家庭、学校、社会各司其职、共同面对新挑战，就需要明确协同育人的目标定位，理解协同育人的价值内涵和时代意蕴，注重协同过程应遵循的原则。

（一）目标定位

家校社协同育人是学校教育、家庭教育、社会教育三大教育体系为儿童健康发展而开展的各种协同性行为，协同是手段，育人是目标。家校社三大育人主体的具体教育目标有所不同，但根本的方向是一致的，即落实立德树人的根本任务，培养德、智、体、美、劳全面发展，人格健全的社会主义建设者和接班人。为实现协同育人目标，教育部等十三部门出台的《关于健全学校家庭社会协同育人机制的意见》明确要求，"到2035年，形成定位清晰、机制健全、联动紧密、科学高效的学校家庭社会协同育人机制。"

（二）价值内涵

人的成长和发展受多方面因素的影响，除遗传因素外，家庭、学校、社会都是影响个人成长和发展的重要因素。家校社协同育人在明确家庭、学校、社会三方各自的角色与功能基础上，发挥特殊作用，形成整体效应，产生教育合力，达到最佳的育人效果。

1. 实现协同效应

鉴于家庭教育协同体系是一个复杂的系统，协同理论对解释家校社协同推动家庭教育的现象及其问题有良好的适切性。在家庭教育协同体系内外部的参量干预下，家庭教育、学校教育、社会教育等子系统之间会发生协同运动，产生"1+1+1＞3"的协同效应。家庭、学校、社会内部各要素之间不断地进行协调、整合和优化，使课程、设施、场地等资源在三大主体之间顺畅流动、优势互补。实现家庭教育、学校教育、社会教育三大教育体系功能最优化。

2. 优化教育生态

家校社协同育人模式是面向新时代发展的教育模式，是实现教育高质量发展的实然诉求，也是优化教育生态的现实需要。生态系统理论研究青少年成长过程中家庭与学校的关系，发现青少年问题与其亲友、学校、社区等因素密切相关。学校、家庭、社会三者都是构建良好教育生态的重要因素，共同为孩子的成长提供良性育人环境，共同创建符合儿童发展规律、践行五育融合育人理念的教育生态。

3. 促进区域治理

家庭、学校、社会三大教育主体协同发力的联动体系，兼顾立德树人的教育初心，呈现出公平性、有序性、有效性特征，促成正式教育与非正式教育的融合。有利于突破制约和壁垒，打破学校单一主体的教育模式。实现教育理念与社会现实相适应，形成学习型社会的良好氛围。实现教育资源最优化、教育效益最大化；强化家庭家教家风建设，营造良好文明风尚；形成区域深度协同的家庭教育格局，从而不断推新社会治理格局。

（三）遵循原则

为形成地位平等、高效有机的家校社协同育人机制，各育人主体在开展协同育人工作时应遵循以下原则。

1. 目标一致原则

家校社协同育人的落脚点在为党育人、为国育才，其目的是实现立德树人的根本任务。在育人目标一致的基础上，确保育人内容的一致性。新形势下的家校社协同育人目标从工具性回归"立德树人"初心，衡量家校社协同育人成效的标准也转向培养全面发展、身心健康、人格健全的社会主义建设者和接班人。在这一根本目标的指引下，各教育主体相互分工、相互配合。从而避免家庭教育和社会教育的学校化倾向，实现教育内容的一致性。

2. 权责明晰原则

学校教育、家庭教育、社会教育三大教育体系需要厘清权责边界，做好分工配合。家庭教育侧重于生活教育，注重习惯培养和基本规范；学校教育侧重于知识教育，系统开展科学与人文教育；社会教育侧重于实践与体验，是对家庭教育和学校教育的补充。家庭教育、学校教育、社会教育需要在明确各自职责边界的基础上，优势互补、紧密合作，构建"学校积极主导、家庭主动尽责、社会有效支持"的协同育人机制。

3. 平等参与原则

家校社协同育人共同体的参与主体地位平等。各育人主体与学生之间的角色关系决定着教育功能的差异性，进而体现在对学生教育成长肩负不同的权利与责任，并形成内部相互独立的协同关系。各主体功能各异但可互相补充、相辅相成。三大教育主体在共同教育目标、共同育人理念基础上，构建平等、互联、共赢的协同育人格局。

三、活动形式

多元主体联动参与模式是驱动家校社深度协同的不竭源泉。家校社协同育人机制建设需要不断丰富多元主体联动参与模式，在传统家校合育的基础上，探索家庭社区联动、校社联动、家校社三方联动、家校社基地联动等不同协同参与模式，实现协同体系实践创新。

1. 家校合育

家校合育是指家庭和学校之间以促进学生的全面发展为目标的合作，是家校社协同育人工作的重点。一方面，学校要充分发挥协同育人的主导作用，及时沟通学生情况，重新焕发家访、家长会、开放日等传统协同育人渠道的价值；不断探索、创新家校沟通、互动的途径；积极推进"互联网+"协同育人渠道，积极构建与家长的紧密连接。另一方面，家长要切实履行家庭教育主体责任，主动协同学校促进孩子成长，积极参加学校组织的家庭教育指导和家校互动活动；主动参与学校管理；积极配合学校管理教育学生；及时和学校沟通子女在家中表现，形成良性双向互动。

2. 家社协作

家社协作就是家庭和社会围绕孩子教育问题展开的各种合作协同活动，其目的是为孩子健康成长构建一个完整的教育生态环境。社会教育拥有广泛资源，能够有效弥补学校教育和家庭教育资源的不足，提高协同育人的成效。家长要学会识别、选择和利用社会教育资源，积极构建儿童成长完整而优质的教育生态系统。社会应积极构建普惠性家庭教育公共服务体系，有针对性地做好指导服务，推进社会资源开放共享；社区作为社会教育的重要组成部分，要利用未来社区、现代化社区建设，开展邻里文化建设、打造儿童成长空间和举办公益实践活动，构建促进孩子身心健康成长的社会环境。

3. 校社联盟

强化学校、社区的二级结构联结功能，促进同轨发力。学校要统筹用好各类社会资源，积极拓展校外教育空间，有效丰富学校课堂和课后服务内容，更好满足学生多样化学习的需求。社区要面向幼儿园、中小学学生积极开展各种公益性课外实践活动，增加学生的学习兴趣，拓宽学生知识面。学校和社区可以试点建立校社联盟，积极融入未来社区建设，共同参与"幸福邻里坊"共富项目，盘活社会优质资源，建设现代社区家教数字化场景，构建未来家庭教育场景。

4. 三方协同

家校社三方联动是通过学校的枢纽和核心领导的作用，促进家校合作，整合社会资源，使得家庭、学校、社会形成联结，从而共同促进学生发展的过程。从社会教育角度，加强与学校的联系，通过送教入校、开放馆所等活动探索课程、师资、设施、场地等资源的互通、互助机制；深入与家庭的联系，积极组织家庭教育活动，构建未来社区场景中的教育场景、和谐邻里场景。从家庭教育角度，密切家校合作，积极参与学校建设，助力"双减"工作；引导孩子参与社区志愿者活动、社区亲子活动等，帮助邻里，共建共享社区文化。从学校教育角度，为家长提供个性化、专业化家庭教育指导服务；为社区提供课程、师资、场地等资源和专业家庭教育指导服务。

5. 基地联动

在政府顶层设计和推动下，构建区域家庭教育指导中心，统筹学校、家庭、街道、社区、社会组织等各方力量，建设家庭教育基地和家长社团组织，如各类研学基地、亲子活动中心、家长俱乐部等，为家长提供学习、交流与亲子活动的实体空间。开展丰富的亲子共学活动，促进家庭建设，提升陪伴质量，传承传播优秀的中华文化和家风家训。实现家长与学校、家长与社区、社区与学校面对面的良性互动，集思广益解决教育问题，提高沟通的互动性、现实性和灵活性，将家庭、社区真正融入育人活动中。

四、活动组织

家校社协同体系的核心是在政府统筹下构建学校主导、家庭尽责、社会支持的协同育人机制。需要注重控制参量对协同体系的驱动作用，构建组织治理、资源整合、人才培养和评价考核四大机制，为协同系统提供保障、支持和反馈，促成其高效运行。

1. 组织治理机制

地方政府的科学决策是区域协同育人治理能力建设的关键，其战略布局决定了区域协同育人组织治理的方向和质量。要发挥政府推动力，顶层设计家庭教育联动机制。成立家庭教育指导中心，建立联席会议机制和专人对接机制等，从工作机制上确保协同育人工程落地生根；健全多跨协同力，协同共建单位、街道社区及社会组织等多部门单位参与家庭教育，形成政府全力主导、教育部门主动推进、相关单位全面配合、专业机构全程引领、社会力量全力支持的家庭教育联动机制；形成高效执行力，落实具体负责家校社协同育人工作的执行机构。协调育人主体由于育人目标的侧重、利益诉求的差异、运行方式的不同而产生的壁垒、冲突。以强大的组织治理为统筹推进协同育人提供稳定的保障机制。

2. 资源整合机制

数字化时代要充分运用新媒体等技术，搭建起灵活、便捷、覆盖率高的协同育人平台，实现资源整合、信息共享。一是打造闭环式支持系统，组建以政府部门为主导，企业与社会组织彼此交互与共同参与的平台。作为家长教育的重要支持系统，上述联合体又逐渐形成了一个闭环式的支持体系，全面、全域、全方位地推进区域性的家庭教育服务与指导。二是形成多元主体联动机制，汇聚区府办、文明办、卫健、教育、民政、妇联及各街道等各方力量，构建区域内资源整合工作机制。三是共建课程平台共享机制，组建了一支集教育、医疗、文化等多元化的家长教育指导团队与师资队伍，并整合原有分散在各部门、各机构的家长教育资源共同汇集于平台。通过共建、共享线上线下课程，以平台建设推动了协同体系构建。

3. 人才培养机制

为适应新时代的家庭教育指导思想，保障指导理念的科学性，要注重培养家庭教育指导专业人才队伍建设。一方面，积极挖掘区内外专家人才，组建由家庭教育专家、名师名校（园）长、社会工作者等组成的专家智库，提高家庭教育研究水平；另一方面，加大协同共育人才培育，分层分类开展协同育人管理团队和骨干教师队伍培养。以协同育人课题为引领，开展区域心理教师队伍培训、教师家庭教育指导能力培训，班主任能力提升行动等不同类型的共育人才培育工程，构建学校分管校长、家长学校校长、班主任、德育教师到全员教师多层次共育人才培养体系。

4. 评价考核机制

建立科学的评价考核机制是区域协同育人治理的重要议题。要注重发挥专业指导和评价功能，因地制宜，健全协同育人的考核评价机制。建立健全多元化、多维度的监测评价体系，对基层学校和社区家庭教育定期监测评价；开展量化考核、以评促建共建活动。按照已制定的评估标准，广泛收集协同育人数据，评估反馈，及时调整协同育人工作。开展区域合作育人示范学校评比、合作育人示范基地评比、"最美家庭"、好家长等评优评先活动，以评促建，实现共建共评。体现评价的科学性，不断提升评价的精准度和有效性。

主题 4　家长学校的建设与管理

家长学校是以未成年人的家长及其抚养人为主要对象，以家庭教育特点和儿童身心发展规律为遵循，以提高家长教育素质和家庭教育水平为目的而组织开展的成人教育机构，是家庭教育指导服务中的重要组成部分。《家庭教育促进法》第四十条明确建议：中小学校、幼儿园可以采取建立家长学校方式，针对不同年龄段未成年人的特点，定期组织公益性家庭教育指导服务和实践活动。教育部等十三部门联合印发的《关于健全学校家庭社会协同育人机制的意见》中要求"建立健全家长学校""鼓励有条件的学校建立网上家长学校"。新时代，我国家长学校建设具有较强的社会需求和政策导向，但家长学校运行存在机制不健全、管理不到位、课程不规范、保障不到位、成效不明显等问题。因此，加强家长学校的建设与管理至关重要。

一、活动目的

通过培训，教师将明确家长学校作为家校合作主阵地的重要性，并参与到家长学校的

建设中。旨在提升家长学校的组织管理能力，完善家长学校管理制度，设计并开发适应各类需求的课程。同时，编制教材、指导手册、视频等配套课程资源，丰富并创新教学活动形式，注重教学效果的评价和反馈。

二、活动内容

设计培训活动时，可以从家长学校的形态、价值、内容、建设原则来进行。

（一）家长学校的形态

自 20 世纪 80 年代初我国第一所家长学校诞生到今天，全国已经有七八十万所家长学校挂牌。我国家长学校逐步从自发形成转向政府主导，随着《家庭教育促进法》等一系列法律法规的颁布，家长学校也步入规范化、法制化的发展轨道。在 40 多年的实践中，形成了多类型、多元化发展的格局，主要有以下三类形态。

1. 学校家长学校

自 20 世纪 90 年代以来，伴随国家及地方各级政府一系列的政策支持，各中小学、幼儿园发挥了主导作用，将学生、教师、家长及社会力量整合起来，建设学校家长学校，形成了学校、幼儿园主导的家长学校办学形态。由校（园）长担任负责人，聘请优秀教师、优秀家长、各类专家等为授课教师，结合教育形式、学校情况、学生实际及家长育儿困境，对学生家长开展形式多样、内容丰富的家庭教育指导活动。学校在育人上的天然责任和优势，使这一形态成为家长学校的主要形态。一些地区还出现了家长学校总校，承担区域家庭教育指导活动推进、中小学幼儿园家长学校培训等工作，推动各类家长学校建设。

2. 社会家长学校

鉴于家长教育是一种非正规、业余的成人教育，正规、普通的学校家长学校很多时候鞭长莫及。由社会机构、机关单位、街道社区及市场主导的各类社会家长学校应运而生。如各级妇联、"关心下一代"委员会、残疾人联合会及企事业单位等成立了各类家长学校，在一定程度上弥补了学校主导的家长学校的局限与不足。尤其是建在街道社区的新婚夫妇学校、祖辈学堂、失足青少年家长学校等不同类型的家长学校，有效提高了家长的家庭教育水平，促进了家庭和睦与社会治理。这些不同类型的社会家长学校起到学校教育不可替代的作用。各类社会家长学校形态有效促进了家庭、学校、社会协同育人的格局。

3. 数字家长学校

随着大众传媒的普及和数字技术的进步，"互联网＋家庭教育"指导模式迅速发展，数字家长学校蓬勃发展。学校通过自主选用各种家庭教育省级平台、市县平台、自建平台和其他家庭教育专业平台创建和应用数字家长学校，为家长提供数字化学习平台和学习资源，跨时空面向家长开展家庭教育指导，传播家庭教育理念和方法。利用网络开放性、交互性、便捷性的特点，使忙于工作的家长灵活选择学习时间和学习内容。有的数字家长学校还提供线下指导服务，实现线上线下互动互补，为家庭提供普遍性、常态化的家庭教育公共服务。数字家长学校提高了家长学习效率和参与程度，成为家长学校的重要形态。

（二）家长学校的价值

家长学校作为家庭教育指导服务体系中的"主阵地"，其规范化运行对促进协同育人、提高家长教育素质、推动家庭教育专业化具有重要意义。

1. 桥梁纽带

家长学校是联结个人、家庭、学校与社会等多个层面的重要桥梁纽带。从1983年全国第一所家长学校——浙江省宁波市象山县石浦镇中心小学家长学校诞生之初就以促进家校合作育人为目的。开办家长学校有助于达成教育理解。一方面，家长可以充分了解学校的办学动态和办学理念，同时，获取针对自己孩子发展所需的教育理论知识，并以理论指导实践，促进学生在家庭中的成长；另一方面，学校可以通过与家长的沟通，了解学生在发展中遇到的问题，并针对性地为家长提供指导，让学校与家庭形成教育合力。因此，家长学校的建设为学校和家庭之间架起相互合作与联系的纽带，让家长和教师之间的互动更加密切，成为家校合作的有效平台。

2. 育人场所

家长是孩子的第一任教师，其素养及其家教理念对孩子成长和发展有决定性影响。家长学校是宣传普及家庭教育知识、提升家长素质的重要场所，具有提升家长素质的育人功能。建设家长学校的初衷是为了让家长更好地教育子女，因此，家长学校并不单单是为了对家长进行培训与教育，更多的应该承担起育人的功能，通过家长将学校的教育经验和教育理论运用到孩子身上，让家长能够得到科学的指导方法，配合学校教育好学生。在我国，家庭教育在孩子的教育过程中缺失是很常见的，只有充分利用家长学校，使家长教育观念发生改变，才能正确地引导未成年人的健康成长，让家庭教育的水平和能力得到有效提升。

3. 服务阵地

家长学校是推进家庭教育指导服务的主阵地和主渠道，具有传播教育理念的服务功能。家长学校可以说是为家长和学生服务的机构，其主要内容是帮助家长处理教育子女时产生的问题，帮助家庭矫正学生不好的行为习惯。因此建立家长学校，必须要有先进的教育理念作为支撑，通过家长学校向家长传递教育的主流思想，让家长和社会力量参与到家长学校的教学中来，不仅可以为家庭提供教育指导服务，更让教师和家长之间形成教育的共识，调动家长参与学校的教育活动，有利于学生成长的家庭资源和社会资源能充分发挥效益。

（三）家长学校的内容

家长学校的主要任务是促进家庭教育观念更新，帮助家长掌握科学的育儿知识和方法，指导家长为孩子成长营造良好的家庭环境。为达成这些任务，家长学校的教育应涵盖以下内容。

1. 德育为先、立德树人

家长学校基础课程要涵盖党的教育方针，相关法律法规和政策。向广大家长宣传《家庭教育促进法》等党和国家教育方针、政策和法规，帮助家长树立正确的家庭教育思想观念。鼓励家长加强自身修养，不断完善自我，传承优秀家风，发挥榜样作用，提高家庭建设和发展水平，以良好家风涵养孩子道德品质，促进家庭德育。

2. 遵循规律、科学育儿

帮助家长树立正确的家庭教育思想观念，使其掌握科学的家庭教育知识和方法；向家长普及未成年人生理、心理发展特点和营养保健知识，指导家长以科学的方式对孩子实施道德品质、身体素质、生活技能、文化修养、行为习惯、心理健康、安全素养等方面的教育。重点从幼小衔接、亲子互动、情绪疏导、亲子关系、青春期问题等多方面帮助家长掌握孩子成长的科学规律，并提供有效的成长助力。

3. 服务为要、协同育人

家长学校以家长的问题和需求为导向，引导家长和学校密切联系，与学校教育互补互促，保持教育的一致性。举办家校特色活动，增强学校与家庭之间的交流，在形成教育合力的同时树立本校品牌。家长学校应组织丰富多样的家校活动，引导家长参与到学校建设、教育学生的工作中，让学生感受到家长、学校、教师对自己的关爱，在和谐、友爱的环境中成长。通过寓教于乐的家长学校活动，将学校的教育理念渗透到家校共同参与的学校活动中，提高家校共育的实践性和实效性。

（四）家长学校的建设原则

家长学校是终身教育的重要组成部分，家长学校建设应注重思想性、科学性，尊重家长的主体地位，推动家校政社协同育人，促进家长学校特色办学。

1. 家长主体

家长是家长学校的授课对象，也是最直接的利益相关主体，应尊重家长主体地位。家长学校应积极调研家长的需求，突出服务家长的办学理念，针对家长的困惑，尊重家长的心理需求，缓解家长的育儿焦虑。从学校主导型向家长需求型转变，从传统授课向融合型授课转变，从统编教材向校本教材转型。

2. 多元互动

家长学校的建设工作是一项系统工程，家长学校作为家庭教育、学校教育和社会教育的交叉区域，是政府、社区、学校、家长等多元主体共同建构的协同育人共同体。以家长学校作为战略支点撬动家庭教育指导服务体系的整体构建，推动"政府主导、部门协作、学校组织、家长参与、社会支持"的协同育人格局形成。家长学校的建设应促进多元治理主体共同参与、相互制约、协同互商，使家长学校发展方向符合治理现代化的方式。以多元主体的活跃互动，擘画"家、校、政、社"四位一体、协同育人的生动格局。

3. 特色发展

家长学校的社区环境、家长素养、资源禀赋等各不相同，要因地制宜、科学定位，特色发展，充分挖掘整合社会、学校、家庭资源和特色，积极促成教育资源共建共享，创造性地开展卓有成效的家长学校工作，走出一校一品、一地一特的家长学校特色办学之路。

三、活动形式

家长学校作为成人教育机构，教育的对象是家长。单一的"家长学校"形式可能会给家长造成负担。应尊重家长自主学习的特征和已有经验，开展以学习者为中心的混合式学习模式。以提高家长胜任力为目标，以家庭教育的需要和家庭生活指导为内在逻辑，构建"通识+专题""线上+线下""团辅+个辅"等家长学校活动形式。

1. 通识培训+专题培训

通识课程是针对家庭教育的共性问题而为家长提供的培训课程，其对象为全体家长。帮助家长了解各个年龄段学生的身心发展规律，培养家长科学育儿的教育观和能力。内容涵盖家庭教育法律法规、合作共育、学生的身心发展规律、幼小衔接、小初衔接、初高衔接、情绪管理、生涯规划、儿童时间管理、学习心理学等。通识课程是体验式与沉浸式的家庭教育指导课程，也是全体家长参与的重要必修课程。

专题课程相当于选修课程，根据家长需求情况，针对存在共同家庭教育需求的家长开展的部分家长参与课程，满足家长个性化的家庭教育需求。如果说基础课程是"由上而下"的知识传播，那么专题课程就是"由下而上"的需求满足。根据部分家长存在的共同问题确定专题，如"如何陪伴孩子写作业""孩子网络成瘾背后的心理诉求""成绩在成绩之外"等热点话题，分别针对作业、网瘾、成绩等展开家庭教育培训，专题课程针对家长的困惑，尊重家长的心理需求，缓解家长的育儿焦虑，注重形成正确的观点或认识，是专题式与讨论式的动态指导课程。专题培训只针对有某类需求的家长开展，具有很强的针对性。

2. 线上培训+线下培训

为了兼顾广泛的家长群体，更好地达到教育效果，满足家长的个性化需求，家长学校的教学形式可采用线上与线下相结合的方式，以积极创新的态势给予家长选择的权利。线上形式以理论为主，结合课程学习、咨询答疑、科普宣传、感悟交流等功能，汇聚了社会优质家庭教育资源，宣传推广家庭教育优秀案例及经验，为时间有限的家长提供便利，从多方面满足家长的家庭教育需求，提高家庭教育的辐射力和影响面，搭建共建、共享的家庭教育平台。线上课程可利用省市区县平台以及学校自建平台上的数字家长学校资源，通过线上家庭教育微课、家教直播及家庭教育案例等开展普适性家庭教育。也可以学校为单位，构建学校、年级、班级为单位的三级学校家庭教育线上培训网络，通过家庭教育微信平台、钉钉群、QQ 群等媒介，开展家庭教育指导，拉近学校、老师与家长之间的距

离,有事随时沟通,有信息资源随时共享。

线下培训注重互动性和体验性,形式包括讲座、互动、体验等类别。讲座以教师或专家团队利用校本教材向家长进行教育为主,宣讲现代化的家庭教育理念和相关案例,注重结合本校学生的实际情况。论坛则是多元互动交流,包括教师或专家与家长的互动,以及家长之间的互动,为家长答疑解惑,解决具体的问题。体验则是创设真实情境,家长自己体验其家庭教育方式的优劣,促进家长在家庭教育上的创新实践。

家长学校授课形式丰富多样,包括传统的家长会、班级授课、家长讲堂、专家讲座等形式,还包括视频观摩、网络学习、微信群讨论、电视家庭大讲堂等现代化多媒体授课形式,另有开放日、家教书籍共读、研学活动等新型家校合作形式。

3. 团体辅导 + 个案辅导

针对家庭教育对象和内容的差异,家长学校可有针对性地开展家庭教育团体辅导和个案辅导,激发家庭潜能,提升家庭教育的科学性和艺术性。团体辅导以团队为对象,通过队员之间的互动,促使家庭成员在交往中观察、学习、体验、调整、改善家庭成员的关系。如针对父亲缺位或母亲焦虑的家庭、单亲家庭、特需家庭等团体的辅导,帮助家长学习新的家庭教育思维方式,提升家庭教育能力。常见的指导形式有经验交流会、专题讲座、父母成长营、家长沙龙、亲子俱乐部等。

鉴于家庭的个性化特点,尤其当家长遭遇问题或障碍时,家长学校可为家长提供一对一个性化、差异化的家庭辅导。梳理、诊断家庭教育出现的困惑、矛盾,使家长觉察问题产生的根源,主动调整关系。这种辅导方式具有针对性、灵活性的特点,指导常是延续、跟踪进行的,实效性更强。个案辅导常见形式包括家访、咨询、跟踪指导、案例推荐等,能有效帮助家长掌握孩子成长的生理、心理特点,纠正家庭教育中的不良行为,引导家长使用科学的方法对待孩子及其成长过程中遇到的问题。

四、活动组织

根据国家、省及杭州市推进家庭教育的整体规划与指导意见,区域家长学校总校需对全区学校家庭教育工作进行总体规划、规范管理、组织协调,通过健全三级家长学校管理机制、构建完善家庭教育课程体系、打造专兼职家庭教育指导队伍、整合家校社家庭教育合育资源、完善家长学校评价反馈机制等多种举措,提升家长学校办学成效,开创区域家校社协同育人新局面。

1. 健全三级家长学校管理机制

顶层设计是家长学校规范办学的重要保障。区域总体架构区域、片区、校级三级家长学校管理体系。区域家长学校在杭州市家长学校总校的指导下,统筹管理、整体推进区域家庭教育工作,整合区域资源开展家庭教育指导活动,整体推进家教师资培训,促进家校社协同育人;片区研训共同体挖掘片区特色,调配资源、承接活动等优势,探索片区家庭教育特色；而家长学校负责深化落实、自主实施，因地制宜建设本校的家长学校。分工明确、职责清晰，形成上下联动、条块结合的工作网络与工作格局。

2. 构建完善家庭教育课程体系

家长学校课程是家长学校规范、高效运行的核心要素。需要强化目标导向，构建专业化、系统化、规范化的家庭教育课程体系，为家校社共育提供内容载体。家长学校的课程建设应依据《全国家庭教育指导大纲》和教育部等十三部门联合印发的《关于健全学校家庭社会协同育人机制的意见》等国家相关政策法规，以家长需求为起点，以家长学习规律为遵循，结合中小学、幼儿园学生身心发展规律，确立家长学校课程的目标、内容和结构，设计家长学校课程。内容涵盖通识课程、专题课程、特色课程等。可采用线上线下、团辅个辅相结合的形式，提升家长的家庭教育胜任力。

3. 打造专兼职家庭教育指导队伍

为适配不同类型家庭教育从业人员的工作性质和学习需求，可建立分层、分类、分岗的家庭教育指导培训机制，打造家庭教育指导专兼职队伍。可建立区域家庭教育师资库和师资培训培训体系。针对学校家庭教育负责人，开展教师家庭教育指导专项能力培训，培育专业化家庭教育人才。对于中、小、幼家委会骨干家长开展业务能力培训，助力家长学校规范办学；对热爱家庭教育事业并有志于传播家庭教育的志愿者开展志愿者培训，拓宽家庭教育工作队伍，增强家庭教育指导服务的科学性和实效性。为三级家长学校体系工作的深化开展提供专业人才储备。

4. 整合家校社家庭教育合育资源

为丰富家庭教育资源，满足家长的学习需求，家长学校需以学生健康成长为目标，挖掘整合家校社多方资源，合力开发家庭教育微课、视频资源等，共同编写家庭教育案例、指导手册、书籍等，实现家庭教育资源共建、共享、共用。有条件的区域可建设区域数字家长学校平台，宣传推广家庭教育优秀案例及经验，促进线上家庭教育交流，多方面满足家长的家庭教育需求，提高家庭教育的辐射力和影响面，创新家校社协同育人模式。

5. 完善家长学校评价反馈机制

家长学校作为一个多边参与的开放系统，其评价反馈起到了控制调节作用。可制订家长学校多元化、多维度、量化评估评价方案，加强家长学校运行的过程性评价。一方面，建立健全多元化、多维度的监测评价体系，如从家庭教育组织保障、线上线下家长课程资源建设、家庭教育指导活动开展、数字家校达标情况、家庭教育研究创新等维度，每月开展对基层学校和社区家庭教育监测评价；另一方面，开展量化考核、以评促建共建活动。按照已制定的评估标准，通过线上线下课程数据、家长学校亮点汇报等多种形式，进行评估反馈，及时调整家长学校工作。

主题5 "家长开放日"策划与组织

家长开放日是学校在特定的时间里面向学生家长开放校内外的各种教育活动。从时间上讲，家长开放日包括每天开放、每周开放、每月开放、每学期开放；从形式上讲，家长开放日包括家长观教、家长参教、家长助教、家长执教、家长评教；从效益上讲，家长开放日包括学校获益、家长获益、教师获益、学生获益。总体来说，家长开放日是家校沟通的方式之一，它为教师和家长的教育交流与分享提供了时间和空间。

一、活动目的

通过培训，使教师掌握筹划、实施与评价家长开放日的方法，有助于家长理解孩子，尊重教师，并与教师合作；有助于教师深入了解学生，提高自己的专业水平；有助于学生情绪情感与社会性的发展。

二、活动内容

家长开放日的活动内容就是让家长们全面了解学校的教育教学工作，增进家校沟通和合作，每次家长开放日的内容要根据主题来设计。

（一）家长开放日主题

1. 展现校园风貌，展示师生风采

学校向家长全方位地展现环境条件，也展现校园文化，具体包括学校硬件设施、校园环境、师生精神面貌、学生行为习惯等。家长主要看学校"有什么"。

2. 组织教学活动，展示课程与师资

家长耳闻目睹教师的教育教学活动，面对面了解教师的调控能力、言谈举止等执教能力，了解孩子在学校的学习情况，不仅可以解除家长的疑惑，也可以倾听活动解释、参与研讨活动。

3. 汇报学生成果，展示学生素养

家长观看孩子当天的表现，目睹孩子成长的变化，理解课程对孩子的促进作用。家长主要看孩子"得到了什么"。

4. 指导家庭教育，展示学校教育观念和方法

成功的家长开放日活动是在集体家长开放日活动的基础上，给家长留有机会开展更有针对性的指导。这种指导可以是座谈会、咨询会，也可以是班主任、任课教师与家长的个别交流，或者开设适合这个年级学生的家长讲座、沙龙。

5. 听取家长意见，加强家校沟通

促进家长与教师沟通，加强家校联系，广泛听取家长对学校办学的意见和建议，全面提升学校教学质量、管理水平和开放程度。

（二）家长开放日活动的结构特点

1. 稳定性

开放日活动时，虽然家长来了，但学校组织的活动和平时的活动仍然基本相同，体现了教育教学的稳定性。

2. 全面性

在不同的学校，家长开放日活动的框架基本相同，都包括了家长旁观、家长参与、家长助教等。

3. 侧重性

在不同的年级，家长开放日活动的侧重点有所不同。

4. 渗透性

适时融入家庭教育指导工作，如召开家长会，举办家长讲座、亲子沟通沙龙活动，组织家长进行集体交流，对家长进行"现场指导"。

三、活动形式

家长开放日活动应采用多种形式，如校园参观、课堂教学展示、文艺汇演、主题班会、演讲演示、技能培训展示、社团活动等，让家长多角度地了解学生校园生活。根据家长在开放日活动中参与度的不同，活动可以分为以下几种基本形式。

1. 环境参观

组织家长参观校园内外环境及班级环境，向家长展示学校办学理念和特色，让家长对学校教育更加放心、充满信心。

2. 成果展示

学生向家长们现场展示吹、拉、弹、唱、跳等特长，让家长亲身感受育人成果；或通过组织欣赏学生作品活动，让家长有机会参与评价，并学习如何评价儿童作品，学会从孩子的角度来阅读、理解他们在作品中对内心的表达，更好地提供支持和帮助。

3. 庆典活动

邀请家长参与学校组织的节日庆祝活动，如传统节日、学校重大活动，让家长在庆祝活动中学习寓教于乐。

4. 家长旁观

家长作为旁观者，有计划、有组织地观看教师的教育教学活动，能够感受教师的个人素养、教学风格和个人魅力，也获得一些实地学习的机会，更好地掌握教育方法和技能；观察孩子的课堂表现，了解自己孩子的优缺点和个性特点，促进更科学、合理的协同教育。

5. 家长参与

教师要有目的地组织家长参与开放活动，体验孩子的学习过程，发现他们在活动中的困难，在与孩子互动参与的过程中理解教师、共情孩子；或参加亲子游戏，家长与孩子在共同活动中获得亲子互动的经验，也让教师更了解每个学生的家庭教养方式，便于因材施教。

6. 家长助教

家长助教即家长走上课堂，直接参与教学活动。这可以最大限度唤醒家长的主人翁意识。家长在职业、兴趣和特长方面各有不同，他们执教的课程可以开阔孩子的眼界，也弥补了教师在某些专业领域的不足，增进了家校的情感。

7. 家长讲座

家长参加学校组织的家庭教育指导活动，可能是针对全体家长的主题式讲座，也可能是小范围的个性化家长沙龙。

8. 家长咨询

班主任和各学科教师解答家长在育儿或学科学习中的疑惑；或充分利用家长开放日为重点学生家长做好心理咨询工作。

四、活动组织

有研究者将开放日活动总结为看、听、查、谈、写五个字。在家长开放日中，家长是教育的伙伴，教师与家长沟通分享，让家长看到真实的、有针对性的、丰富的活动，并鼓励家长参与其中。

（一）筹划

1. 制订计划

班主任、年级组长、德育中层、校长是学校家长开放日活动计划的制订者。学校通过家长委员会了解家长的需求，共同制订计划。倡导家长成为开放日的组织者、实施者，而不是旁观者、配合者。

活动频率一般为每学期1次，每次大都为半天。为了照顾不同家长的需求，可增加开放日活动的次数，比如每月一次，使家长能在每月的开放日活动中合理选择，安排好工作，参与学校活动。

主题选择更多站在家长角度思考活动主题，选择合适的活动内容、活动形式，以吸引家长参与。

活动地点以孩子所在班级的教室为主，学校操场、食堂、图书馆等场所为辅。

方案撰写包括学校方案、年级方案或班级方案。具体包括活动名称、活动目标、活动准备、活动过程、活动反思。

2. 环境布置

建立、维持和增进家校关系包含欢迎家长进入学校和班级。为此，学校要重视"环境"的潜在价值，合理创设和利用学校的各种环境，向家长说明活动的具体内容，使家长感受到参与开放日的温馨和舒适，进而提高家长参与学校课程和活动的积极性。

欢迎家长的条幅、标语等一般设置在学校大门、入口处、公告栏等学校共用场所，或年级走廊、班级门窗、教室黑板报等处。如"热烈欢迎各位家长来校参加开放日活动""展示教学成果，提高教师素质""坚持教学开放，加强家校联系""广泛征求家长意见，全面提升管理水平"等，让每一个角落都传递欢迎家长光临的气息。

在学校、年级或者班级的墙壁、走道等张贴"通知""活动安排""温馨提示""参与要领"等信息，或者在家长群发布欢迎辞，以便家长了解活动的具体说明，知道在学校里可以做什么。在开头语"家长"前面加上"尊敬的""亲爱的"等字样，可以让家长感到更加亲切和温暖。如果家长想承担一些任务，可以尝试让家长去完成一些任务。当活动结束时，感谢家长的参与，强调他们的到来对学校和学生来说意义非凡。

餐点安排"食物可能会加强相互作用的关系"。在适当的时间和场合，给家长提供一杯咖啡、一杯果汁或一些点心。在午餐时间，安排家长就餐，让家长能够看到学校生活的各个环节。

（二）实施

家长开放日动静交替、室内外结合，具有稳定性和灵活性。成功的家长开放日，首先取决于家长，应该是家长需要的、参与的、认可的、互动的、合作的、满意的、受益的；其次取决于教师，教师有准备的、有组织的、有创意的。

1. 制作邀请函

制作精美的纸质或电子邀请函，加盖校章送达家长手中，以示对家长的尊重和对本次活动的重视；也对家长提出一些注意事项，如进入校园不吸烟、不随意接听手机、不大声喧哗、不随意走动、不提前退场等。

2. 环境参观活动

环境参观活动是家长开放日最基本的活动，也是家长比较热衷参与的一类活动。

（1）活动内容可以展示学校特色课程。如走进美术教室，可以展示学生的学校生活场景；如走进图书馆，引导家长掌握阅读的方法；走进厨房，引导家长学习营养配餐。

（2）活动设计可以邀请孩子设计和互动。如让孩子担任"小小解说员""图书管理员"等，让他们讲述各个专业教室的规则和要求，邀请家长体验美工作品的制作。

（3）家长可以自行选择填写活动记录表。边参观边记录，还可以在参观结束后对整个活动提出一些合理化建议和意见，填写反馈问卷，提高家长的主人翁意识。

3. 家长旁观活动

家长旁观活动即"听课"，包括观摩晨读、大课间活动等。这是开放日活动中最常见，也是最普遍的一种开放形式。在设计这类活动时，可以尝试这样做：

（1）告知注意事项。在活动之前，应告诉家长怎样看待孩子，怎样正确对待孩子之间的差别等，同时向家长讲解其他注意事项，以便家长更主动地配合教师。

（2）激发家长积极性。可以由家长负责活动中需要用到的一些准备材料，如图片资料等。

（3）制作课堂观察表。请家长带着问题看活动。设计课堂观察表时要考虑孩子的年龄特点、教学重难点及家长的需求。

（4）分享活动。家长通过旁观孩子的学校生活，会有一些想法和疑问，所以学校可以留出一定的时间和空间让家长与教师分享自己的感想并提出一些教育建议。

4. 家长参与活动

家长直接或间接参与到教师设计、组织的相对完整的教育活动中，家长在活动中起到协助、配合、引导的作用。

（1）活动内容的选择要具有完整性和连贯性。完整性是指要完整地展示孩子的学习过程和结果，不能通过一次活动完成的，不适合此类活动。如美术活动要能呈现相对完整的作品；科学实验能得出一个实验结果等。连贯性是指活动不能单独存在，要与孩子原有的活动相结合，并在"家长开放日"后有一定的延伸。

（2）活动形式要动静交替，个体、小组和集体活动形式相互转换。如开展"课堂角色互换"，让家长学，孩子教或者亲子讨论。

（3）活动展示形式可以多种多样。如作品类活动展示可以放在走廊的展示台；表演类活动展示可以借助照片、视频，通过公众号或家长群进行展示；操作类活动展示可以通过录像的形式回放。

5. 家长助教活动

家长直接参与教育活动，可以唤醒其主人翁意识，成为"家长开放日"的积极参与者。

（1）活动内容通常选择专业性较强、教师自身不好把握的活动。例如，请做牙医的家长讲解一些保护牙齿的相关知识；请身为消防工作者的家长讲解消防安全常识。

（2）活动组织根据班级具体情况而定。教师可以通过调查问卷、家访、访谈等方式全面了解家长的教育资源，真诚邀请家长参与活动，并与家长共同设定活动目标和内容。在活动中营造平等、信任和尊重的学习环境，让家长充满信心地投入教学。最后要做好活动后的反馈，认真收集家长助教后的建议，并进行合理化改进。

（三）评价

评价者以家长为主，教师、学校管理者为辅。学校可制作开放日活动的观察、记录和评价表，评价指标由具体的开放日活动确定。

1. 家长参与评价

主要评价家长的情感、收获、满意度。评价指标简明扼要、操作性强。

家长评价教师：包括学生德智体美劳全面发展的教育；教师与孩子之间的关系；教师与家长之间的关系。例如，教师对工作的责任感；对学生的关心爱护程度；教师对孩子情况了解的程度；家校联系的频率等。

家长评价学生：包括学生参与教学活动的专注度，与同伴的合作情况等。
家长评价活动：包括家长观摩活动的感受，对学校工作的意见与建议等。

2. 学校评价教师

学校采用观察法、谈话法、作品分析法等方法，从活动前的准备工作、活动计划、环境创设等方面来评价教师；在活动中教师与学生的互动、教师与家长的互动等进行评价；活动后的教育教学计划、反思资料等进行评价。

3. 教师互动评价

利用教研活动，教师对开放日和活动进行研讨与交流。

五、案例举样

浙江省兰溪市兰花小学在传统家长开放日的基础上，升级为2.0版本，诸多环节设置均与传统半日型家长开放日有很大区别。

首先，在主题构思上，立足儿童视角。以"我们一起上学去"为主题，将家长定位为学习伙伴，引导其全程参与孩子的学习和生活，"全方位沉浸式"体验孩子的校园生活。这个主题拉近了家长与孩子的心理距离，让孩子不再仰望家长，以平视的角度接受来参加开放日活动的父母，更显得真实和民主。

其次，在参加方式上，立足儿童视角。分年级开展开放日活动，每次每班10位家长参加，采用分批次报名的方式组织，一来避免了过多家长涌入校园，给学校正常教学秩序造成的冲击；二来也避免了一些特殊家庭的父母不能前来学校，给孩子造成失落情绪。

最后，在过程设计上，立足儿童视角。早晨，家长凭邀请卡与孩子同时入校，参与晨间活动，参与各学科上课，参与阳光大课间；中午，与孩子共进午餐，共同参与午间阅读；下午，家长与孩子一起参与音、体、美等学科上课，体验学生社团等活动。名为"家长开放日"，实为"家长全天候式体验日"，其好处在于，很多家长对孩子学习的辛苦"感同身受"，促进了家长与孩子之间的互相理解；校园一日学习，对老师的工作之勤奋和劳苦也有了切身体会，更有利于家校沟通。从对79位参与家长的无记名问卷调查来看，家长对学校办学理念、校园环境、教师素质等方面均给予了高度评价，整体满意率达到97.45%。而对学校而言，最大的益处还在于，家长是教师和学生以外的"第三只眼"，他们的深度参与，能从师生习以为常的校园生活中发现诸多可以改进的地方，给学校提供了许多宝贵的优化建议。

邂逅美好　共话未来
——杭州萧山区第五高级中学家长开放日活动方案

春光作序，共赴一场温暖的遇见。为了让家长真切感受学校教育教学情况和孩子在校的学习与生活，进一步加强家长和学校、教师之间的联系，让家长充分了解学校的办学宗旨和办学思路，广泛听取家长的意见和建议，全面提升学校教育教学管理水平。我校将举行家长开放日活动。

高一年级

一、时间：4月25日（周二）

二、活动安排

时间	活动安排	活动地点	责任人	备注
8:00 开始	家长报到，扫码签到 【休息点：图书馆（综合楼一层）】	校门口广场	×××	
8:25—11:00	家长进课堂 第二节（8:25—9:05） 第三节（9:30—10:10） 第四节（10:20—11:00）	1号、5号教学楼	×××	
9:05—9:30	观摩课间跑操	学校田径场	××× ×××	
10:20—11:00	校长面对面暨高一年级家委会成立仪式	五号会议室（综合楼五层）	×××	高一家委会成员参加
11:10—11:40	午餐及校园参观 【休息点：图书馆（综合楼一层）】	食堂一楼、心理辅导室、校史室、学科教室、艺术楼、图书馆等	×××	
11:55—12:30	观摩学生才艺展示	学校广场	×××	
12:30—13:10	名优教师面对面	图书馆（综合楼一楼及大厅）	×××	
12:30—13:10	观摩学生书画比赛	体育馆二楼		
13:30—14:30	生涯讲座：《新高考政策解读和多元升学规划》	西区多媒体教室	×××	主讲人：×××
14:40—15:40	亲子讲座：《面对青春期的孩子，做对一件事就够了——亲子教育经验分享》	西区多媒体教室	×××	主讲人：×××

高二、高三年级

一、时间：4月26日（周三）

二、活动安排

时间	活动安排	活动地点	责任人	备注
8:00 开始	家长报到，扫码签到 【休息点：图书馆（综合楼一层）】	校门口广场	×××	
8:25—11:00	家长进课堂 第二节（8:25—9:05） 第三节（9:30—10:10） 第四节（10:20—11:00）	高二年级：2号、5号教学楼； 高三年级：3号、4号教学楼	×××	
9:05—9:30	观摩课间跑操	田径场、学校广场	××× ××× ×××	
10:20—11:00	校长面对面	五号会议室（综合楼五层）	××× ×××	高二、高三家委会成员参加

续表

时间	活动安排	活动地点	责任人	备注
11:10—11:40	午餐及校园参观 【休息点：图书馆（综合楼一层）】	食堂一楼、心理辅导室、校史室、学科教室、艺术楼、图书馆等	××× ×××	
11:55—12:30	观摩学生才艺展示	学校广场	×××	
12:30—13:10	名优教师面对面	图书馆（综合楼一层及大厅）	×××	
12:30—13:10	观摩学生书画比赛	体育馆二楼	×××	
13:30—14:40	高二亲子讲座：《家长如何进行有效的亲子沟通》	西区多媒体教室	×××	主讲人：×××
13:30—14:40	高三亲子讲座：《一切为了孩子，做好孩子的护航使者》	三号会议室	×××	主讲人：×××
15:00—15:45	《感恩父母》主题班会观摩	西区多媒体教室	×××	开课人：×××

杭州市萧山区第五高级中学
2023 年 4 月 18 日

杭州市×××幼儿园家长开放日邀请函

各位家长朋友：

　　您好！孩子的发展需要您的关注，孩子的快乐需要与您分享，孩子的成长需要您的见证。

　　为了让您更真实、全面、直观地了解孩子在园学习、生活情况，零距离感受快乐游戏带给孩子的自信、勇敢、合作与探索，我们诚挚邀请您在百忙之中抽时间来参加本学期的家长开放日活动，走进幼儿园，温情陪伴，与孩子共同度过美好的时光！

　　具体活动安排如下：

1. 活动地点：幼儿园三个园区（戒坛园区、慧兰园区、锦绣园区）
2. 活动对象：全体家长（每位幼儿邀请一位家长参与活动）
3. 活动时间：2023 年 5 月
4. 活动内容：幼儿园半日活动（具体见班级家园栏）

爱的约定：

1. 本次活动特邀爸爸或妈妈参加（一个家庭限一位家长参加）。
2. 为确保孩子顺利参与各项活动，请您提前与孩子约定、鼓励孩子在您来园参与活动时，要独立表现，避免出现焦虑情绪。
3. 请准时到达班级相对应的位置参加活动，把手机关机或调到静音状态。因园所周边停车位有限，请尽量选择绿色出行方式，注意安全。

4.活动中，请您根据需要做一个观察者、倾听者和参与者，不干预孩子的正常活动。

5.每一位孩子都是独一无二的，请尊重孩子的个体差异，不对比、不比较，用赞许的眼光看待每一位孩子的点滴进步。

感谢您的参与和支持，期待您的到来！

杭州市×××幼儿园
2023年4月30日

"成长瞬间"家长开放日观察记录表

班级：　　　　　幼儿姓名：　　　　　家长签名：

亲爱的家长：

您好！欢迎您参加杭州×××幼托园"家长开放日"活动！为更好共建"惠泽·观成"以爱育爱的学习型社区，我园家长指导站特拟此观察记录表，请您认真填写，并在您走之前投入门厅的园长信箱。再次感谢您的支持！

我的观察与记录 （我的孩子在参与哪些活动，说了什么让我印象深刻的语言，活动过程中碰到哪些挑战和问题，是否得以解决，是否积极参与活动与学习，是否与同伴之间有效交流与合作等）		我的期望与感想 （对老师的教学方法、教学准备、半日活动设计、师生关系等是否满意，有什么意见或者建议）
活动名称	内容与评价	建议与感想
课程活动		
半日活动		
其他		
通过本次家长开放日，你有什么收获？发现哪些闪亮瞬间？希望"家长开放日"提供给家长更多哪些方面的信息		

主题6　学校家委会的组建与运行

学校家委会要在学校领导下组建，在学校指导下开展工作，并纳入学校的工作范畴。它是家长参与学校的组织形态，其属性问题是研究家委会的起点，关系到家长与学校的权利关系，关系到其应履行的职责、如何履行职责等问题。教育部于2012年颁布的《关于建立中小学幼儿园家长委员会的指导意见》对家委会的职责、组建、活动、保障等作了较为详细的规定。然而，从整体上说，学校家委会建设还不尽如人意，其功效还有待进一步发挥。因此，在进行学校家庭教育指导时，需要传递一些家委会的组建和运行的方法给老师，以推进家委会的制度化建设。

一、活动目的

通过培训，使教师掌握指导家委会的组建和运行的方法，推进家委会的制度化建设。

二、活动内容

设计培训活动可以从家委会的组织形态、工作意义、工作内容、基本职责、组建流程等方面进行。

（一）家委会的组织形态

家委会的组织形态通常分为校级家委会、年级家委会和班级家委会三种。

（1）校级家委会：对学校工作进行监督，加强学校和家长之间的沟通，促进学校教育和家庭教育的协调。

（2）年级家委会：以年级为单位，组织家长参与学校管理和监督，协助年级开展学生活动，加强家校沟通。

（3）班级家委会：以班级为单位，由班主任和家长代表组成，负责班级日常管理工作，组织家长参与学校教育活动，加强家校沟通。

在这三种形态中，班级家委会是最常见的一种，因为它的组织结构更贴近家长和学生的日常生活，能够更好地反映家长和学生的需求和问题。

（二）家委会的工作意义

中小学生和幼儿园儿童的健康成长是学校教育和家庭教育的共同目标。建立家长委员会，对于发挥家长作用、促进家校合作、优化育人环境、建设现代学校制度，具有重要意义。

（1）沟通桥梁：家委会是加强家庭和学校之间联系的桥梁，可以及时沟通双方的信息，增进理解，解决问题。

（2）参与管理：家委会参与学校的管理和决策，可以促进学校的民主化和科学化，提高教育质量。

（3）提供支持：家委会可以为学校的教育教学提供支持和帮助，如协助组织各种教育活动、参与课程开发和改革等。

（4）优化育人：通过参与家委会的工作，家长可以更好地感受到孩子的成长和教育需求，同时也可以让孩子更好地感受到家长的支持和关爱，从而增强家庭和学校之间的责任感和合作精神。家委会可以组织各种社会实践活动、志愿者活动等，让孩子更好地接触社会，锻炼孩子的社交能力和组织能力。同时，也为家庭和学校之间的合作提供更多的机会。

要办好人民满意的教育，就要充分认识建立家长委员会的重要意义，把家长委员会作为建设依法办学、自主管理、民主监督、社会参与的现代学校制度的重要内容，作为发挥家长在教育改革发展中积极作用的有效途径，作为构建学校、家庭、社会密切配合的育人体系的重大举措，以更大的热情、更有效的措施，创造更好的条件，大力推进建立家长委员会工作。

（三）家委会的工作内容

家委会的工作内容是围绕孩子的成长和教育展开的，旨在加强家庭和学校之间的合作和支持，为孩子的成长提供更好的环境和条件。家委会要针对学校教育和家庭教育的突出问题，重点做好德育、保障学生安全健康、推动减轻中小学生课业负担、化解家校矛盾等工作。家委会的工作内容主要包含以下四个方面。

1. 与学校共同做好德育工作

要及时与学校沟通学生思想状况和班集体情况，经常向家长了解学生在家庭的表现和对学校、教师的看法，与学校和教师一起肯定和表扬学生的进步，解决和化解学生遇到的困难和烦恼，做好思想工作。经常通过家长了解学生所在班级的情况，及时发现班集体风气和同学之间关系存在的问题，推动形成积极向上、温暖和谐、互助友爱的班集体。

2. 协助学校开展安全和健康教育

引导家长履行监护人责任，配合学校提高学生的安全意识和自护能力，支持学校开展体育运动和社会实践活动。对学校的安全工作进行监督，与学校共同做好保障学生安全的工作，避免发生伤害事故。

3. 支持和推动减轻学生课业负担

防止和纠正幼儿园教育"小学化"。引导家长积极支持教育部门和学校采取的减轻中小学生课业负担的各项措施，监督学校的课业负担情况，及时向学校提出意见和改进的建议，与学校共同推进素质教育。

4. 营造良好的家校关系

把学校准备采取和正在实施的教育教学改革措施，向家长做出入情入理的解释和说明，争取家长的理解和支持。及时向学校反映家长对学校工作的疑问，帮助学校了解情况改进工作。多做化解矛盾的工作，把可能出现的问题，解决在萌芽状态。

（四）家委会基本职责

家委会应在学校的指导下履行职责。家委会的基本职责主要包含以下三个方面。

1. 参与学校管理

对学校工作计划和重要决策，特别是对事关学生和家长切身利益的事项提出意见和建议。对学校教育教学和管理工作予以支持，积极配合。对学校开展的教育教学活动进行监督，帮助学校不断改进和完善。

2. 参与教育工作

发挥家长的专业优势，为学校教育教学活动提供支持。发挥家长的资源优势，为学生开展校外活动提供教育资源和志愿服务。发挥家长自我教育的优势，交流宣传正确的教育理念和科学的教育方法。

3. 沟通学校与家庭

向家长传达学校近期的重要工作和准备采取的重要举措，听取并转达家长对学校工作的意见与建议。向学校及时反映家长的意愿，听取并转达学校对家长的希望和要求，促进学校和家庭的相互理解。

（五）家委会的组建流程

学校组织家长按照一定的民主程序，本着公正、公平、公开的原则，在自愿的基础上，选举出能代表全体家长意愿的在校学生家长组成家委会。特别要选好家委会的牵头人。要从实际出发，确定家委会的规模、成员分工。

1. 定人数和职责

家委会成员人数可以根据学校班级的实际情况确定，一般建议在10～12人左右，可以包括家长代表、班主任、学校领导等各方面人士。所有成员需要明确自己的职责和分工，如总委员长负责全盘工作，副委员长协助委员长工作，组织委员负责筹划活动等。

2. 确定选举方式

可以采用自荐、推荐、选举等方式，确定家委会成员。在选举时可以制定选举规则，如每位家长都有选举权和被选举权，选举需要公开透明等。

3. 制定章程和制度

制定家委会的章程和制度，明确家委会的职责、工作程序、决策机制等。这是家委会组建的重要环节，可以帮助家委会成员明确自己的责任和义务，保证家委会工作的顺利进行。

4. 定地点和时间

选择合适的办公地点和时间，开展家委会的日常工作。可以安排专门的会议室或办公室作为家委会的办公地点，同时要安排固定的办公时间，方便家委会成员进行沟通和交流。

5. 宣传与推广

通过家长会、学校网站、宣传栏等方式，向家长宣传推广家委会的意义和作用，鼓励更多的家长参与家委会工作。同时，可以在学校网站、公众号上展示家委会成员的照片和简介，方便家长了解家委会成员的情况。

6. 定期召开会议

定期召开家委会会议，汇报班级工作情况，讨论班级重大事项，提出改进意见和建议。会议时间可以安排在家长会前后，也可以根据需要临时召开。

7. 开展家委会活动

根据实际情况，开展各种形式的家委会活动，如家长会、亲子活动、社会实践活动等。通过这些活动可以增强家长之间的联系和合作，同时也可以促进家庭和学校之间的沟通和理解。

总之，家委会的组建需要充分考虑各方面因素，包括成员人数、职责分工、规章制度等，同时要积极宣传推广家委会的意义和作用，促进家庭和学校之间的合作和支持。

三、活动形式

家长委员会作为成人教育机构，教育的对象是家长，可以通过专家讲座来进行家委会的相关培训。专家讲座是针对家委会的意义、职责、工作内容等方面的主题培训课程，其培训对象为班级、年级、学校三级家委，旨在帮助家委会成员了解学校的发展历程、教育理念、教育特色、教育成绩等；也要明确自己的职责是协助班级管理、参与学校管理、提供资源支持、促进家校沟通、反映家长意见、提升家庭教育水平和维护学校形象和声誉。

四、活动组织

家委会的活动内容全面、系统，注重实用性和可操作性，适用场景很广，培训的形式也是丰富多样。从针对性与适宜性的角度来看，教师在组织以家委会为主题的培训活动时，还需要特别关注内容选择和实施策略。

1. 内容选择

（1）明确家委会的职责和使命：让家委会成员了解家委会的职责和使命，包括参与学校管理、组织家长会议、协助班级管理、提供资源和支持等。

（2）掌握有效的沟通技巧：让家委会成员掌握有效的沟通技巧，包括如何与学校领导、教师、家长等沟通交流，如何有效表达自己的意见和看法。

（3）熟悉学校的教育教学工作：让家委会成员熟悉学校的教育教学工作，包括学校的课程设置、教学计划、教育理念等，以便更好地参与学校管理工作。

（4）了解家庭教育知识和方法：让家委会成员了解家庭教育知识和方法，包括如何关注孩子的成长、如何与孩子沟通交流、如何培养孩子的良好习惯等。

（5）提升自身的素质和能力：让家委会成员提升自身的素质和能力，包括如何提高自己的文化素养、如何增强自己的管理能力等。

（6）熟悉家委会的章程和制度：让家委会成员熟悉家委会的章程和制度，包括家委会的职责、工作程序、决策机制等。

2. 实施策略

要注重目标明确、计划周密、方式多样、实践应用、定期评估、加强沟通和建立长期合作关系等方面，以便更好地发挥家委会的作用，为孩子的成长提供更好的支持和帮助。做到四个加强：加强家委会成员之间的沟通和协作，促进信息共享和经验交流，提高培训的效果和质量；加强实践和应用，让家委会成员通过实际操作和案例分析，掌握相关的知识和技能，提高其参与学校管理的能力和水平；加强评估和反馈，对家委会的培训效果进行定期评估和反馈，了解家委会成员对培训的满意度和收获，及时调整和改进培训计划和方法；加强合作关系，与学校领导、教师等建立长期合作关系，共同推动家委会的发展和完善，为孩子的成长提供更好的支持和帮助。

主题 7　家长志愿者队伍的组建与运行

家长志愿者队伍是指在学校的统一协调下，由关注教育、关心孩子、拥有爱心的家长代表组成的特殊志愿者团体。家长志愿服务是家长参与学校的重要形式，学校可以在相关部门（如德育处、教导处等）之下设立服务于学校的家长志愿者队伍，如在德育处设立家长爱心护校队，在教导处设立家长助学团。家长志愿者队伍独立于家委会之外，是与其并行存在的。但通过学校实践可知，家委会与家长志愿者队伍之间也可以是上下级关系，学校家长志愿者队伍是家委会下设的专门活动机构，承担家委会的一定职责。从运行角度看，将家长志愿者队伍作为家长委员会下设的组织，在组织架构上更为简单，无论在管理上还是信息沟通上，都更加有效。近些年，家长志愿者服务在我国中小学、幼儿园得以迅速发展。这也充分说明家长志愿服务这种家校合育形式已经被多数家长接受，产生良好的效果。进一步探索家长志愿者队伍的组建和运行机制，对于提高家长活动参与度极为重要。

一、活动目的

通过培训，使教师掌握组建和运行家长志愿者队伍的方法，能发展家长志愿者，激发家长的志愿精神，促进家校合育效能最大化。

二、活动内容

（一）家长志愿者队伍的价值

1. 丰富学校教育资源

孩子上学、放学过程中存在许多细节，每个细节都会影响孩子发展，如校园安全问题，城市化发展带来的交通、治安问题，这些是儿童健康发展的潜在威胁。但教师精力有

限，许多方面无暇顾及，难免会有疏漏，而家长志愿者队伍可以帮助解决这些问题。

2. 密切家校联系

家长志愿者队伍是加强家校联系、促进家校共育的重要载体。

3. 积极影响孩子

家长的志愿服务本身对孩子来说就是一种无形的教育，是在向孩子传递这个社会的核心价值观，能够让孩子深切体会到"奉献、友爱、互助、进步"的志愿精神。同时，家长在参加学校志愿服务的过程中，还能够更多地接触孩子、了解学校、理解教师，增强对孩子和教师的理解与信任，学习到更多的教育知识与方法，改进家庭教育的观念。

（二）家长志愿者队伍服务内容

家长志愿者的职责与使命归纳为：学校文化的传播者、学校管理的参与者、教育教学的促进者、第二课堂的协助者、师生关系的疏导者、家校合作的代言人。总之，家长志愿者队伍是协助学校开展教育教学工作，协调家庭、学校与社会关系的组织，其工作职责主要包括以下几方面。

1. 辅助学校进行日常管理

学校管理主要在两种情况下缺乏人手：一是上下学的平安护学岗；二是学校举行或组织各种典礼、仪式、运动会、校外实践活动、外出研学旅行等。这两种情况下学校会招募家长志愿者帮助管理。

2. 参与学校管理

家长志愿者还可以对学校制度的完善起到很好的作用。虽然家长在学校的制度制定中没有决定权，但家长对学校工作应该享有知情权、监督权、参与权。学校在制定一些管理制度的过程中要听取家长的意见，积极开门纳谏。在制度制定和宣传阶段，可以利用家长志愿者的力量积极宣传，如学生校服订制工作，可以借助家长志愿者的力量开展调查，提出方案，最后由家长和学校共同决定。

3. 走进课堂，开设课程

现代课程强调选择性、多样性，课程开发是学校的一项重要任务。而家长之中无疑蕴藏着大量的资源，经过简单培训，不少家长结合自己的工作内容或特长开发适合青少年的课程，自己也能直接走进课堂讲授。杭州市某小学的家长自愿开发了两门重要的校本课程——木工课程和空竹课程，这两门课成为学校的品牌课程。

4. 联系社会资源，开设社会大课堂

现代学校的教育要走出封闭的校园，走进社会，走进生活。但走进社会，既需要资源和条件，也需要有人组织实施。家长志愿者队伍无疑是比较好的选择。

（三）家长志愿者队伍建设原则

1. 自愿参与

家长志愿者队伍的组建应该遵循自愿参与原则，而不是被强迫或作为任务分配。同时，他们应该以无私奉献的精神为出发点，为孩子们的利益贡献自己的力量。

2. 立足本校（园）

家长志愿者的工作应该以服务幼儿、促进家校合作为根本出发点，充分依托家长委员会，结合本园的实际自主开展志愿活动。他们的服务应该以教育教学需求为依据，根据自身人力、物力、财力等实际，将教育教学需要与服务能力结合起来。

3. 广泛参与

要深入宣传，广泛发动，充分认识"家长志愿者进校（园）"的重要意义，充分调动家长参加志愿者活动的积极性和主动性，使其各尽所能，根据自身的能力和特长，以不同的方式参与到志愿活动中。

4. 规范运作

对于家长志愿者队伍的管理应该规范有序，有效运作。应该建立合理的招募、培训、管理和激励制度，确保志愿者队伍的素质和能力得到充分发挥。

5. 保障安全

在开展家长志愿者活动时，应该充分考虑安全因素，采取必要的措施保障参与者的安全。同时，要确保服务质量，让孩子们在活动中受益，促进他们的健康成长。

6. 积极沟通

对于家长参与志愿活动的意愿和需求要尊重，同时要积极与家长沟通，了解他们的想法和建议，不断改进和优化志愿活动的内容和形式。

7. 弘扬志愿精神

通过家长志愿者活动，倡导公益理念和志愿精神，让更多的人关注中小幼教育和家庭教育，为孩子们的成长和发展贡献自己的力量。

总之，家长志愿者队伍的建设应注重自愿参与、立足本校（园）、广泛发动、有效管理、保障安全、尊重家长意愿、倡导公益理念等方面，以确保志愿活动的顺利进行和有效实施。

（四）家长志愿者队伍建设的方法

1. 明确目标和意义

明确家长志愿者队伍的目标和意义有助于提高参与者的积极性和参与度。例如，家长志愿者队伍可以是为了加强学校与家庭之间的合作，提高学校教育质量，或者是为了帮助学生更好地适应学校生活，提高学生的学习成绩等。

2. 制定招募标准

为了保证家长志愿者队伍的质量和有效性，需要制定一套明确的招募标准。招募标准可以包括家长的基本信息、专业技能、服务时间等方面。同时，还需要考虑志愿者的多样性，确保队伍中具有不同背景和经验的家长。

3. 多样化培训方式

对于家长志愿者队伍的培训，可以采用多种形式和方式。例如，线上培训可以节省时间和成本，同时也可以提高培训的覆盖面和参与度。线下培训则可以增强彼此之间的交流和合作。

4. 定期评估和反馈

为了不断提高家长志愿者队伍的工作质量和效果，需要定期进行评估和反馈。可以通过问卷调查、访谈等方式收集家长志愿者的意见和建议，及时发现问题并进行改进。

5. 建立激励机制

建立激励机制可以激发家长志愿者的积极性和参与度。例如，可以定期评选优秀志愿者、颁发证书等，同时也可以为志愿者提供一定的资源和支持。

6. 保持与学校的良好沟通

家长志愿者队伍需要与学校保持良好的沟通和合作。这可以确保家长志愿者队伍的工作与学校的教育理念和教育需求相符合，同时也可以促进学校与家庭之间的合作和交流。

7. 建立完善的管理制度

需要建立完善的管理制度，确保家长志愿者队伍的规范化、专业化发展，包括制定工作职责、明确工作流程、建立档案管理等。同时，也需要对志愿者队伍进行监督和管理，确保其工作质量和效果。

三、活动形式

家长志愿者队伍严格来说是一个学校参与管理的公益性组织，对成员的约束力较低，更多的是依靠成员的自觉和自我约束。活动形式和家委会的活动"和而不同"，除此之外，还可以通过主题工作坊、实践操作会、经验分享会等形式进行活动指导。

1. 主题工作坊

主题工作坊是一种集中、深入的学习方式，通常从家长志愿者的工作需求出发，是以一个特定的主题或问题为核心，通过互动讨论、案例分析、创意活动等环节，提高解决问题的能力，同时也可以促进知识分享和经验交流，增强团队凝聚力和协同能力。

在进行主题工作坊时，需要注意以下几点：主题选择要明确、具体、有针对性，与参与者的背景和需求相符合；主持人或专家要有丰富的知识和经验，能够引导参与者进行深入的探讨和研究；评估活动要公正、客观、具体，能够对参与者的表现和成果进行准确的评估和总结。

2. 实践操作会

通过学校各部门专业老师或邀请专家等对家长志愿者进行指导和培训，提高家长志愿者的专业素养和服务质量。培训的内容和形式要符合家长志愿者的背景和需求，注重实用性和可操作性；培训过程中要注重互动和交流，鼓励家长志愿者提问和发表意见，以便更好地掌握相关知识和技能。培训结束后要进行评估和总结，对家长志愿者的表现和成果进行总结和反馈，以便进一步提高服务质量。

3. 经验分享会

可以组织家长志愿者分享各自在参与志愿活动中的经验、心得和体会，以及在志愿服务中获得的收获和成长。一般流程如下：

（1）确定分享会主题和时间地点：根据实际情况，确定分享会的主题和时间地点，可以采取线上或线下的形式。

（2）邀请家长志愿者参与：邀请有意愿参加的家长志愿者参加分享会，可以提前收集他们的信息和经验，以便更好地进行交流和讨论。

（3）主题分享和互动讨论：在分享会上，可以邀请一些有经验的家长志愿者分享自己的经验和故事，并鼓励其他参与者提问和发表意见，进行互动讨论。

（4）总结和反馈：在分享会结束时，可以进行总结和反馈，对参与者的表现和经验进行总结和评价，以便对今后的志愿服务进行改进和提升。

通过家长志愿者经验分享会，可以促进家长之间的交流和互动，分享经验和心得，同时也可以提高家长志愿者的参与度和积极性。此外，也可以帮助其他家长了解志愿服务的意义和价值，鼓励更多的家长参与到志愿服务中来。

四、活动组织

科学、规范、高效的管理依然是家长志愿者持续发挥力量的保障。因此在组织家长志愿者活动时，我们需要确保活动的顺利进行，同时让家长们能够积极参与并感受到活动的意义。需要把握好以下注意点。

（1）招募成员。明确招募目标：确定需要招募的家长志愿者人数，根据活动规模和需要来设定。明确家长志愿者的职责和期望，确保他们了解将要承担的任务。通过多种招募方式进行招募：在学校官方渠道（学校网站、公众号、钉钉平台、家长群等）发布招募信息。招募时间与流程：设定明确的招募时间，如一个月或一学期前开始招募。家长提交申请后，学校进行筛选，通知入选家长并发放聘书。

（2）培训与实施。对招募到的家长进行必要的培训，确保他们了解活动要求、安全注意事项等。培训结束后，结合学校的活动根据家长志愿者的特长和意愿，分配具体的任务。教师和其他工作人员与家长志愿者保持密切沟通，共同解决活动中出现的问题。

（3）组织与管理。第一，学校对家长志愿者的管理，包括在学校直接领导下成立的家长志愿者队伍，以及在学校参与下以家委会名义成立的家长志愿者队伍。第二，家长志愿者队伍的运行管理，包括家长志愿者队伍的工作机制、内部运行、考核监督等。一般而言，学校应设置专门负责家长工作的校级领导，负责学校方面的家长志愿者管理工作。在家委会的内部机构中，家长志愿者队伍属于最重要的组织之一，学校应配合家委会主席做好管理工作。

（4）评价与推广。当活动结束后，对家长志愿者的表现进行总结和评价，给予肯定和鼓励。学校可通过各种途径，如内部刊物、学校公众号等，介绍、宣传、报道家长志愿者所做的工作，对优秀志愿者予以表扬。在条件允许的情况下，可以对志愿者实行"工分制"管理，给每位家长设置一定的"工分"额度，家长可以根据自己的具体情况完成"工分"。"工分"既是对家长志愿者的一种约束，更是一种调动和奖励。有的学校尝试将家长志愿者行为纳入家长教育学分制管理之中，规定必须修够一定的学分，才能在教育中取得

合格成绩，而家长的志愿行为就可以换取学分。另外，要收集家长志愿者的反馈和建议，为今后的活动提供参考和改进方向。

主题8 家庭教育指导工作坊的策划与组织

家庭教育指导工作坊是以一名在某个领域富有经验的导师为核心，由30～40人组成的小团体，在导师的指导之下，通过活动、讨论、短讲等多种方式，围绕特定话题开展人际沟通与经验分享，进而获得各类理念与技能的培训形式。家庭教育指导工作坊的参与性、实践性较强，具有促进协作性、即时性、具身性的特点，用"体验式"教学代替"灌输式"教学，让家长能够自我领悟并且行为跟进。

一、活动目的

通过培训，使教师掌握家庭教育指导工作坊的策划与组织的方法。家庭教育指导工作坊注重的不是传递知识，而是通过营造良好的人际关系环境，还原生活场景，使学习者在参与、体验和互动中，唤醒和提升教养经验，将理论理解应用于家庭教育实践。

二、活动内容

家庭教育指导工作坊的对象是家长，家长群体的学习遵循成人学习的规律，具有实用性、经验性与自主性的特点。活动内容按需而设，可围绕家长的自我觉察力、情绪管理力、亲子沟通力、自我学习力、家庭沟通力、家校合作力等核心能力，选取家长们比较感兴趣的亲子沟通、学段衔接、情绪管理、父母自我成长等相关内容。

学校可以依据不同学段孩子独特的身心发展特点开设学段工作坊，引导家长更好地顺应孩子的成长规律，进行有效的陪伴。例如，小学阶段的一年级新生入学之初，学段工作坊以"明确培养目标，尽快适应小学生活"为专题内容；二年级以"培养习惯，拓宽视野"为主题，引导家长注重培养良好的习惯；三年级学生自我意识逐渐发展，可以开设"沟通无极限"和"我的情绪我作主"的专题工作坊；四年级学生处在由儿童期向少年期转变的过程，建议以"优质陪伴"为主题，让家长明白给孩子提出建议而不是代替其作决定，更有利于亲密关系的维系；五、六年级的工作坊以"遭遇美丽的青春期"为主题，具体可分为理解青春期、如何说孩子才会听、怎样与孩子谈社交安全、亲子沟通现场四个主题。

学校也可以将工作坊专题细化为一个个循序渐进、相辅相成的主题活动，这类工作坊我们称为序列化专题式工作坊。例如，在父亲成长工作坊中，家长参加校园亲子日父亲专场活动、父亲微课进校园活动、"带着爸爸去研学"综合实践活动日活动、父亲心理成长团辅活动，唤醒父亲自我觉察意识和与孩子沟通技巧的能力。在父亲家庭剧场中，以情景再现、同伴互助、交流沟通、雕塑定位等多元方式陪伴家长探索父职中的误区，进行自我揭破。

三、活动形式

家庭教育指导工作坊以情境为中介、以实践为核心，注重自我体验、自我成长。其主要采用主动体验、角色扮演、头脑风暴、案例分析和支架支持等形式。

1. 主动体验

不同家长面对孩子的教育问题，都有自己的方法。有的崇尚"棍棒底下出孝子"；有的信奉"儿孙自有儿孙福"……但是，很多方法操作起来，效果却不尽如人意。在工作坊中，教师带领家长对原生家庭进行认识和探索，了解到在一些原生家庭里，家长的父母往往使用指责、打骂、讨好等非理智的方式来应对压力事件，家长自然而然也习得了这种方式，并带到自己的新家庭中。在此基础上，教师再带领家长用身体语言来体验这些压力状态下的应对方式带给对方和自己的不良感受，如被指责时的恐惧害怕、被打骂时内心的孤独和无助……开展筷子、照镜子、"真心话大冒险"等游戏，家长和孩子说出彼此的期待或担心，家长探索家庭教育中与孩子的沟通方式。在体验中，发现有时候冰冷的语言背后是温暖的担心，继而改善亲子沟通模式。

2. 角色扮演

角色扮演能够帮助家长认识到孩子容易对单一的教育模式产生免疫反应，从而正视自身存在的僵化观点，寻找更有效的解决策略。例如，有些孩子课余生活被过多的课外特长班、辅导班填满，承担着家长的高期望、高要求。在活动中，教师用角色扮演的方式让家长背负七八个书包，背着爸爸、妈妈，甚至爷爷、奶奶尚未实现的人生目标前行。家长学会换位思考，站在孩子的角度看问题，发现"艺多不压身"可能抑制孩子的健康发展，要尊重孩子的想法，根据孩子的兴趣爱好选择课外班。

3. 头脑风暴

当一群人围绕一个特定的兴趣领域讨论并产生新观点，这种情境就叫作头脑风暴。组织头脑风暴关键在于以下几个环节：确定议题、会前准备、确定人选、明确分工、规定纪律、掌控时间。一次成功的头脑风暴最为关键的是自由畅谈、延迟评判、禁止批评、追求数量。在进行头脑风暴之前必须有君子协定，内容包括不许评价、异想天开、越多越好、见解无专利。由于团队讨论使用了没有拘束的规则，人们就能够更加自由地思考，进入思想的新领域，从而产生很多的新观点和问题解决方法。当参加者有了新观点和想法时，他们就大声说出来，然后在他人提出的观点之上建立新观点。所有的观点被记录下但不进行批评。只有头脑风暴结束的时候，才能对这些观点和想法进行评估。头脑风暴的特点是让与会者敞开思想，使各种设想在相互碰撞中激起脑海的创造性风暴，其可分为直接头脑风暴法和质疑头脑风暴法，前者是在专家群体决策基础上尽可能激发创造性，产生尽可能多的设想和方法，后者则是对前者提出的设想、方案逐一质疑，发现其现实可行性的方法，这是一种集体开发创造性思维的方法。

4. 案例分析

案例分析方法又称为个案分析方法或典型分析方法，是对有代表性的事物（现象）深入地进行周密而仔细的研究，从而获得总体认识的一种科学分析方法。该分析法具有代表性、系统性、深刻性、具体性等特点。其具体分析步骤为：①依据分析目的，选择有代表性的事件作为分析研究对象；②全面收集有关被选对象的资料，包括直接资料和间接资料。可以收集他人对该对象所研究的间接资料，但是，主要收集的是第一手资料，包括事件参与者亲自写的文字等，尤其重视收集系统的数据资料；③系统地整理收集到的资料，依据分析研究的项目和内容进行分类；④对所要求分析的内容进行逐项分析研究；⑤对各项分析结果进行综合分析，探求反映总体的规律性认识。该法既可被用来为某种假说作论证，又可把得到的研究成果作为更广泛研究的基础。但是，这种方法也有一定的局限性，个别不等于一般，而且在选取研究对象时有一定的主观随意性等。在实际研究工作中，案例分析方法应与其他研究方法结合起来使用。

5. 支架支持

支架源于建构主义教学理论，指用于帮助学习者更好完成任务的辅助工具或支持行为。支架式工作坊是一种基于成人学习原理，通过团体研讨和刻意练习，借助教养支架提升教养效能的家庭教育指导模式，这里的"支架"就是帮助家长将问题解决方案结构化的工具，如"情绪觉察单""安全沟通法""家长使用说明书"。每一种工具着重提示不同的使用场景、目标和要点，旨在帮助家长通过练习掌握教养技能，将学习场景中的经验迁移到家庭生活中，真正实现由"知道"到"做到"。

四、活动组织

工作坊培训模式是在行动研究的框架下，通过不断地参与、体验、分享、应用、整合，使不同的思想、不同的育儿观进行不断碰撞，在实际的个案实践中找出问题的根源，并进行针对性的研究。

1. 主题选择

主题选择要依据家长的需求开展。主题征集可以通过调查访谈确定，也可以与班主任或任课教师一起讨论提出一些共性问题，还可以请学生参与确定。值得学习和参考的做法有：先召开班主任会议，研讨工作坊主题，再辅以学生座谈会、家长问卷调查、家长群征求意见等形式，经充分讨论分析后确定主题。有时可以设置系列主题，在不同年级循序渐进地开展。

2. 组成团队

家庭教育指导工作坊导师是"带领者"，可外聘或由学校有经验的班主任、心理专职教师担任，其任务在于创设情境、引发疑问、促使学员展开积极的讨论并在适当的时候提供与情境相关的专业知识作为指导。核心团队是"陪伴者"，由副校长、德育中层干部、家庭教育骨干教师、家长志愿者等组成，陪伴学员探索自己、亲子、家庭，给予他们最好的支持、最有力量的帮助。

3. 学员招募

组织者可通过学校公众号、海报等方式公开招募学员。一般以 30～40 位为宜，每次人数有所限定。家庭教育指导工作坊的时间配合家长的工作安排。寻求解惑的家长可以自愿报名参加，他们是自我成长的"探索者"。家庭教育指导工作坊可以根据家长的实际情况进行菜单式选择，培训形式可以线上和线下工作坊结合。

4. 研行共进

研就是"调研、教研"，导师和核心团队成员在工作坊开展前要集体备课，对主题、活动与工作流程等达成共识。"行"是"探索、实践"，学员必须参与亲身体验实践，在问题探究与澄清、情境设置与体验、经验交流与分享、尝试实践的环节中探索自身成长，获得知行合一的真实成长。

五、案例举样

（一）三级家长工作坊

北京市顺义区牛栏山一中实验学校开展的"因为有你，所以幸福"家长工作坊，分为班级、年级和校级三级。学校通过采集家长信息，了解家长需求，为工作坊成员开展工作提供便利。工作坊通过研讨、交流、论坛、视频等多种形式，与家长共同分析家庭教育中的疑难问题，使家校教育形成最大合力。

1. 班级家长工作坊

班主任针对学生的问题与班级家长工作坊成员随时互动。其形式灵活多样，可以是家长讲坛、讲座、小品互动、户外亲子体验，也可以是纪念馆前缅怀英烈、博物馆里交流感悟等。

以初一某班的"让我们携手共进"主题家长会为例。在前期准备阶段，班级家长工作坊成员和班主任共同研讨家长会的主题和方案，对家长和学生进行问卷调查，一起分析部分学生成绩落后的原因。在家长会上，班级家长工作坊成员组织大家各自反思，教师真诚反思自己的教学，家长与学生敞开心扉进行亲子互动。班级家长工作坊成员和学生一起排演的小品《家长会之后》，让家长和学生都受到很大触动。

2. 年级家长工作坊

年级家长工作坊的活动各有侧重，初一年级的重点是品格教育方法指导，初二年级是青春期的品格教育，初三年级是家校一致的感恩教育和责任教育。

以初二年级家长工作坊的一次活动为例。初二是初中生的"裂变期"，学生几乎集体进入叛逆期。如小 A 在学校表现比较活泼，爱好打篮球，喜欢交朋友，但学习成绩总是忽上忽下，每次返校，身上总是青一块紫一块的，他的性格也逐渐表现出狂躁的一面。亲子间的顶撞、冷战经常发生。初二年级家长工作坊坊主是学校的专职心理教师，她找到小 A 谈心，打开了孩子的心结。后来小 A 还通过视频向众多初二学生家长讲述了自己的心路历程。家长们最后也达成了一致的看法：家长要遵循教育规律办事，"打"给孩子带来的不仅是身体上而且是心理上的消极影响；家长要学会倾听孩子的心声，要调整好自己的情绪再去教育孩子；只有先拥有良好的关系才能有良好的教育，家长要打消防御心理、与孩子要建立亲密关系；家长要学会肯定和鼓励孩子，帮他一同寻找解决问题的方法等。

3. 校级家长工作坊

班级和年级家长工作坊是工作坊的重要部分，而校级家长工作坊更多的是在品格教育方面起引领和导向作用。比如，在一期校级家长工作坊的活动中，学校邀请五位家长介绍他们在培养孩子品格方面的经验和体会，现场投票评选出五名"教子智慧家长"，并颁发了证书。专家点评和现场互动则更促使家长们凝聚共识，统一思想。

（二）序列化专题式工作坊

家庭心育不应是"一次性"的教育，而应是"延续性"的教育；不应只是"说"的教育，而应是"做"的教育。某校以"做孩子学习的好伙伴"低年级学业指导家庭心育工作坊，以期能基于家庭心理健康教育理论与实操兼容的理念，以序列化专题式工作坊，帮助参与活动的家庭营造民主的学习氛围，激发孩子浓厚的学习兴趣，指导其有效的学习方法，并养成良好的学习习惯。

1. 第一次活动：营造学习氛围，共创温情家园。

主持人首先呈现《全国家庭教育状况调查报告（2018）》中所显示的结果，"有温暖的家"排在了学生认为的人生最重要事情的首位，让每个家长了解家庭氛围对孩子成长的重要性。接着，运用"像个孩子一样做作业"的速算小游戏，引导家长边做速算题边与争吵声、游戏声、孩子的哭声等各种常见的家庭环境背景声抗衡，以模拟家庭里学习氛围和场景的方式，启发家长觉察自己是否为孩子提供良好的学习氛围和学习环境。继而利用家庭教育节目《超级育儿师》中跟拍一个学业不良孩子家庭故事的例子，不断追问剖析，引导家长意识到创设民主和谐的情感型家庭氛围才能真正助力孩子的学业提升。最后，通过工作坊活动前录制的《孩子们的心声》，引导家长聆听孩子对温馨的学习型家庭氛围的诉求——"妈妈，请你不要玩手机了，多给我讲点故事吧！""爸爸妈妈，希望你们不要再吵架了，每次听到你们吵架的声音我都很害怕，也做不下作业。"一句句稚嫩的声音和真诚的恳求，戳动着家长们的心。最后，以《打造"三型"（学习型、民主型、情感型）家庭氛围计划》为课后亲子拓展活动，鼓励各个家庭从"知道"走向"做到"。

2. 第二次活动：遵循定规矩法则，巧妙"约法三章"

主持人以一个案例贯穿始终，用生动的语言和有趣的互动向家长分享了与孩子有效

"约法三章"需要注意的三个要点——眼神的交流、告诉孩子怎么做、站在旁边看结果，引导家长学会多观察、少评断，以积极的态度对待孩子的各种状况，适时强化其良好的学习行为。接着，带领家长们以三人小组的形式（即分别扮演家长、孩子、观察员），呈现出家庭中常见的学习问题与对策。家长们在小团体中逐一轮换角色，实战演练订立规矩的三个要点。正强化是小学生良好行为习惯养成常见的方式（如专注力的培养、拖延症的克服等），在家庭中巧设"积分卡"和"抽奖袋"，能帮助孩子更加主动积极地执行"约法三章"所列条目。设置规则，让爱与规矩理性相结合，"无条件的爱"里有"坚定的规则"，方能产生更具实效的教育结果。

3. 第三次活动：了解感知偏好，助力学习过程

主持人首先通过小测试带领家长了解不同的感知模式类型。接着，通过"像个孩子一样去学习"的情景模拟活动，让家长体验孩子在课堂学习的情景，感受听觉和视觉都可各自作为单独的感觉输入通道进行学习，如阅读看黑板和屏幕，以及听老师讲课，听音乐及录音等，但是动觉和触觉很少各自作为单独的学习通道来进行学习，往往触觉提供的是最外界的信息，动觉提供的是如动手做实验、做笔记、画图等学习过程中的身体信息，触摸和进行动作也常常是结合在一起进行的，可以统一划分为触动觉型。最后，引导家长们分小组进行头脑风暴，寻找对孩子进行家庭学业指导的有效策略——视觉型感知模式偏好的孩子可以通过阅读、电影、实验、演示、示范、观察、运用模拟表演进行学习；听觉型感知模式偏好的孩子可以通过讲授、讨论、谈话、播音等方式进行学习；触觉型感知模式偏好的孩子可以通过做笔记、在课本上划线、亲自动手操作等方式进行学习。

4. 第四次活动：屏幕时代，家长如何做好孩子的学业指导

活动伊始，主持人以电视节目《少年说》中的片段"爸爸妈妈快放下手机，抱抱我"导入，以此引发家长对"屏幕时代"如何与孩子沟通的思考。随后，开门见山设问："屏幕时代，孩子是如何学习的，而家长又在担心什么？"以此梳理孩子利用网络进行学习的利弊和家长所担忧的问题。紧接着，引导家长利用思维导图的方式画出如何陪伴孩子创造高质量的屏幕学习时间。在家长呈现的思维导图里，好的榜样、互动陪伴、约法三章等方法成为共识。以身作则的榜样引领，即控制自己使用手机的时间，丰富屏幕浏览的内容，因为家长的喜好往往是低年级孩子的学习倾向；切实有效的互动陪伴，即"像个孩子一样"陪伴孩子，怀着好奇心走进屏幕时代，探索未知的多彩世界，用多维的感知提升孩子的感官体验，用信息的趣味促进亲子的交流深广，用游戏的构想激发孩子的学习热情；民主和谐的约法三章，即把自主权从家长转移到孩子身上，让孩子做自己行为的主人，引导其用正向语言立定使用屏幕进行学习的规矩，制订"家庭数码时间"和"家庭无媒体日"。

5. 第五次活动：最好的礼物——每天努力一点点

主持人以泰国家庭教育公益广告《每天努力一点点》导入，倡导家长在用心的陪伴与观察中发现孩子的努力，每一天都能看到孩子努力后 0.01 的成长，必要时陪伴孩子"试错"，就会有一个从量变到质变的飞跃。随后，主持人带领家长们换位化身为自己的孩子，体验由综艺节目《极限挑战》中"人生起跑线"改编的活动"奋力向前，努力让生命无极限"。活动开始前，全体"孩子"一字排开，接受着主持人的提问。"你的父母是否都接受过大学以上的教育""你的父母是否为你请过一对一的家教""你的父母是否让你坚持学习功课以外的一门特长且你目前还保持一定水准"……几个问题过后，有的人一路向前，有的人却仍然停留在原地。提问结束，当主持人宣布每个人按当下所站位置为各自的起跑线，最快抵达终点的前十名为获胜者。起跑口令响起的那一刻，所有的"孩子"往前冲，越是落在后面的，越是奋力向前，最终率先获胜的人里有不少是起跑时站在后面起跑线的人。在活动后的分享中，家长们纷纷表示，虽然决定一个人的起跑线在哪里是自己的原生家庭，但是在未抵达人生的终点前，每个人都有权利奋力追逐、努力实现自己的人生目标。

6. 工作坊结业仪式

主持人组织家长们分享自己精心准备的"最好的礼物"，并揭开了"最好的礼物"的活动寓意，希望参与此次工作坊学习的家长走出工作坊有限的空间后，能带动更多的家长与孩子不断地在家庭心育里创造惊喜，创造属于亲子之间"'最好的礼物'——每天努力一点点"的点滴成长。

序列化专题式的家庭心育工作坊，将专题细化为一个个循序渐进、相辅相成的主题活动，引导家长通过活动体验、案例分析、角色扮演、头脑风暴等形式感悟、分享和学到如何恰如其分地运用心理学的理念与方法改善亲子关系，更新教育理念，找准辅导方向，助力孩子更加健康快乐地成长，以达到提升家庭心理健康教育实效的目标。

主题9 "家庭教育指导培训"策划与组织

《家庭教育促进法》明确要求，将家庭教育指导培训列入教师业务培训范畴。策划组织家庭教育指导培训，是推进家庭教育指导服务队伍建设的重要保障，也是推动教师专业能力成长的重要策略。高站位、高标准、高质量地开展家庭教育指导师资培训工作，将进一步提升学校教师的家庭教育指导水平，也将进一步促进教师家庭教育指导能力和专业水平的提升。

一、活动目的

教师能理解家庭教育指导培训的价值，能根据培训对象的实际需求，设计开发适应家庭教育指导培训的方案、课程、评价等，对家庭教育指导者提供业务指导；能组织并管理培训过程，提升培训实效。

二、活动内容

教师家庭教育指导培训指特定的教育组织向中小学、幼儿园教师提供完整的、连续的学习经验和活动，目的在于促进教师家庭教育指导能力的可持续发展与提高。"家庭教育指导培训"策划与组织应从教师的实际需求出发，设计框架，确定培训内容。

（一）培训准备

为提高家庭教育指导培训的针对性和实效性，培训活动内容应尊重参加家庭教育指导培训教师的实际需求和客观状况，在充分调研、分析教师需求的基础上，适度引领。

1. 需求调研

鉴于参加家庭教育指导培训的教师在年龄、文化程度、孩子年龄、工作岗位、职称、教龄等方面各不相同，决定着不同教师在培训意愿、培训内容、培训师资、培训形式等方面有不同需求。可通过发放调查问卷、访谈等形式调研教师需求，并对不同类别教师需求情况做深度分析。

2. 框架设计

在培训需求调研和分析的基础上，为提高培训的专业性、科学性和前瞻性，还需要注重培训框架设计，从情感、态度、价值观、知识、技能等方面设计培训。将自下而上的实际需求和自上而下的框架设计有机结合，从而确定科学合理的培训内容和目标。

3. 目标确立

根据家庭教育指导培训需求程度、培训意愿等方面的差异，结合培训框架设计，培训需要对不同层级不同类别不同岗位教师设置不同类型培训班形，确立差异化培训目标。

（二）活动对象

家庭教育指导培训对象不是家长，而是家庭教育指导者。家庭教育指导培训体系需要兼顾教师的个体差异性，应充分体现以教师为本的理念，关照不同层级、不同类别、不同岗位教师的需求差异。

1. 分层

根据杭州市《教师家庭教育指导能力评定规范》，教师家庭教育指导能力从低到高依次划分为初级、中级、高级三个等级。教师家庭教育指导能力等级划分以专业能力为依据。分别对初级、中级、高级教师家庭教育指导专业能力的四项能力设置不同的权重。初级，以认知与诊断能力为核心，主要面向0～3年教龄的教师；中级，以沟通与干预能力为核心，主要面向4～10年教龄的教师；高级，以策划与组织、研究与发展两项能力为核心，主要面向11年以上教龄的教师，以及从事家庭教育指导管理的教师。

2. 分类

从儿童立场出发，考虑教师任教学段、关注家庭教育的偏好等因素，可将家庭教育按学前教育、小学教育、初中教育、高中教育、家庭教育，以及祖辈家长教育、父性教育等

对指导者进行分类，满足家庭教育指导者因工作细分而产生分类培训的需求。

3. 分岗

从不同工作岗位的家庭教育指导培训意愿上看，从事管理岗位的德育校长和家长学校负责人、班主任等培训意愿比较强。可按照家庭教育管理者（德育校长、家长学校负责人、家庭教育工作者）、班主任、学科教师的层级，对不同岗位的家庭教育指导者开展培训。

（三）培训内容

家庭教育指导者的专业素质是专业伦理与道德、专业知识和专业能力有机结合的统一体，专业伦理与道德及专业知识是专业能力的基础，并体现在专业能力之中。培训可结合教师的实际需求，从以下三个方面设计培训内容。

1. 专业伦理与道德

提升家庭教育指导者的专业伦理与道德，使其认同家庭教育指导的专业价值和时代意义；熟悉家庭教育指导的目标、任务和基本方法；帮助其从儿童发展和家庭利益出发，坚守高尚的伦理情操，秉持"公益为先、儿童为本、家长为主体"的基本原则；尊重和保护学生的权利和人格尊严；尊重家长家庭教育责任的主体地位，不断提升自身家庭教育指导水平。

2. 专业知识

鉴于家庭教育问题的复杂性和指导服务的多样性，家庭教育指导培训要帮助指导者掌握相关专业知识，包括本专业知识、相关专业知识、实践性知识，如教育学、发展心理学、社会学等方面的科学知识和基本原理；培训同时要使指导者了解家庭教育相关的法律、法规和政策文件，如《家庭教育促进法》《全国家庭教育指导大纲》《浙江省家庭教育促进条例》等纲领性文件，以及与时代相适应的省市有关家庭教育指导的文件和政策。

3. 专业能力

培训还需结合家庭教育指导者的工作对象、内容、性质和实践的特殊性，通过实践训练等方式帮助指导者进一步获取和发展认知与诊断、沟通与干预、策划与组织、研究与发展等多种专业技能。

（1）帮助指导者理解家庭教育和家庭教育指导的内涵，了解各阶段学生的身心发展特点，把握各阶段家长的教育需求和指导重点，诊断家庭教育存在的问题；

（2）遵循与家长沟通的原则，明确与家长沟通的目的，把握与家长沟通的策略，掌握个案评估与干预的方法；

（3）策划和组织家长学校和家委会，设计与实施集体指导活动，建立与相关人员的合作关系；

（4）开展家庭教育指导的研究分析，制定科学的考核评价指标，应制订并实施个人专业发展规划，提升个人专业能力。

三、活动形式

为实现家庭教育指导培训的培训目标，需要设计适合培训对象的培训形式和方法。实现培训形式灵活可选，培训方法生动高效。

（一）培训形式

根据家庭教育指导培训活动对象、活动内容以及培训目的不同，可采用"线上＋线下、定制＋平台、长训＋短训"等不同的培训形式，提高培训的针对性和实效性。

1. 线上＋线下

为在有限的时间内，最大限度提升培训效果，家庭教育指导培训可采用线上、线下相结合的培训方式。一方面，基于线上家教指导App或微信公众号家教指导专栏等，通过省市区家庭教育平台课程资源、购买第三方家庭教育指导课程或者自主开发家庭教育微课等方式，建立一批家庭教育指导微课，内容可涵盖学习、模考等内容，学习资源可设定约谈、家访、开放日等多个独立主题，助力教师专题式、案例式学习，并建立教师智慧档案，让家庭教育成为教师的终身教育；另一方面，针对不同的培训目标，可设计相应的线下培训方式。根据教师家庭教育指导的培训需求和学校家庭教育指导的现实状况，线下家庭教育培训可采用线下集中授课、交流研讨、现场教学、定期沙龙实践等形式。

2. 定制＋平台

家庭教育指导培训需兼顾学校的教学实际和教师的个体差异性，需要从市级或区县级层面建立分层、分类、分岗培训机制。建立此项机制，可基于同一学校、同一群体学习需求，着眼家庭教育共性问题的解决，为目标群体"量身定制"家庭教育指导培训方案，按需送教入校；也可集中同一区域、同一层级的指导者，利用浙江省教师培训管理平台开设平台班，创新服务模式，满足不同层次、不同类别、不同岗位指导者的培训需求。

3. 长训＋短训

鉴于学校正常教学和教师家庭教育指导培训在时间上存在一定的冲突。为解决这个矛盾，可采用短期集中培训和长期分散培训两种不同的培训方式。一方面，将教师家庭教育指导培训纳入德育考核体系，利用师德培训、校本培训、浙江省教师培训管理平台360学时培训等契机开展家庭教育指导集中短期培训；另一方面，也可以按学校教学安排，采用长训方式，将培训分散开展。

（二）培训方法

家庭教育指导培训中需要综合各种因素选择与设计适宜的培训方法，在条件允许的情况下可以探索多种方法相结合的混合式培训方法。

1. 专家讲座

专家讲座是一种培训者围绕某个家庭教育指导专题向指导者集中传授、宣讲相关知识与信息的培训方法。其具有培训时间集中、培训内容密度大、培训受众多、规模大的特点,是最常见、最经济的培训方式。专家讲座在统一认识、解决共性问题、传达信息与形势方面具有不可取代的优势。

2. 研讨交流

不同于专家讲座培训者对培训对象的单项传达,在研讨交流中,培训者和培训对象在平等的基础上相互交流、相互学习、共同思考。培训者视培训对象为具备一定经验和能力的学习者,通过调动学习者已有的经验与知识,激发其在交流中产生认知冲突并深度参与学习活动。常见的操作方式有案例研讨、头脑风暴、情景表演、主题辩论等参与形式。

3. 观摩体验

观摩体验是培训者组织培训对象进入真实的工作现场,提供现场观察与模仿的学习机会,帮助学员开阔眼界,学习借鉴优秀经验。这种形式有利于发挥地区特色经验和典型做法的辐射效应,也为培训对象带来真实、直观的学习过程。

四、活动组织

家庭教育指导培训组织工作的顺利开展需要来自政策、经费、课程、师资等外部条件的保障,也需要规范、专业的流程和相应的活动推广。

1. 活动保障

根据国家与省、市、区推进家庭教育的整体规划与指导意见,对标杭州市《教师家庭教育指导能力评定规范》,顶层设计区域推进家庭教育指导培训的方案,保障培训需要的政策、经费、课程、师资等一系列外部条件。政策在家庭教育指导培训中发挥着宏观指引和法律保障的关键作用,为培训工作开展提供规范原则、明确指导和具体参考。需要通过部门协同,做到证培双通,保障培训证书的含金量;经费为家庭教育指导培训提供物质保障,使得相关的人力、物力、资源都得以正向投入。教师培训费用需从专项费用中列支;课程是家庭教育指导培训的核心,需按照分层、分类、分岗培训的原则,系统、科学地设计家庭教育指导的培训课程,开展线上线下相结合的教学活动;培训师资是家庭教育指导培训的关键。组建区级家庭教育指导专家团队,吸引专家、一线教师、优秀家长开展家庭教育指导活动,同时邀请区内外专家为区域打造培训课程体系。

2. 培训程序

培训实效需要一系列规范的程序作保障。

(1)方案制订:家庭教育指导培训方案需要在充分调研参训学员需求的基础上,从培训目标、对象、时间、方式、要求等方面合理设计;

(2)开班仪式:培训需要通过仪式化的操作,提升学员的参与意识,使其端正学习态度,明确培训要求;

(3)过程管理:从组班、学员签到、课堂表现到作业反馈,落实管理细节,注重过程记录;

(4)参训考证:实施证培双通,以考核督促学员主动学习,提升学习实效;

（5）评价反馈：及时收集学员的意见反馈，根据学员对家庭教育培训做出评价反馈，及时调整培训策略；

（6）结业领证：评选优秀学员，为通过考核的学员颁发证书，对未通过考核的学员安排补考，保障培训实效。

3. 活动推广

职业认同是家庭教育指导培训面临的一个重要问题。鼓励取得家庭教育指导证书的教师，积极服务学校、社区。通过在各级各类学校、社区开展家庭教育指导的公益性讲座，科学宣传家庭教育指导师的职业定位、服务范围和服务内容，同时，结合家庭教育指导服务的优秀实践案例增加广大家长对这一职业的了解。在各街道、社区、学校开展家庭教育指导服务试验工作，使公众切实体会到家庭教育指导教师对于家庭问题解决的良好效果，从而促进社会公众对于家庭教育指导培训的认同。

主题 10　家庭教育案例督导与行动指导

家庭教育咨询是针对家庭教育中的教育问题，为家长提供意见和建议的一种家庭教育指导方式。近半个世纪以来，家庭形式和结构发生了显著变化，每个家庭都有其特殊性，开展个性化、差异化的家庭教育咨询服务具有十分重要的价值。在咨询过程中，家庭教育指导教师不可避免地会遇到一些难以处理的个案，面对各种各样的困境。此时就需要家庭教育督导师运用专业技能，促进家庭教育指导教师的思考，扩展其处理这种困境的可选择方案，使他们拥有对他人更深刻的洞察，提升家庭教育咨询的有效性。因此，家庭教育咨询案例督导与行动指导是提高专业人员业务能力、促进其个人成长的重要环节。

一、活动目的

促进教师学会家庭教育案例督导的原则、模式，熟悉案例督导的工作流程、注意事项和实施策略，从而帮助家长探析家庭教育问题的根源，更好地解决家庭教育中的个性化问题和复杂性问题。

二、活动内容

目前，家庭教育案例督导的研究较少，教师可以参考家庭教育咨询的原则、家庭教育咨询的模式等，提升家庭教育案例督导与行动指导能力。

(一)家庭教育咨询的原则

家庭教育咨询与其他咨询的区别在于要将着眼点放在全家人身上,注重家庭成员间的互动、人际关系及职责和角色,目标是改善家庭成员的心理与行为问题。因此,家庭教育咨询应坚持以下原则。

1. 把家庭看作一个整体

家长往往会把问题的成因归咎于家庭中的某个成员,如孩子自己不努力、老公没有承担起教育责任、奶奶对孩子过度宠爱等。家庭教育指导教师要脱离这种只对某个人关心的立场,要把注意力转移到家庭这个整体上,并以家庭的结构、组织、功能、人际关系或家庭认同等来探讨家庭问题,而少以"个人"的内心状况,如思维、动机、欲望、心理症结等来分析问题。以人际关系分析成员间的相互行为。注重人际关系,以相互间的人际反应来了解家人的心理行为。家庭中所呈现出来的夫妻、亲子、同胞关系均属于一种特殊的、私人性质的人际关系。各个家庭成员间所发生的行为,要从人际关系的角度去体会、了解其性质。再者,所有人的反应,都是相互影响而产生的结果,都是人际关系的总体现,应持这种观点来对待。

2. 采用系统的观点与看法

家庭成员每组间的关系都可以被看作一个独立运行的系统,这些系统之间保持着密切的联系,相互影响、改变着彼此平衡状态。例如,父亲的心理状态不好会影响夫妻的关系;而夫妻关系会影响到全家人的气氛、行为和心理状态。要解决孩子在学校经常乱发脾气的问题,不能仅仅就事论事,还要考虑良好的家庭氛围的营造。所以,工作的着力点可能也要关注到如何疏解父亲的心理压力,从而促进孩子情绪管理能力的提升。

3. 以群体的观念了解全体家庭成员的行为

成员间有特别的感情,而且长久生活在一起,需要注意以下的咨询原则。

(1)淡化"理由与道理",注重"感情与行为"。处理问题时,不能简单地依靠说道理来追究原因与责任,也不能依靠处罚来解决问题。而要考虑"情"的一面,要让对方有诚恳、关心、被爱的感觉,家庭教育问题常会很快得到解决。所以,抓住情感与行为,有利于问题的解决。

(2)抛弃过去,关心现在。虽然家长和孩子过往的经历可以帮助我们深入地了解其行为的来龙去脉,但从家庭教育指导的立场来说,需要注重的是家人目前所遭遇的困难与问题,以及如何调整、改善,适应现在他们所面对的情况。

(3)忽视缺点,强调优点。家庭成员心情不好、情绪恶劣时,所想、所讲的基本都是关注对方的负面部分而忽视正面积极的部分,关系越发容易恶化。所以,家庭教育指导师可用"改观重组"的技巧,帮助家人将同样的事情,换一个观点或立场,往好的方向去解释,帮助他们从负转正、由短转长。帮助被情绪所影响的夫妻或家人,能体会配偶的良苦用心、发现家人的长处,以此协助他们恢复正向的情感。

(4)不能代替家庭成员作重大决定。进行家庭教育指导过程中,只提供协助及参考意见，协助家庭成员认识到自己家庭是因婚姻关系而形成，又在婚姻关系的基础上叠加了亲子关系和更多样化的社会关系，并分析解决问题。

督导师在案例督导过程中也应考虑咨询师是否以家庭为整体的视角来理解家长提供的信息，帮助咨询师厘清受助家庭的整体格局，制订全面客观的指导计划，促进家庭各成员之间相互影响，形成良性的家庭互动模式，从而建立健康美好的家庭关系。

（二）家庭教育咨询的模式

家庭教育咨询的模式有很多种，有以促进行为关系改善的行为性咨询模式，以组织、关系、角色、权利执行等为重点的结构性咨询模式，以深层次心理行为动机分析为着力点的分析性咨询模式等。这些都需要深厚的心理学背景和咨询训练作为支撑，家庭教育指导教师掌握和运用的难度都比较大。现介绍一种普遍适用的"助人三阶段"模式。

探索、领悟、行动"助人三阶段"咨询模式是一种运用助人技术，引导家长探索其家庭教育问题，更好地理解这些问题，并在生活中做出改变的一个框架。咨询师的角色是合作者和辅助者。引导家长去探索自己和家人的情感和价值观，了解问题所在，做出选择，并在认知、情感和行为上做出积极改变。

1. 探索阶段

探索阶段的目标是通过专注、观察和倾听收集家长需要解决的问题、探索他们在家庭教育中遇到的困扰，及其背后的想法和情感。在探索阶段，咨询师要营造良好的氛围，建立信任的咨访关系，鼓励家长讲述自己的故事，帮助他们探讨自己的想法和情感，促进情感唤醒。探索阶段要给家长提供一个很好的表达情感、彻底思考自己问题的机会。在探索阶段，咨询师要通过观察，区分家长是情感取向还是问题取向。有的家长会表现得非常理性，单刀直入，具有明晰的目标，更倾向于问题取向。对于这类家长不需要过多地关注他们的感受和情绪的反应，需要收集问题的线索和其抱有观点的内在逻辑。有的家长则是情感取向的，想帮助他们在短时间内讲清楚问题的来龙去脉并非易事。需要关注他们的情绪情感，需要先共情，帮助的重点可以先放在满足情感需求上。对情感进行了解后，再进行鼓励、支持、理解，而不急于帮助他澄清问题。

2. 领悟阶段

领悟阶段的目标是促进家长对问题的觉察和领悟，咨询师与家长合作以使他们更好地了解自己的想法、情感和行为。同时，让家长有机会认识自己在问题的维持中起着什么作用。领悟是重要的，因为它可以帮助家长从新的视角看待事物并使他们承担一定的责任，从而控制自己的问题。若家长获得了一定程度的理解，就更容易发生改变。领悟也会让改变更持久，因为它给家长提供了一个透过表面看本质的模板，帮助他们做出较好的选择。虽然人们可以自己获得领悟，但从一位体贴的咨询师那里聆听新观点，并获得反馈，可以使他们培养更深层次的自我觉察。相比于纯粹的探索阶段，在领悟阶段，咨询师要更积极地参与，与家长共同构建新的意义。咨询师不仅要保持共情同感与合作的状态，偶尔还需要挑战家长的观点，试探性地提出自己的想法，并且运用自己的经验从新的角度看待家长

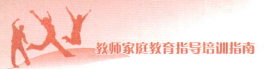

的问题。家长有时候需要咨询师从旁观的角度提出新的反馈。

3. 行动阶段

行动阶段的目标是通过开放式提问、提供信息、过程建议、直接指导等方式，帮助家长将改变的观念和选择的计划付诸行动。在行动阶段，咨询师帮助家长思考能够体现他们所获领悟的改变。他们一起探讨改变在家长生活中的意义，一起运用"脑力激荡"法讨论不同的改变方法并确定可行的方案。有些情况下，咨询师会教授家长一些改变的方法。另外，咨询师会帮助家长发展一些新的行为策略并从其他家庭成员那里寻求反馈，之后，评估行动计划的结果及进行修改以帮助家长获得预期结果。与前两个阶段一样，这个阶段也是合作关系。咨询师不一定是解决问题的专家，但可以辅助家长探索关于行动的想法和感受并做出积极改变。心理分析理论家认为领悟可以自然地引导行动，因此咨询师不用刻意去鼓励家长改变。对部分家长来说这是正确的，但家长通常都没有足够的方法去改变，防御机制或者现实困难阻碍着他们改变。因此，他们需要帮助以促进改变的发生。家长可以将新观点付诸行动来巩固他们在领悟阶段关于改变的想法，没有行动，改变的领悟往往转瞬即逝。

在实际运用"助人三阶段"咨询模式时，不需要严格按照探索、领悟、行动的步骤进行咨询，但这种咨询模式为咨询师们提供了较为清晰的工作思路。探索是问题澄清和建立咨询目标的基础，领悟是改变的前提，行动是解决问题的关键。在家庭教育咨询案例督导与行动指导中，也可以重点围绕这三个阶段的工作情况进行分析，以提升咨询的有效性。

三、活动形式

家庭教育案例督导是提升家庭教育咨询专业能力的一种有效的训练方法，按参与人数的多少可以分为个体督导和团体督导两大类。在督导前，家庭教育指导师都需要撰写用于督导的案例报告。

1. 准备案例报告

家庭教育督导案例报告不只是对咨询内容的记录，更重要的是指导师对家长咨询问题的观察、分析、判断及提出的指导性意见的反思，如存在的困惑、期待督导师给予的指导等。

（1）指导师基本信息。基本信息包括姓名、性别、年龄等。资质资历：受教育背景、资质证明。专业学习：参加的系统学习，主要理论取向，个人体验和接受督导状况。工作经验：从事心理咨询/治疗的年限和小时数（含实习期，不含见习期），每周的个案量或每年的个案量，当前从事心理咨询/治疗的机构（工作场所）。

（2）指导师信息。指导师信息包括起止日期、会谈频率、会谈次数、是否接受过督导、是否接受药物治疗等。

（3）来访者的信息。详细描述来访者各方面的信息。基本信息：昵称，人口学信息

（性别、民族、年龄、婚姻状况、教育水平、职业状况、居住状况等），对个案的初始印象（外表、言行举止等）。家庭情况：经济条件、家庭成员的基本信息、排行、与父母关系、来访者自己和其他家庭成员的医学和心理学病史等。教育经历：同学关系、师生关系等。重要生活事件：有无生理疾病；酒精或其他药物使用史；以往经历中有无自杀观念和自杀企图；人际关系中的激烈冲突等。

（4）来访者是如何找到你的？是不是自愿来的？如何知道你的？以往寻求家庭教育咨询的经历，对以往咨询的认知等。

（5）来访者主诉。来访者主诉包括来访者寻求帮助的问题或者困难，初次出现的具体情形，有无相关的触发事件，持续的时间。这些问题和困难对来访者的各方面功能的影响，来访者已经采用的应对措施和效果；来访者希望通过此次咨询达到的目的等。

（6）评估或诊断。指导师对来访者通过临床观察进行的心理状况测评以及其他标准化的心理测验的结果。评估（包括确定评估目标、选择评估工具或方法、评估过程、评估结果及解释）、诊断或工作诊断（包括诊断标准、诊断过程、诊断结果）。

（7）个案的概念化。针对个案的背景信息，基于所使用的咨询理论流派，对个案进行概念化。这主要包括指导教师对个案的核心问题，症状，障碍的发生、发展做出解释。

（8）家庭教育指导计划。根据个案的概念化，提出具体的指导计划，这包括指导目标，和实现这些目标的具体翔实的手段、任务和策略。具体包括：理论依据（即制定方案所依据的某个或某些专业理论），指导目标（包括目标设置的过程、目标的分析与描述），指导方法（包括方法的考虑或选择过程、实施设想），其他（如指导次数、注意事项等，如无则不需要）。

（9）指导过程。简单总结到目前为止咨询的过程，指导师所采取的干预策略，所进行的各种指导活动，指导聚焦的内容，来访者在指导中的感受、经验、态度、症状或问题的改善或变化，指导关系。

（10）指导效果。指导的效果及其表现，评估的依据。

（11）案例评价与反思。对指导目标成败进行思考与分析，对指导过程进行评价与反思，如在指导中产生了某个或某些新的自我觉察。

（12）督导的问题。针对指导中的困难或疑惑，指导师提出的督导问题（3～5个）。

（13）关键情景分析。如果你有录音（或录像），可以选择其中一段你认为很重要的，在督导的时候播放。如果有整理好的文字稿最好。如果没有，也可以试着回忆一段关键对话的细节（越准确越好）。

2. 个体督导

个体督导是一种"一对一"的指导方法，可以聚焦指导师工作的全过程，针对性地进行指导。主要有摘要式督导、录像式督导等类型。

（1）摘要式督导：是最基本的督导方法，由家庭教育指导师与家长会谈后，把会谈内容进行摘要，向督导师汇报。督导师根据摘要内容进行提问或就问题给予建议，并对督导师的咨询过程提供评价。被督导者可以选择每次指导后摘要重点内容给督导师马上督导，也可以经过几次会谈后，摘要问题内容一并进行督导。初学者使用这个方法能够及时得到督导师的指导，以避免在指导中出现问题和纰漏。因为是案例摘要式督导，被督导者可以有机会将自己经手的所有案例中的重要问题摘录下来，请督导师一一指导。这样每个个案都能够得到监督与指导，避免任何个案发生过失，督导面比较广。但是因为摘要内容主观性强，可能会比较片面。

（2）录像式督导：也称为金鱼缸训练，这是在督导中采用得最多的一种方法。之所以称为金鱼缸，是指指导师与家长的访谈过程被呈现在屏幕上，由同行及上级督导师观看，犹如观看一个金鱼缸中的两条金鱼一样。被督导者事先征得同意后，对整个会谈内容进行全程录像。事后督导师与被督导者一起观看录像，一边观看录像，一边分析整个指导过程，对问题进行指导。督导师通过观看录像可以全面了解这个指导过程，可以直观地观察到谈话的细节，包括表情、姿态、动作，捕捉来访者对话题的态度，以及能表达其真实情感及潜意识的话语、词句、表情、动作等。录像可以提供极为丰富的信息，同时可以用来挖掘对治疗有价值的心理资料。通过录像式督导能更加直观地了解被督导者的指导技术及指导关系，这对督导师对被督导者进行指导是很有帮助的。

3. 团体督导

团体督导是指指导师在督导师的协助下，通过团体成员相互交流学习，达到指导目标，促进指导师技术提升的督导方式。与个人督导相比，团体督导很难做到使所有成员都学到东西，这就需要平衡成员之间的关系。具体的操作分为以下几个阶段。

（1）准备阶段。确定团体成员，选择合适的活动地点。固定的地点可以增加团队成员的凝聚力。

（2）形成阶段。确定活动时间频率，在此阶段成员要提供个案，团体成员之间建立融洽的关系。关于个案提交的指导原则：被督导者要有充足的时间准备提交案例；所提交的案例要有书面或试听材料；案例的提交应该围绕要解答的问题；案例的提交过程应有良好的组织，并有针对性。

（3）"风暴"阶段。在团体督导中，规范建立的目的是使团体成员感到安全，这样他们才能坦然地将自己的问题及自身的情况暴露给同伴。

（4）训练（操作）阶段。督导团体一般在活动后进入模拟实战训练阶段。通过前面的活动，彼此之间信任，团队的凝聚力增强。被督导者在操作过程中应完成：观察指导师技能的运用情况及与来访者的关系；被督导者根据督导师的指示和确定的任务扮演治疗师或来访者，在角色扮演中反馈咨询信息；咨询理论取向讨论，可就某一咨询理论的应用情况进行反思。

（5）结束阶段。当团体目标达到时，也是督导团体要结束的时候，团体成员就有了学习的方向，同时，督导师可以向团体提出今后的发展任务。

（6）评估阶段。在团体督导结束后，督导师对自己的工作也要得到更详细具体的反馈。督导师可以通过以上量表对自己的督导工作进行评估。

四、活动组织

家庭教育指导师应该定期参加督导活动，特别是个案的团体督导，才能持续提升专业化水平。

1. 内容组织

家庭教育咨询是家庭教育指导教师的基本技能，教师在与家长围绕教育困惑进行沟通时，都可以看作一次简短的咨询。与心理咨询相比，家庭咨询更倾向于问题导向，咨询过程中咨询师的建议和指导性更强，指导建议也更明确。家庭咨询个案督导首先要使咨询师学会撰写咨询个案报告，熟悉督导流程，然后可以对家庭教育咨询的原则、咨询模式、咨询框架、咨询流程、咨询目标的建立、咨询的概念化、咨询技术的运用等内容展开针对性的督导。案例督导可以以若干个个案逐个督导，也可以围绕特定的主题结合个案进行督导。

2. 活动流程

以准备、实施与总结为流程。

（1）准备阶段：首先确定督导的时间、地点、主题和形式。邀请有经验的督导师参与活动。向区域内或学校内有咨询经验的教师发布通知，通知中一般应明确递交督导案例的基本体例。由于督导师需要在督导活动开始前做一些准备，因此咨询师递交案例的时间应该早于督导活动时间。参加活动的人数一般控制在 30 人以内，以确保督导的效率。

（2）实施阶段：督导师首先说明督导的主题、流程、原则等，然后由咨询师汇报个案或播放咨询过程的影音资料，汇报完成后咨询师需要提出自己的困惑和期待解决的问题。按照不同类型的督导方式，督导师针对疑问进行回应，或组织其他成员进行讨论，给出反馈和建议。需要注意的是，如有需要给参与活动的老师，应用纸质稿，活动结束后按要求回收纸质的案例报告，相关资料不能拍照以免外泄。

（3）总结阶段：督导师需要在活动结束后进行总结，发现和归纳咨询师咨询过程中的共性问题，可以作为日后提升咨询师专业技能培训工作的主题或素材。咨询师需要结合督导过程中的所感所得撰写活动感受和反思报告，更好地促进活动的有效性。

3. 实施策略

（1）案例督导中要遵守保密原则：咨询师绝不能泄露家长或孩子的个人信息，在任何情况下都不要泄露咨询之外的任何细节，督导中要以匿名的方式讨论个案中遇到的问题，以获得更好的建议与反馈，更有效地帮助来访者。

（2）与督导积极沟通：接受督导过程中，鼓励教师开放心态，坦率地和督导讲出顾虑，并且寻求所需要的帮助；不要只看家庭教育咨询过程中的问题，还要提醒他们哪些方面做得不错，要留心哪些方面还可以改进。督导师应该把注意力集中在教师们可以做得更好的方面。

主题11 积极心理学与家庭教育指导

积极心理学是利用心理学的试验方法与测量手段来研究人类的力量与美德等积极方面的一种心理学思潮。其创始人马丁·赛利格曼（Martin E.P.Seligman）在《积极心理学导论》中说道："当代心理学正处于一个历史转折的时期，心理学家有着极为重要的角色和使命，就是促进个人和社会的发展，帮助人们走向幸福，促进儿童健康成长，令家庭幸福美满……"积极心理学的问世一改往日过多关注人的心理品质的消极面的视角，转而强调更多关注人的积极面，通过发挥人的积极品质和潜力，来带动人整体向积极方面发展。这一视角对家庭指导工作的开展有着十分重要的意义。

一、活动目的

通过培训，促使教师理解积极心理学的基本理念，有助于指导家长更好地帮助孩子增强幸福体验，培养积极品格，构建幸福家庭。

二、活动内容

对积极心理学基本理念的理解是运用相关方法和技术的前提。有了较为扎实的理论基础才能更好地运用方法与技巧来解决实际问题，培训的重点要放在对理念的领悟和理解上。由于积极心理学的研究成果较多，这里只简要介绍积极心理学的内涵、研究主题、基本观点以及在情绪管理、幸福感提升等方面的内容，以便设计开展相关活动。

（一）积极心理学概述

积极心理学是20世纪末心理学界兴起的一个新的研究潮流，近年来积累了大量的研究成果，在心理咨询与治疗、学校教育、家庭教育、社会工作等领域产生了很大影响。

1. 积极心理学的内涵

积极心理学是以科学的方法来研究人类积极心理的力量、积极的认知习惯与积极的行为方式。这些积极的原理包括在人类的美德、意义、审美、创新、超越、活力、善良、坦诚、开放、感恩、宽容、爱与慈悲等一系列品格要素之中。积极心理学通过科学研究，试图揭示人类那些卓越的积极天性成就人生与美好社会、美好生活的科学机制，从而帮助个人、家庭、组织和社会持续繁荣兴旺、快乐幸福。它所研究的主要对象也并非那些有心理疾病的人，而是那些心理正常且十分优秀、成功、善良的人。积极心理学家一直强调，积极的心理状态除没有心理疾病外，还应该具有高于"无病"水平的展现充沛活力的心理状态，包括积极的情绪、投入式的体验、亲社会行为、对人生价值与意义的追求，以及良好的人际与亲密关系等。

2. 积极心理学的研究主题

积极心理学主张对人性坚持积极的评价取向，研究个体如何更好地发展、生活，让人学会分享幸福、创造快乐，使其具有的潜能得到充分的发挥，保持生命的最佳状态。在主观层面上，积极心理学研究积极的情感体验，如幸福、快乐、希望、乐观、流畅，以及满足、满意等。主观幸福感是研究的重点。在个人层面上，积极心理学研究积极的个人特质，形成优秀的心理品质，开发智慧和创造力，如积极的人格、爱的能力、积极的人际关系、审美体验、宽容、坚持、天才、智慧和灵性等。其中，积极的人格是研究的重点。在群体层面上，研究积极的环境机构，包括家庭、学校、社区、整个社会等，创造良好的社会环境，促使个体发挥其人性中的积极心理，如责任、关爱、文明、自制力、容忍力，及职业道德。

3. 积极心理学的基本观点

（1）用积极的情绪去看待周围的人与事。积极心理学研究的一个主要方面就是对积极情绪的研究。拥有积极的情绪就是要我们满意地送走过去、快乐地对待现在、乐观地迎接将来，无论何时都保持一种积极乐观的心态。

（2）不断地促成积极人格特质的形成。积极心理学得以建立的基础是积极人格特质的形成。一个拥有积极人格特质的人必定是有自我管理能力、自我导向能力及适应环境能力的人。积极人格特质就是在激发和强化以上各种能力的过程中培养出来的。

（3）积极的环境对人的成长有着重要的意义。研究证明，当一个人被提供最优的条件时，他最有可能健康地成长，并实现自我价值，最优的条件就是指得到周围人的关心、帮助、支持与肯定等。相反，如果置其个人观点于不顾，或对其良好的行为不给予肯定的话，个人就容易出现不健康的情感和行为。

（二）在情绪管理能力提升上的应用

1. 激发积极情绪

积极情绪的培养对一个人漫长的人生至关重要。尤其对于孩子来说，更早地让他具备控制情绪、把握情绪、驾驭情绪的能力，受益终身。著名情绪研究专家芭芭拉·弗雷德里克森专门研究人类积极的情绪30多年，她在《积极情绪的力量》一书中提出了人类的10种极其重要的积极情绪，包括喜悦、感激、宁静、兴趣、希望、自豪、幽默、激励、敬佩和爱。在她看来，积极的情绪可以让人生机勃勃。

清华大学彭凯平教授提出用"五施"激发积极情绪。这不仅能帮助父母有效地控制自己的消极情绪，还可以引导孩子逐渐学会遵循原则，从而找到属于自己真正有意义的快乐。

（1）言施。言施就是要学会表达、沟通和交流。多进行积极的表达、沟通和交流，往往就会产生正面效果。尤其在与孩子沟通时，经常使用一些积极、乐观、具有正能量的话语，就会激发孩子的积极情绪，并感到轻松和快乐。哪怕是面对一件不好的事，学会引导孩子看到积极的一面，也能从一定程度上起到缓解作用，让他们的心态变得积极。

（2）身施。身施是指通过触摸、接触自己的身体产生幸福感。手上最敏感的触觉区域是掌心，不断碰撞自己的掌心，就会产生快乐的情绪反应。同样，开心时与他人拥抱、击掌等，也能给双方带来幸福的体验。当孩子情绪不佳时，握着他的手，抚摸他的头，或者拥抱他，都可以很好地缓解他的情绪，促进积极情绪的产生。此外，和孩子一起运动、游戏，如跑步 20 min、打球半小时等，会让孩子的大脑分泌各种积极的化学物质，获得开心、兴奋等积极的情感体验。

（3）眼施。眼施是指要有一双慧眼关注生活中的变化，看到美好的事物。例如，在季节变化时家人换了一件新衣服、孩子不开心时的小动作、亲人和朋友的优点。因为太忙，我们有时发现不了身边的变化，但是想要体会到幸福，就必须去关注、发现生活中的美，向家人和朋友表达我们的爱。生活其实并不单调，如果我们总想着工作，就会丢失生活，也会离幸福越来越远。所以，下班途中，请放慢脚步，欣赏沿途的风景，发现生活的美好；回到家后，放下手机，关掉计算机，看看孩子的笑脸。这时，你心中涌起的那种温暖、满足的感受，就是幸福。

（4）颜施。笑是人类的天性。著名心理学家保罗·艾克曼（Paul Ekman）提出了"迪香式微笑"，即所有带有眼角皱纹的真心微笑。这种微笑有三个特征，分别为嘴角肌上扬、颧骨肌上提和眼角肌收缩。这是一种特别有感染力的微笑。"迪香式微笑"非常适用于改善亲子关系。平时不妨多向孩子进行"迪香式微笑"，让孩子感受到父母对他的爱与关注，从而维持稳定的亲子关系。

（5）心施。心施是指觉悟，即用心感受。但在很多时候，我们只忙于培养具体做事的能力，疏于培养内心的感受力，导致心灵枯竭、贫瘠，自己也感到越来越迷茫，越来越不开心。

以上的"五施"原则就是在提醒我们，对于孩子来说，激发积极情绪，感受幸福的方法有很多。只要我们善于引导孩子探索和发现世界的美好，多去看那些积极正面的事物，多培养孩子感受情绪的能力，他们就一定能体会到更多有意义、有价值的东西。

2. 疏解消极情绪

有些家长觉得，消极情绪太负面，使人不开心，应该杜绝这些不好的情绪。他们不仅对自己有这样的要求，还希望孩子能一直快乐，不要产生任何不好的情绪。这种想法是非常错误的。情绪是人类在进化过程中出现的一种适应机制，可以保证人类生存。那些看起来非常消极的情绪，并不是百害而无一利的。它们具有一定的警报作用，及时且必要地提醒人可能遇到的危险或可能发生的灾害，并促使人们以最可靠的方式做出避害反应。所以，我们不需要完全把消极、负面的情绪当敌人，也不需要刻意去抗拒它。在很多案例中，我们发现，首先出现消极情绪的恰恰是作为教育者的父母，而不是作为被教育者的孩子。因此，在这个问题上，与其试图控制消极情绪，倒不如引导双方正确地处理情绪，学会与消极情绪和平相处。

正确处理孩子的消极情绪，具体来说，建议父母按以下两种方法来做。一是引导孩子正视自己的情绪。当出现坏情绪时，我们要做的是理解孩子，并且让他明白，无论是高兴、开心，还是愤怒、沮丧，都是正常的。孩子只有先从内心正视自己的消极情绪，以后再出现类似的情况时他才会心平气和地面对自己的各种情绪。第二种方法是教孩子学会正确地表达情绪。例如，当孩子因为某件事没有达到心理预期而发火时，你可以告诉他："如果你感到不高兴，就要说出来。"当孩子表达出来后，你就能判断他为什么有消极情绪，继而再帮他找到解决问题的方法。这里要注意的是，在引导孩子表达时，你的引导语言要简洁、平和，而不是带着比孩子还负面的情绪来指责他，或者用带有倾向性的评价催促他，这样只会加重孩子的消极情绪，使其更想逃避，不愿跟你倾诉。

最后，还要注意一点，就是我们的情绪也会影响孩子的情绪，以及孩子处理情绪的方法。如果我们一有情绪就采用不当的方式发泄，孩子会学得有模有样。相反，如果我们能管理好自己的情绪，即使出现消极情绪，也能坦然接纳，并采用积极的方法合理释放，那么孩子就会从我们身上学到积极应对不好情绪的方法，从而真正做到与不良情绪和平相处，拥有积极、健康的心理状态。

这里推荐管理消极情绪的"五步走"法则。第一步：注意自己的心跳。慢慢地深呼吸。这样会让你更加冷静和理性。第二步：认知察觉，采用自言自语的对话系统，对情绪进行深入的认知和察觉，通过自言自语的对话系统分散压力。如问自己："我怎么了？""是什么事让我产生了情绪？"第三步：全然接纳自己和孩子的情绪。无论是我们还是孩子，出现消极、负面的情绪不可怕，可怕的是不知道、不理解自己和孩子的情绪，完全让自己和孩子被坏情绪控制，这是很危险的。第四步：反驳不合理认知。面对一些绝对化要求和灾难性思维，尝试去反驳，情绪就会平静下来，从而避免与孩子因为某件事发生争吵，加重彼此的消极情绪。第五步：选择积极的行动。客观地面对当下处境，再去寻找积极、正面、有益的方法来解决问题。

（三）在积极品格培养、幸福感提升方面的应用

1. 主观幸福观

马丁·塞利格曼就曾提出了著名的"幸福2.0理论"（PERMA）。他指出，幸福是由若干可测量的元素组成的，每个元素都是真实的、可培养的；每个元素都能促进幸福，都对幸福有所贡献，但没有一种元素可以单独定义幸福。这些元素经过科学的分析与归纳主要有5个，这5个元素构成了自由人的终极追求，并且能整体提高人生的蓬勃程度。幸福2.0理论认为，一个人想拥有蓬勃人生，就必须有足够的"PERMA"。这5个字母分别代表幸福人生的5个元素——积极情绪（Pleasure）、投入（Engagement）、人际（Relationship）、意义（Meaning）和成就（Accomplishment）。

幸福2.0理论认为，人类的美德与品格优势是获得幸福的5个元素的基础。一个人只有运用最强的优势，才可以获得更多的积极情绪、更多的意义、更多的成就以及更好的关系。我们人生做出的各种选择，就是为了尽量得到这5个元素。你可以在生活中有更多的积极情绪；你可以在工作中或与你爱的人在一起时更投入；你可以有更多的积极关系；你可以有更多的人生意义；你也可以取得更多的成就。

2. 发现积极心理品质

积极心理学致力于激发和培养个体的积极心理品质，促进个体生活更加美好。马丁·塞利格曼经过多年研究，其项目组首次对人类优良品质和美德的结构与类型进行了分析和划分，进而通过跨文化、跨年龄群体的比较研究，最终确立了24个为人们广泛认可的人格特质，并将它们划分为六大维度，命名为六大美德力量。

（1）第一维度：智慧与知识——知识的获得和应用。包括好奇心、喜好学习、创造力、开放的思想、智慧和知识、独特视角。

（2）第二维度：勇气——面对内部、外部两种不同立场誓达目标的一致，包括勇敢、坚持不懈、真实性。

（3）第三维度：仁慈和爱——人际交往的品质，包括善良仁慈、爱与被爱的能力。

（4）第四维度：正义——文明的品质，包括精神、公平、领导能力。

（5）第五维度：修养与节制——谨慎处世的品质，包括自我控制、谨慎小心、适度和谦虚。

（6）第六维度：心灵超越——个体与整体人类相联系的品质。包括欣赏美和完美、感激感恩、希望乐观、有目标和信仰、宽恕怜悯、风趣幽默、热情。

这些优秀品质其实在每个人身上都或多或少地有所体现，塞利格曼曾经说过："相信有捷径通向满足，绕过个人力量和美德的训练是很蠢的，它使很多人在坐拥巨大财富时感到抑郁，精神饥渴而死。"所以，我们需要做的就是发现自己身上的优秀品质，并能从经历过的事情中证实这些品质是真实存在的，其实这也是让自己信服的一个理由。也提醒家长们去尝试发现孩子身上的优势品格，找到孩子更多的闪光点，并有意识培养这24种品质。

可以通过"963品质训练"来发现自己的积极品质并做出改善。

9——在一个安静的环境中，静下心来思索自己所拥有的积极品质，写出9个即可。

6——写出6个你曾参与过、主导过的事情。在这些事情中，你可以真实地看出自己所拥有的积极品质。

3——写出3个你想要改进的方向。考量一下自己身上哪些地方是自己不满意的，给出改进意见和方向。

三、活动形式

教师可以借助专题讲座、工作坊、团体咨询和家庭咨询等形式宣传积极心理学的理念、传授基于积极心理学理论的方法和技巧、解决家庭教育中存在的问题。还可以通过一些媒体，如学校的微信公众号、视频号、数字家长学校等推送图文或微课、微讲座开展主题活动。

1. 专题讲座

专题讲座是相对容易组织和实施的活动形式，也是传递家庭教育理念和方法最高效的活动形式。积极心理学作为指导家庭教育的一种理念和看待问题的视角，具有普遍的适用性，各个学段的学生家长可以进行学习和运用。可以面对全校或全年级开展线下讲座，也可以制作视频微课进行宣讲。另外，针对一些有共性需求的家长，可以再组织专题性更强的小规模的讲座，满足家长进一步的学习需求。

2. 工作坊

工作坊是运用游戏体验、头脑风暴、情境表演等方式开展的规模较小的互动性强的一类指导形式。积极心理学背景下如何运用积极的语言，如何激发积极情绪，如何促进积极行动等都需要实践和训练。工作坊具有体验性和实操性强的特点，非常适用于积极心理学的方法学习和行为训练等主题。为了增加互动性，往往会分成6~8人的若干小组，需要增加一些热身活动作为导入。

3. 团体咨询

团体咨询是运用心理咨询技术，以小组形式开展的以家庭教育为主题的一种活动形式。团体咨询目标更加明确，解决问题的针对性更强。团体成员一般为6~10人，最多不超过12人。活动的开展首先要确定主题，如电子产品使用成瘾问题小组、早恋问题小组等。家长根据感兴趣的主题自愿报名，筛选后确定最终人选。需要强调的是，团体咨询的有效性在于团体动力的生成，成员之间首先要建立良好的信任关系，才能敞开心扉，相互启发。另外，团体咨询对团队领导者的专业要求较高，通常是经验较为丰富，积极心理学取向的心理咨询师。

4. 家庭咨询

家庭咨询是运用心理咨询技术，以解决家庭教育中存在的某一问题为目标，开展"一对一"的指导，参与咨询的可以是家长，也可以是几个家庭成员。它的目标是咨询师帮助来访者通过谈话的方式，围绕家庭教育中存在的具体问题，进行分析、讨论，通过促进来访者的自我觉察、启发性对话，共同寻找解决问题的资源和方法。为保证咨询效果，咨询时间一般不超过60 min，可适当延长，有时可能需要多次咨询。咨询师需要具备较为专业的心理咨询技巧和扎实的积极心理学理论。

四、活动组织

积极心理学诞生于20世纪末，却积累了大量的研究成果。其内容丰富，主题多元，组织的形式灵活多样，可适用于各种场景。从学校的实际工作上来看，教师在组织以积极心理学为主题的活动时，还需要把握以下几点注意事项。

1. 内容选择

积极心理学是研究幸福的理论，"让孩子获得幸福的人生"是很多家长的教育目标，"如何培养积极的心理品质"也是家长们普遍关心的话题。这些主题对家长都有很大的吸引力。积极心理学提出的"PERMA"5个字母分别代表幸福人生的5个元素——积极情绪、投入、人际、意义和成就。家长们往往片面追求"学业成就"的提升，认为学习好就一好百好。因此，在理念与方法传授时，首先要促进家长对学习之外的几个能够提升幸福感的要素的充分理解，通过研究成果、案例分析联系实际转变观念。在此基础上，再结合具体问题和学生的心理发展特点，选择适合的主题，做更有针对性的方法指导。

2. 实施策略

活动实施时，将积极心理学的理论和方法贯穿始终，渗透到培训的全过程，在多方面体现积极视角、营造积极氛围、运用积极语言、促进积极行动。在对家长和教师的指导上，理念部分是相通的，但在实施过程中各有侧重。针对教师的培训要适当增加积极心理学相关研究的内容，从实证的角度提供科学依据，让教师从科学层面对理论有更深层次的理解。针对家长，则要以案例为主，以"讲故事"的方式增进他们对理论的理解，避免引入过多的研究成果，方法指导上要更加注重实用性和可操作性。

主题 12　焦点解决与家庭教育指导

焦点解决短期心理咨询（Solution Focused Brief Counseling，SFBC）是近年来形成并在世界范围内迅速崛起的一个短期咨询学派，属于后现代建构主义咨询流派的一种。SFBC 是以一种正向目标解决导向的治疗模式，强调的是建构治疗的历程而不是单纯的问题解决。SFBC 还发展出一系列富有特色的咨询技术，如水晶球问句、例外问句、评量问句等，这些朝向改变的问句使得 SFBC 在后现代咨询流派中独树一帜，令人侧目。焦点解决在心理学界备受推崇的主要原因是"短平快"，"短"是指时间短，"平"是指方法比较简单、容易掌握，"快"是指见效快，正是它的这些特性，SFBC 技术非常适用于家庭教育指导。在此引入 SFBC 的理论和技术，以期这种聚焦于解决问题的咨询理念能为家庭教育指导拓展出新的视角。

一、活动目的

通过培训，使教师掌握指导家长运用焦点解决技术开展家庭教育的有效途径和具体策略的方法，为家庭教育提供一种新的思路和方法。

二、活动内容

有关焦点解决的相关资料有很多，培训时应强调针对性，重点解决家长如何运用焦点解决技术的方法与建构解决的对话流程。因此，设计与开展活动时，可以从焦点解决的理论基础、常用方法、有效策略这三个方面梳理以焦点解决为主题的内容并对家长进行指导。

(一)焦点解决的理论基础

焦点解决的理论基础主要有四大方面,一是后现代心理学,二是系统论,三是策略派辅导,四是短程家庭治疗。作为一个系统的辅导流派,焦点解决在教育领域广泛运用,这里选择与教育关联紧密的核心理念。

作为教师应该清楚地掌握 SFBC 理论基础,可以概括为以下三点:

(1)聚焦正向思考比关注问题更容易带来改变。SFBC 认为一个人的思考方向会影响其思考的内容,进而影响其对问题解决的决策及效能。从家长的有效经验和优势资源切入引发改变,孩子更容易接受,改变也更容易发生。过多地聚焦在问题上,会引发家长的对抗和焦虑,改变可能无法发生。

(2)小改变带来大改变,带动整个系统的改变。这是一种基于系统观的考虑,即从小的改变着手,事情往往比较容易成功。SFBC 认为,成功的经验对家长非常重要,可以使家长产生信心和力量去处理更加困难的问题,进而带动整个情况的改变。启动改变的第一步最为关键,有了成功的第一步经验,家长会增加胜任感,并能够更好地推进后续的持续性改变,产生滚雪球效应。同时,家庭中某一成员的改变也必然会影响其他成员的互动,进而带来其他成员和整个家庭的改变。

(3)每个人都是解决自己问题的专家。焦点解决方法认为,每个人拥有很多解决问题的资源,是解决自己问题的专家。在这个前提下,家庭教育指导教师的工作之一不是一再地教导家长该做什么、该怎么做,而是协助家长发现其资源,构建自己改变的目标和历程。激发家长内在动机,找到最适合的方法。

(二)焦点解决在家庭教育指导中的方法

在家庭指导中,焦点解决(Solution-Focused Therapy,SFT)是一种常用的方法。焦点解决在家庭指导中强调关注家庭成员的力量和资源,通过共同合作寻找解决方案,并教授相关的技能和策略以促进持续的进步。这种方法有助于提高家庭成员的积极性和参与度,从而更好地解决各种家庭问题。以下是焦点解决在家庭指导中的一些方法。

1. 建立目标

与家庭成员共同确定想要解决的问题或目标。这个目标应该是明确、具体和可衡量的,以便能够观察和评估进展。焦点解决方法认为,每个人是自己的问题的专家,所以,家长在对孩子提出要求的时候,一定要听孩子的意见和想法。如何把理念转化为可操作的实践?首先,家长要先明确"是谁的目标?""由谁来制定?""具体到什么程度?"其次,家长要和孩子商量,由孩子确定目标,并用自己的方式如文字、表格、图画的形式呈现出来。需要注意的是,制定的目标一定要基于孩子原来的基础,如孩子目前的能力状况是能够完成语文作业的 50%,那么下一周的目标可以是完成语文作业的 60%,正确率 50%。目标比较合理,也容易达到,孩子达到后,也更容易体验自己是有能力的。更重要的是,这样可以逐渐培养孩子自我发展、自我导向的能力。

2. 描述目标

结合焦点解决方法中"当事人是最了解自己的,是自己问题的专家"的这一理念,我们认为,家长和孩子确定目标后,要基于孩子的年龄段和思维方式特点,描述需要做的具体事情。这种描述要具体、能操作、可以观察,这样孩子才能真正进行操作,并且在头脑中预演具体的步骤,明确地知道自己要做什么。同时,有更强的确定感和秩序感。家长可以把要求转化成具体的行动步骤,如"好好写作业"就过于模糊和空泛,孩子并不知道到底要怎么做。家长可以说得更具体,如"晚饭后19:30开始回到房间,坐到书桌前,先想想今天有哪些作业,然后先写10分钟"。孩子就会有清晰的行为层面的感知,并且感到任务并不复杂,也会增加确定感。

3. 启动一小步

结合焦点解决方法"小步子可以带来滚雪球"的理念,提醒家长一定要重视小步子的策略。第一步的成功体验至关重要,可以使孩子体验到自己是有能力做到的,即使开始的改变慢一些,但是后续会产生滚雪球效应,变化会越来越大。家长可以问问孩子,如果10分代表达到了你自己制定的目标,那现在你取得了几分?当孩子说5分或任何一个数字时,再问问孩子,再多做点什么,可以往前推进一个位置。由此激发孩子内在改变的动力,提升孩子的效能感,为持续推进改变奠定基础。

4. 教授技能

如果孩子在某些领域需要更多的知识和技能,家长可以教授相应的技能和策略。例如,教授如何有效沟通、解决冲突、管理情绪等技能。鼓励家庭成员之间的合作和沟通。通过角色扮演、讨论和模拟冲突解决过程等方式,帮助他们学习如何有效地沟通和协商解决问题。

5. 正向激励

结合焦点解决方法中"正向改进比关注问题更容易发生改变"的理念,建议家长将注意力和关注点放在孩子的进步和努力上。家长可以采用直接赞美,如"你比昨天的书写进步了一个等级,从合格到了良好,妈妈看到了你的努力!"可以采用书面赞美的方法,家庭中可以开辟一块留言区,可以把对孩子的赞美写在上面,通过文字的形式传达赞美。也可以使用引发自我赞美的方法,如看到孩子作业完成的速度提高了,可以问问孩子是怎么做到的,让孩子回忆自己应用的有效方法。这样的方法可以让孩子感到自己的努力是被看到的,能够提升价值感。

6. 布置作业

为家庭成员布置一些小型的实践任务,以帮助他们将所学应用于实际生活中。最常使用的任务是"多做一些"的行动任务和"观察想要持续行为表现"的观察任务。例如,让孩子在日常生活中尝试新的沟通方式或解决小问题的方法。

7. 反馈与评估

定期与家庭成员进行反馈和评估,讨论进展、遇到的困难和需要进一步支持的领域。

（三）焦点解决在家庭教育指导中的策略

在指导家长进行家庭教育时，以焦点解决导向的接入技术，使家长对自己的问题情境的知觉、看法、思考和感受都能有所改变。SFBC 的技术都着眼于利用家长本身的力量和资源协助家长体验改变，经由经验发生的小改变，维持、扩大并累积成大的改变。以下就常用技术的使用做简单介绍。

1. 正向建构看问题

在家庭教育指导中，我们经常遇到家长在处理孩子的一些负向的问题时，其视角往往是片面的，情绪是糟糕的。SFBC 的重新建构技术是用另一个新的正向语言与观点，来重新看待与诠释同一个问题，既要看到事情存在着不好的一面，也要学会看到事情中有利的一面。例如，当孩子出现课堂睡觉等一些不当的行为时，我们始终坚持"一定有一个重要的理由"来诠释看待，重新建构技术用好了，可以激发家长和学生的源动力，让学生家长能够看到自己正向目标努力前行。例如，有的父母抱怨："孩子每次都保证得好好的，但没几天又恢复了老样子。"我们的回应可以是："这么看来，虽然他没有完全像你希望的那样，但他还是在意你说的话，并且能够有所改变。"当然，我们选择回应的方法还有很多，例如他自己如何看到自己的"好"？谁对他最有影响？他最在乎别人怎么看他？如果让他再好一点点，他会和现在有什么不同？假如他愿意，最有可能从哪里做出改变？我们做什么可以让他多改变一些？上述回应中都在主张扩大孩子积极正向的一面，按照焦点解决的理念就是，白的扩大了，黑的自然就缩小了。

2. 学会用欣赏来回应

家庭教育指导对家庭帮助的最终目的是"助人自助"，而欲自助，必先自信，欲自信，必先有"料"，其"料"来自欣赏和鼓励。而 SFBC 技术就是从多个不同的角度、用多种不同的方法去鼓励的技术，堪称一绝。常用的欣赏肯定技术有以下三类。

（1）直接肯定。例如"我真的欣赏你的勇气。"

（2）引用并说明别人对孩子的肯定。如："老师和我打电话告诉我最近一周你交作业的速度加快了。"

（3）引发当事人自我肯定。例如："要做到这一点真的不容易，你是怎么做到的？"我们必须相信，哪怕孩子十分沮丧，在他们做的事情中仍然有积极特征值得被关注和认可，这些特征可能是：采取行动及各种努力；提出愿望或承诺；具有某些个性特征；拥有态度、想法和决定。欣赏肯定没有一定的使用限制，在和孩子沟通谈话的全过程中随时可以使用。但需要注意的是，欣赏和肯定一定是实事求是的，而非虚假夸大的。

3. 持续鼓励助进步

在孩子面对困难和挑战时，给予持续的鼓励和支持，帮助他们建立积极的心态和解决问题的能力。我们可以采用刻度化技术。刻度化提问可以是 1～10，请当事人根据自己最好的愿景（10）为标杆，对自己的现状进行评分。随后，询问如果分数增加会有什么不同？会如何行动？在当事人信心不足时，也可询问当事人为何不是更低分数。具体谈话方法可参考以下示例。提问1：在一个从0～10的量表上，0表示你不想做任何事发现解决的方法，只想坐着等一些改变发生；10表示你愿意做任何事发现解决的方法。从0～10，你愿意做的位置在哪里？提问2：你给自己的状态评了3分，但为什么是3分而不是2分或1分？再接着问，"要保持不让自己变得糟糕，你觉得自己现在最需要注意什么？"

四、活动组织

"焦点解决"在近几十年以来被广泛运用于学校和家庭，积累了大量的研究成果。其内容丰富，主题多元，组织的形式灵活多样，可适用于各种场景。从学校的实际工作上来看，教师在组织以焦点解决为主题的活动时，还需要把握以下几点注意事项。

1. 内容选择

在"焦点解决"活动中，内容的选择至关重要，它直接关系到活动的有效性和家长的收获。首先，内容应针对家长和学生在家庭教育中遇到的普遍问题和困惑，具有实际指导意义。其次，内容应与当前家庭教育领域的最新研究成果和趋势相关，确保信息的时效性和先进性。最后，内容应提供具体、实用的家庭教育方法和技巧，真正帮助家长解决实际问题。如"手机的管理""学习专注力的提升""作业的自我管理"等主题都是家长迫切需要解决的。

2. 实施策略

活动实施时，对在家长培训过程和个体辅导中发现的典型问题进行梳理并深度分析，在此基础上，对"焦点解决"的方法应用于家庭教育的具体流程和步骤进行了探讨，探讨适用于家庭教育正向、有效的途径和具体策略。因此，在组织一般性知识与方法传授时，需要强调不同的家庭场景，一问一场景，通过案例，剖析"焦点解决"的道理与原则。丰富的场景结合丰富的案例剖析，可以为培训对象带来实操性的指导。后续的跟进指导至关重要，有助于家长掌握"焦点解决"的技术并能在家庭教育中广泛运用。

主题13 新媒体与家庭教育指导

新媒体是一个相对概念，是报刊、广播、电视等传统媒体之后发展起来的新的媒体形态，包括网络媒体、手机媒体、数字电视等。新媒体有着颠覆传统媒体概念的丰富传播形式和多样的传播渠道，突破时空限制，让每个人都成为媒体的主角，呈现出话语空间复杂化、话语内容碎片化、话语载体多样化等特点。新媒体使用普遍、受众多元，具有很强的影响力和传播力。家庭教育指导教师需要了解新媒体使用的相关技术和方法，运用好新媒体平台，传播家庭教育理念、教授家庭教育的知识和方法。

新媒体主要分为互联网新媒体和手机新媒体。互联网新媒体包括门户网站、搜索引擎等。手机新媒体是对互联网的延伸，形成了集新闻、娱乐、游戏、社交、金融、电子商务等多功能于一体的大众媒介，与人们日常生活的联系更为紧密。近年来，短视频凭借其内容短小、有趣、社交属性强，以及能够充分满足用户碎片化娱乐需求等优势，成为当今万众瞩目的新型传播载体，在提升用户好感度、满足用户个性化需求、内容体验等方面创造着一个又一个奇迹。

一、活动目的

通过培训，促使家庭教育指导教师了解新媒体的传播特点，学习和掌握以短视频为代表的新媒体的准备和实施步骤，并尝试使用新媒体开展家庭教育指导工作。

二、活动内容

手机新媒体的形式多样，近年来以短视频为代表的新媒体进行家庭教育指导也逐渐成为一股新生力量，产生着影响。然而，要想把短视频创作和运营工作做好并非易事，除了要把握发展趋势，把握好创作和运营方向，还要找准用户的痛点，打造好短视频的内容。

（一）短视频的定义和主要特点

1. 短视频的定义

短视频是一种继文字、图片、传统视频之后新兴的互联网内容传播形式，它融合了文字、语音和视频，可以更加直观、立体地满足用户表达和沟通的需求，满足用户相互之间展示与分享信息的诉求。短视频的长度以"秒"计数，主要依托于移动智能终端实现快速拍摄和编辑，可以在社交媒体平台实现实时分享，是一种新型的媒体传播渠道。2019年，短视频用户规模已超 8.5 亿，短视频行业快速崛起，并进入成熟期，已经成为重要的流量高地之一。无论是短视频平台新增数量、用户增长速度，还是资本的活跃度，都在不断创造新高，这也充分说明短视频行业已经进入爆发期。当前短视频行业正在快速发展，用户数量、行业规模和社会影响力持续提高，已经成为移动互联网业态的重要组成部分。

2. 短视频的主要特点

（1）短小精悍，内容丰富。短视频的时长一般在 15 s～5 min，其内容融合了技能分享、观念传播、娱乐休闲、社会热点等。题材多样，灵动有趣，娱乐性强，注重在前 3 s 吸引用户，视频节奏快，内容紧凑，符合用户碎片化的阅读习惯。

（2）门槛低，生产流程简单。相较于传统视频，短视频大大降低了生产和传播的门槛，实现了生产流程简单化，甚至创作者利用一部手机就可以完成拍摄、制作、上传与分享。在目前主流的短视频 App 中，大都具有一键添加滤镜和特效等功能，各种功能简单易学，使用门槛低。

（3）富有创意，极具个性化。短视频的内容更加丰富，表现形式也更加多元化。用户可以运用充满个性和创造力的制作和剪辑手法创作出精美的短视频，以此来表达个人的想法和创意。

（4）传播迅速，交互性强。短视频的传播门槛低，渠道多样，容易实现裂变式传播与熟人间传播，轻松实现直接在平台上分享自己制作的视频，以及观看、评论、点赞他人的视频。丰富的传播渠道和方式能够使短视频传播的力度大、范围广、交互性强。

（5）观点鲜明，信息接受度高。在快节奏的生活方式下，大多数人在获取日常信息时习惯追求"短、平、快"的消费方式。短视频传播的信息观点鲜明、内容集中、言简意赅，容易被用户理解与接受。

3. 优质短视频必备的五大要素

优质的短视频必定是主题鲜明、内容有价值的作品。通常来说，要想打造出爆款短视频，需要具备以下五大要素。

（1）创意标题。广告大师奥格威在其《一个广告人的自白》中提到，用户是否会打开文案，80%取决于标题。同样，对于短视频来说，标题也是最先给用户留下印象的，标题是否有创意、是否吸引人是用户能否点开观看的关键，因此，短视频的标题是影响短视频播放率的重要因素。具有创意的标题不仅能够提高短视频的播放率，还能吸引用户关注账号。

（2）内容为王。在这个"内容为王"的时代，优质的内容才是竞争的核心要素。能够吸引用户观看的短视频通常具有两个特点：一是用户能够从中获取有价值的内容；二是用户能够从中获得情感共鸣。

（3）背景配乐。在制作短视频的过程中，要准确把握短视频背景配乐的节奏感。背景配乐决定着短视频的整体风格，短视频是以视、听来表达内容的形式，而配乐作为"听"的元素，能够增强短视频在屏幕前给用户传递信息的力量。

（4）画质清晰。视频画质清晰与否决定着用户观看视频的体验感。清晰的视频画面能够给用户带来视觉上的享受，从而获得更多用户的关注。很多受欢迎的短视频，其画面清晰度较高，这一方面取决于拍摄硬件，另一方面也取决于视频后期的编辑工具。

（5）精雕细琢。多方面、全角度优化短视频能提升短视频的整体价值，专业的短视频创作团队都会在编剧、表演、拍摄和后期制作等方面精雕细琢，从而打造出颇具创意、与众不同、更有核心竞争力的短视频。

（二）创作短视频账号的准备

要想创作优秀作品，短视频创作者必须做好各项准备工作，特别是找准短视频账号的定位。

1. 找准定位，为自己贴上明确的标签

标签化是当今生活中一种十分常见的现象，无论是地域、性别、职业，还是性格、样貌、文化等，都可以成为一个人的标签。贴标签，就是找到适合自己的风格，以及自己擅长的领域，树立自己的个性形象，使自己在公众心目中的形象更立体、更鲜明。只有找准

自己的定位，贴上适合自己的标签，才能更有效地推广自己的短视频。

在为短视频定位时，需要从以下三个方面进行考虑：

（1）我是谁：选择合适的短视频题材。在创作短视频之前，首先要在心中问自己：我是谁？我适合创作哪种题材的短视频？我擅长经营哪种类型的短视频账号？只有确定了短视频的题材，才能明确短视频的创作方向，并沿着这个方向进行具体的内容生产工作。需要注意的是，短视频题材的范围并不是固定不变的，范围可大可小。创作者可以将所选的题材类型垂直细化。例如，如果把题材定位在家庭教育指导方面，既可以做高中生的家庭教育指导，也可以做幼儿的家庭教育指导。

（2）我要传递何种价值：创作恰当的内容。确定了题材，明确了创作方向后，接下来就要思考内容定位，即回答"我要传递何种价值"这个问题。如果说题材定位是搭建框架，那么内容定位就是在这个框架内浇筑"混凝土"，只有将两者有机结合，才能建造出能够彰显个性的"高楼大厦"。在进行内容定位时，要始终牢牢把握住一点，即要传递什么价值。在"内容为王"的时代，只有当用户观看完短视频后觉得内容有价值，他们才会关注创作者，持续观看其更多的作品。对于初涉短视频领域的创作者来说，要想引起用户的关注，内容是最关键的要素。因此，一方面要保证短视频内容立意新颖、内涵丰富，融入价值情感；另一方面，要注重打造内容细节，在细节上要能给用户带来"惊喜"，避免千篇一律，这样既能加深用户对内容和账号的印象，又能吸引其持续关注。

（3）我如何实现这种价值：确定短视频的格调。确定短视频的格调，就是确定短视频的风格定位。在有了创意内容之后，接下来就要思考"我如何实现这种价值"，选择什么样的展现形式来诠释短视频主题，例如，是用一段完整、连贯的视频，还是用一张张串联起来的图片？是准备真人出镜，还是采用卡通动画形象？是解说评论，还是采访？需要强调的是，当短视频创作者选择了一种视频风格以后，就要长期坚持下去。只有这样，这种风格才会成为自己的标签，深刻地烙印在"粉丝"们的心中。当他们一看到类似风格的短视频，就会情不自禁地联想。

2. 自我分析，锁定自己擅长的领域

要想实现传播力广的目标，就必须建立在定位明确、突出自身优势的基础上。短视频创作者通过进行自我分析，锁定自己擅长的领域，向用户展示出自己的特色，用强大的表现力诠释自己独特的优势。下面将从个人账号和单位账号两个角度，分别阐述内容定位的方法与技巧。

（1）个人账号：梳理优势，强化专长。运营个人账号时，首先要对自己进行客观分析，梳理各项优势，从而找到自己擅长的领域，进而突出特长，强化专长，更好地向用户展示出自身所具有的独特魅力。那么，如何找到个人擅长的领域呢？短视频创作者可以从以下四个角度来考虑。

1）自己做过的被人称赞的事情。回顾自己过去所做过的事情，客观地审视自己，从中找出最受别人关注、被别人称赞最多的事情。

2）自己学过的知识技能。回想自己学过的知识技能。只要自己比别人拥有更多的知识技能，那么在这些领域就能凸显出优势。

3）自己做过最专注的事情。当一个人内心真正喜欢做某件事时，就能做到心无旁骛、全神贯注，甚至废寝忘食，而让自己最专注的事情做起来也会最用心。

4）自己的切身体验、积累的经验。如果自己是一位"宝妈"，对育儿一般会有切身的体验⋯⋯这些亲身经历都会带来丰富的经验，相比其他人，拥有这些经验就是优势，那么就可以把这些经验梳理出来进行分享。

（2）集体账号：挖掘品牌价值，深度创新。家长学校或工作室也可以创建短视频，要想找到自身的优势，锁定擅长的领域，最重要的一点就是挖掘品牌价值，提炼品牌文化，加强创新力度。这类账号也需要做好账号定位，打造自己的风格。有些账号一味地跟风追热点，导致画风不统一，所以很难沉淀精准"粉丝"。要力求稳定产出优质内容。要结合品牌理念及平台特点来打造账号风格，利用账号简介先给用户留下认识品牌的第一印象，进而把知识产权渗透到内容创作中，然后在坚持自身品牌价值的基础上放大自己的优势，通过深度创新来赢得用户的关注和喜爱。

找准切入点，精准实现差异化。这一思路是找到自身的特别之处，找准切入点，做出与同类产品具有明显差异化的内容，彰显自身的独特性，使短视频作品具备较高的辨识度。以几个关键词为切入点创作具有系统性和代表性的作品，实现差异化，从而快速引流。

3. 用户分析，从用户需求出发做定位

做好精准定位后，还要对用户进行分析，首先应明确目标用户，简单来说，就是拍摄的短视频是准备给"谁"看的，这个"谁"包含两层意思，第一层意思是视频的观众，第二层意思是潜在的用户；然后找出目标用户的需求，挖掘出用户痛点，只有掌握住用户的真实需求，才能拍出能够传递价值信息的短视频，得到目标用户的认可，进而成为爆款短视频。

可以按照深度、细度、强度三个维度挖掘目标用户群需求痛点。痛点是指用户未被满足的、急需解决的需求，只有短视频的内容戳中了用户的痛点，才具有吸引力和说服力。因此，在进行短视频策划时，要先收集和分析用户的痛点。深度是指用户的本质需求，具有延展性，在创作短视频植入痛点时要考虑到痛点的深度，注重细节的体现。细度是指将用户的痛点进行细分。在细分用户的痛点时，可以分为以下步骤。对垂直领域进行细分，如按照年龄细分，或者按照学段细分。强度是指用户解决痛点的急切程度，高强度痛点是指用户主动寻找解决途径。要及时发现这些痛点，为用户提供反馈的渠道，或者在短视频评论区仔细分析用户评论，从中寻找其急切需要解决的需求痛点，使用户感觉到雪中送炭。

4. 组建短视频创作团队

短视频创作团队的职能分工，一般包括导演、编剧或策划、出镜人、摄像师、剪辑师、运营人员等。通常情况，团队的人员需要兼任多职，有的都是由同一个人来完成。

（1）导演：是短视频作品的总负责人，负责人员的组织、工作的协调、短视频作品的质量把控等，要根据项目要求挖掘选题，完成选题素材、故事的收集与整理，完成项目前期策划。参与监督整个短视频的制作过程，并对短视频内容的整体质量负责。

短视频导演要思维敏捷、网感强、有创新意识、思路开阔，并具备多元的创作风格，熟悉短视频的制作流程，并且有很强的责任心，具有良好的沟通能力与团队管理能力。

（2）编剧或策划：进行短视频剧本的创作，负责内容的选题与策划，根据项目要求，做出符合市场需求的短视频策划方案及完整的创作构思方案。撰写脚本大纲，对色彩、构图、镜头语言比较敏感。

（3）出镜人：是故事的叙述人，内容的传达者，或者演员。出镜人应能顺利地完成脚本的内容或表演出人物特征。

（4）摄像师：要按剧本要求完成短视频的拍摄工作。摄像师的水平在一定程度上决定着短视频内容的好坏，因为短视频的表现力及意境很多是通过镜头语言来表现的。

（5）剪辑师：是短视频制作后期不可或缺的人员。剪辑师主要对短视频画面素材和声音素材进行筛选、整理、剪辑，将原本分割的素材进行合成，形成一个完整的短视频作品。

（6）运营人员：负责短视频账号的日常运营与推广，包括账号信息的维护与更新、短视频的发布、用户互动、数据收集与跟踪、短视频的推广等。

（三）短视频制作的步骤

1. 策划

短视频的策划主要是选择内容与呈现方式。短视频一般要以讲故事的方式提升代入感。生活中从来不缺好故事，缺的是将故事讲好的能力。在拍摄短视频之前，首先要明确短视频要讲述一个什么样的故事，故事的主题是什么。主题是故事的核心，通过故事要告诉家长什么，要传递什么价值信息，是诠释家庭教育原理，还是分享亲子教育经验，或是表达对家庭教育的观点看法等。明确了故事的主题以后，就要确定能够表现故事主题思想的表现类型。故事素材的来源主要有以下几种。

（1）自身经历。每个人都有自己的亲身经历，我们身边的人和事就是最真实、最生动的，也是最直接的短视频故事素材。我们可以从自身经历中寻找最契合主题的素材，这样创作出的短视频才会更加真实、自然，故事才会"有血有肉"，短视频才更有个性和感染力。在选择自身故事素材时，可以从一些难忘的经历、失败或成功的经验、自己教育过程中的经验等，传递自己的观点。

（2）新闻热点。聚焦家庭教育相关联的新闻热点，这些往往能够吸引人们的目光。因此，平时要多看、多听、多观察，对新闻事件始终保持敏锐感，对于新发生的或者已经引起热议的事件，结合家庭教育理念或方法，找到合适的视角进行切入，将其作为短视频的素材。

（3）好书、影视剧。分享一本家庭教育相关的书籍、分析影视作品片段给家长的启示，都可以作为素材。此外，还有很多好看的影视剧，只要是人们喜欢的，都可以从中选取经典的情节作为创作短视频的故事素材，重要的是要融入自己的价值观念。

（4）情景短剧。创作情景短剧，以情节制胜，在故事情节上引发用户的情感共鸣。情景短剧一般由两人或多人一起表演，与小品、小剧场的形式类似。

（5）技能分享，注重知识传播。创作此类短视频时，短视频内容首先要通俗易懂，要能对用户起到很好的指导作用；其次是实用性要强，能够切实解决用户在家庭教育中遇到的问题或困难。这类短视频要注重知识的准确性和科学性。

（6）主题访谈，以对话交流传递价值信息。通过采访有经验的家长、班主任、专家、学者，有目的的交流，获取具有传播价值的真实信息。

（7）拍摄 Vlog，记录个人生活。Vlog（Video Blog），即视频博客，这种形式的视频重在记录生活，其主题非常广泛，可以是参加大型活动的记录，也可以是日常生活琐事的集合。拍摄 Vlog 时，要注意主次分明，突出重点，围绕主题，切忌拍成流水账。

2. 拍摄

拍摄一般采用手机或专用摄像设备。拍摄前需要准备好拍摄提纲，比较复杂的短视频制作还需要撰写分镜头脚本。

拍摄提纲，列举要点，提示拍摄内容。拍摄提纲是指短视频的拍摄要点，只对拍摄内容起到提示作用，适用于一些不易掌握和预测的拍摄内容。可以按照如下步骤进行：

（1）明确短视频的选题、立意和创作方向，确定创作目标。

（2）呈现选题的角度和切入点。

（3）阐述不同体裁短视频的表现技巧和创作手法。

（4）阐述短视频的构图、光线和节奏。

（5）呈现场景的转换、结构、视角和主题。

（6）完善细节，补充音乐、解说、配音等内容。

分镜头脚本包含的内容十分细致，每个画面都要在创作者掌控之中，包括每个镜头的长短，每个镜头的细节等。分镜头脚本既是前期拍摄的依据，也是后期制作的依据，还可以作为视频长度和经费预算的参考依据。分镜头脚本创作起来比较耗时耗力，对画面要求比较高，类似于微电影的短视频可以使用这种类型的短视频脚本。分镜头脚本主要包括分镜头时长、画面、景别、摄法技巧、机位、声音、背景音乐、台词等内容，具体内容要根据情节而定。分镜头脚本在一定程度上已经是"可视化"影像了，可以帮助制作团队最大限度地还原创作者的初衷，因此分镜头脚本适用于故事性较强的短视频。

3. 剪辑

剪辑是对短视频的二次创作，在短视频创作中，前期拍摄的视频只是一些零散或分离的素材，只有经过后期对拍摄的视频进行编排，并添加音乐、文字、特效等，才能创作出优质的短视频。一般可以借助软件来实现。手机等移动端视频编辑工具可以选用剪映、巧影、快剪辑、小影、InShot、VUE Vlog 和乐秀，计算机端视频编辑工具，可以选用 Premiere、After Effects、Edius、会声会影、爱剪辑和 Final Cut Pro。大部分软件功能比较丰富，易于操作，功能强大，只需通过简单的培训就可以使用。

短视频剪辑的一般流程如下：

（1）采集和复制素材。首先将前期拍摄的视频影像素材文件输入计算机，或者将素材文件直接复制到计算机，然后整理前期拍摄的所有素材文件，并编号归类为原始视频资料。

（2）研究和分析脚本。在归类整理视频影像素材文件的同时，对准备好的短视频文字脚本和分镜头脚本进行仔细和深入的研究，从主题内容和画面效果两个方面进行深入分析，以便为后续的剪辑工作提供支持。

（3）视频粗剪。审看全部的原始视频资料，然后从中挑选出内容合适、画质优良的视频资料，并按照短视频脚本的结构顺序和编辑方案，将挑选出来的视频资料组接起来，构成一个完整的短视频。

（4）视频精剪。对粗剪的视频进行仔细分析和反复观看，然后在此基础上精心调整有关画面，包括剪接点的选择，每个画面的长度处理，整个短视频节奏的把控，音乐、音效的设计，以及被摄主体形象的塑造等，按照调整好的结构和画面制作成新的短视频。

（5）配音字幕合成。为短视频添加字幕、添加解说配音、制作片头片尾等，并全部合成到视频画面中，制作成最终的短视频。

（6）输出完成的短视频。剪辑完成后，创作者可以采用多种形式输出完成的短视频，并上传到短视频平台上进行曝光推广。目前，短视频的输出格式大多为 MP4 格式。

三、活动形式

教师可以借助专题讲座、工作坊、模拟演练等形式学习短视频等新媒体策划的方法、了解短视频传播的特点，以及制作的方法和技巧、提升运用新媒体开展家庭教育指导的能力，不断扩大影响力。

1. 专题讲座

可以系统地围绕短视频制作的各个环节开展讲座，进行针对性的指导。例如：短视频账号的建立、策划选题、运营方式等主题。特别适用于对新媒体短视频感兴趣的初学者。因为新媒体制作需要投入的精力和时间相对比较多，不具有普遍性，所以，可以以招募成员的方式邀请感兴趣的教师参加。也可以把相关主题设计成微讲座，以提供知识技能模块的方式，利用线上视频的方式供教师自主选择学习内容。

2. 工作坊

工作坊的规模较小，互动性很强，可以运用头脑风暴等方式对新媒体制作的主题、呈现形式、家长需求评估等主题进行深入研讨。一般要分成6～8人的若干小组，总人数也不应超过50人。在开展过程中，主持人需要设计好讨论的主题，主题可以聚焦解决实际问题，也可以是开放式的思想碰撞，力求小切口；并创设良好的交流氛围，鼓励成员相互倾听，不对彼此发言做消极评判，可以在讨论后分享感受、想法和收获。

3. 模拟演练

短视频的制作是一项实际操作性很强、要求综合能力比较高的工作。很多时候视频创作者既要当策划又要写脚本，还要兼备灯光、摄像、剪辑等多项工作职责。这些工作的有效学习都离不开演练。组织者可以邀请有经验的短视频创作者以实战案例分享的方式传授短视频制作的各个环节的技能和注意事项。然后现场布置任务，让参与学习者实际演练、现场制作，在制作的过程中，发现自己的卡点和需要提升的部分。再由讲师进行实际指导。这种演练学习的方式具有针对性强、学习效率高等特点，但不适合大规模开展。

四、活动组织

以短视频制作为代表的新媒体与家庭教育指导培训，可以讲授的内容非常丰富，有策划的部分，也有技术的支持等。从学校的工作实际上来看，教师在组织相关主题的活动时，还需要把握以下注意事项：

1. 内容选择

新媒体是传播家庭教育理念和方法的载体和工具，因此要把重心放在视频内容的策划和组织上。短视频的拍摄、剪辑等技术、短视频运营的方法不应作为培训的重点。可以围绕如何更好地发现自身优势、更好地讲好家庭教育故事，如何传播积极的家庭教育理念，如何更好地提升内容的影响力等方面作为主题进行授课。主要以分析、研讨、分享等方式进行。

2. 实施策略

活动实施时，要强调家庭教育指导的价值取向，不能为谋求关注，博取流量，做违背家庭教育初心的视频。要以积极心理学的理论和方法贯穿始终，渗透到培训的全过程，在多方面体现积极视角、营造积极氛围、运用积极语言、促进积极行动。在指导过程中，重视挖掘家庭教育讲师自身的优势资源，能力特点，从他们的工作实际和擅长的领域出发进行引导。如果时间比较充裕或者可以培训次数较多，可以考虑增加短视频拍摄和后期制作等方面的指导。

主题 14　家庭教育指导的危机管理

随着社会的不断发展，家庭教育的意义和作用越来越受到关注。然而，在现代社会中，由于种种原因，如工作压力、心理健康问题、家庭教育知识的匮乏等，家庭教育面临着很多困难和挑战，这些挑战可能转化为家庭危机。通过及时的危机干预，可以保障儿童不受到进一步的伤害，并获得必要的支持和帮助。有效的危机管理不仅可以防止危机扩大，还可以促进家庭内部的沟通和理解，帮助家庭恢复和谐稳定。

一、活动目的

通过培训，让教师了解家庭危机的基本情况，掌握一些应对家庭危机的方法，以帮助家长在危机发生时冷静应对，妥善处理好家庭中可能遇到的各种危机状况。

二、活动内容

家庭教育指导的危机管理是一个重要而复杂的过程，需要家长具备科学的方法和策略，同时也需要家长保持积极的态度和敏锐的洞察力，及时发现和处理问题，以帮助孩子健康成长。

（一）家庭危机的类型

家庭教育指导的危机管理是指家长在面对孩子的成长和发展过程中可能出现的危机时，采取积极主动的措施进行干预、教育和引导，以帮助孩子顺利度过危机，健康成长。这些危机可能包括学习危机、行为危机、情感危机和突发危机等。

1. 学习危机

当孩子在学习上遇到困难或失败时，可能会产生焦虑、厌学等情绪，家长需要理解孩子的处境、压力和困难，帮助孩子建立正确的学习态度和习惯。同时，提供适当的支持和帮助，通过共同讨论和解决问题，增强家庭的凝聚力和支持力，定期评估孩子的学习状态和学习方法，及时发现并解决问题。

2. 行为危机

家长的过度保护、忽略孩子的感受和需求、过分期望、缺乏耐心。对孩子缺乏鼓励、严厉惩罚、忽视表扬和不予肯定等，都可能导致孩子行为偏离正轨，如出现攻击性行为、违法乱纪等。因此，家长应该注意自己的行为，建立明确的规则和纪律，同时提供积极的引导和纠正，尽量避免这些行为危机，为孩子提供一个健康的成长环境。

3. 情感危机

由于家庭成员关系紧张、家长对孩子过分溺爱或忽视、家长自身情感调节能力不足、孩子学习压力过大、家长与孩子间缺乏沟通与支持等问题，孩子的情感可能会出现问题，如情绪低落、自我怀疑、抑郁等，家长需要关注孩子的情感需求，提供情感支持和关爱，必要时还应当寻求专业心理医生的帮助。同时，家长也要提高自身的情感调节能力，以便更好地引导孩子的情感发展。

4. 突发危机

家庭中可能会出现一些突发事件，如父母离异、亲人去世、家庭暴力等，家长需要了解孩子的情绪和需求，保持冷静并积极应对，同时寻求家庭咨询和支持，对孩子保持持续的关注和支持。

在上述危机类型中，家长需要做出相应的危机干预，如提供信息和资源支持、制订行

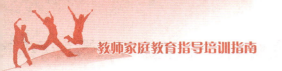

动计划、进行心理辅导等。同时，家长也需要关注自己的情绪和压力管理，避免将自己的情绪和压力传递给孩子。

（二）家庭危机对儿童发展的影响

家庭危机对儿童的发展和成长会产生多方面的影响，家长应该重视家庭危机对儿童的影响，关注儿童的心理健康和成长需求，及时采取有效的措施进行危机管理和干预，以避免对儿童产生不良影响。

1. 影响儿童的情绪状态

家庭危机会给儿童带来情感上的压力和困扰，导致他们出现焦虑、紧张、抑郁等负面情绪。长期处于这种情绪状态下，儿童可能会出现自我评价下降、自卑感、无助感等心理问题，进而影响到他们的学习、人际关系和社会适应能力。

2. 影响儿童的学习和认知能力

在家庭危机中，儿童可能会出现学习困难、成绩下降、厌学等问题，这是因为家庭危机导致他们无法集中精力学习或无法得到足够的支持和帮助。同时，这种学习困难和成绩下降又会对他们的自尊心和自信心产生负面影响，进一步加重他们的情感和认知问题。

3. 影响儿童的社会适应能力

在家庭危机中，儿童可能会因为家庭成员的关系不和或家庭经济困难等原因而出现社交问题，如无法与同龄人建立良好的关系、参与社会活动的能力受限等。这些问题不仅会影响到儿童的情感和认知发展，也会影响到他们未来的社会适应能力和人际关系。

4. 影响儿童的身体健康

在家庭危机中，儿童可能会出现睡眠障碍、食欲不振、身体不适等问题，这些问题可能是由于情感压力和焦虑等心理问题导致的。长期的身体健康问题不仅会影响到儿童的学习和生活，也会对他们的未来产生负面影响。

（三）家庭危机管理的策略

家庭危机管理需要家长具备敏锐的洞察力和积极的态度，及时发现和处理问题，以保持家庭和谐和孩子的健康成长，父母和孩子共同努力，建立信任、冷静处理、保持沟通、建立支持系统和注重自我成长等都是有助于家庭危机管理的重要策略。

1. 建立信任

对于孩子的教育，父母应当尽力保持诚实与守信，避免失信于孩子。在答应了孩子的要求后，如果因为某些原因无法兑现承诺，父母应当及时向孩子解释原因，并尽力补救。这样可以降低孩子的失望感，增强其对父母的信任。

2. 冷静处理

保持乐观和积极的态度，有助于在困境中保持清晰的头脑和做出明智的决策。当孩子出现行为问题时，父母应当冷静处理，不要过于情绪化。在处理的过程中，父母应当倾听孩子的想法和感受，并尝试理解他们行为背后的原因。这样可以让孩子感受到被尊重和理解，有助于缓解他们的紧张和焦虑。

3. 保持沟通

危机过后，父母应当与孩子进行沟通，寻找问题的根源，并一起寻找解决方案。这种沟通可以帮助孩子理解自己行为带来的后果，并学会如何应对未来的类似情况。保持持续的关注和支持，以帮助孩子逐渐恢复并重新建立信任和安全感，这可以通过定期的交流、提供情感支持、鼓励积极参与活动等方式来实现。

4. 建立支持系统

如果家庭教育中出现长期或复杂的危机，建立一个积极支持系统是非常重要的，这可以包括与孩子的教师、医生、心理学家等专业人士的交流，以及与其他家长、社区组织等的合作，父母还可以寻求专业的帮助和建议，如心理咨询或家庭教育咨询等，这些资源可以帮助父母更好地理解和解决孩子的情感问题。此外，家庭成员之间的互相支持和理解也是处理危机的重要因素。

5. 注重自我成长

父母在处理家庭危机的过程中，也需要注重自我成长，学习新的教育理念和方法，增强自己的情绪管理能力，以及提高自己应对压力的能力等。培养应对压力和挑战的技能，如深呼吸、积极思考等，这些技能可以帮助我们更好地应对家庭危机，减轻负面情绪的影响。家庭危机是一次自我成长的机会，可以让我们反思自己的价值观、信仰和人生目标，应该利用这个机会来提升自己，学习新的技能或追求个人目标。

三、活动形式

家庭教育危机管理的活动形式可以包括以下几种类型。

1. 专题讲座和培训

针对不同类型的危机，定期组织专题讲座，请家庭教育专家、心理医生等分享孩子成长过程中的常见危机和应对方法，提高家长对孩子常见危机问题的认知和处理能力。讲座中还可以设计现场答疑环节，有针对性地解决家长遇到的个性化问题。还可以提供一些关于家庭教育危机管理的培训课程，使家长们更加系统地掌握相关的知识与技巧。

2. 专家咨询

如果面临特别复杂或重大的危机，可以寻求专业的帮助和建议。例如，心理咨询师或家庭治疗师可以提供专业的指导和建议，帮助家庭更好地应对危机。建立专业的咨询和心理辅导机构，为家长提供针对孩子特定问题的指导和支持，帮助他们更好地应对孩子的情感、学习和行为问题。

3. 案例分析

针对典型的家庭教育危机案例，进行深入的个案研究和案例分析，为家长提供实际操作指导和借鉴。按照"识别危机—分析危机—制定解决策略—实施并监控—评估并调整"的步骤，通过学习和实践，不断改进和优化家庭教育的方法和策略。可以设立小组，让家

长们充分交流讨论，共同探讨解决问题的方法。

4. 角色扮演

设定一些常见的家庭教育危机场景，让参与者进行角色扮演，模拟情境，探索应对危机的方法。帮助参与者从不同角度看待问题，提高换位思考能力，更好地理解他人的感受和立场，也更好地理解自己的情感，更好地管理情绪，以此来提升应对危机的能力。

5. 家校融合活动

加强学校与家长之间的联系与沟通，通过家访、家长会、家长委员会等形式，让家长更好地参与学校教育，共同关注孩子的成长和发展。定期组织家长交流会，让家长分享自己的经验和教训，互相学习和借鉴，并从中获得支持和鼓励，共同应对家庭教育中遇到的危机事件。组织亲子活动，增强家长与孩子的互动和沟通，提高家庭的和谐度和孩子的自信心。

四、活动组织

策划组织家庭教育指导的危机管理活动并不容易，因为每个家庭的情况都不同，需要针对不同情况进行个性化的策划，以下是活动组织的一些注意事项。

1. 内容选择

在内容的选择上，应该从多个方面进行综合考虑，以确保活动的有效性和实用性。危机管理首先需要具备危机识别与预防的能力，可以设计相关的讲座或研讨会，介绍如何识别孩子可能遇到的心理、生理、社会和学习等危机，并引导家长和孩子采取有效的预防措施。当危机发生时，如何应对危机是至关重要的，可以邀请家庭教育专家、心理咨询师等，介绍有效的危机应对策略和技巧，以及如何与孩子进行有效的沟通。家庭教育是危机管理的重要组成部分，在活动内容中，应该强调家庭成员之间的互信和合作，帮助家长更好地理解彼此，增进彼此的信任，达到改善家庭关系的目的。在活动过程中应该提供实际操作的机会，让参与者可以模拟应对危机的方法。在活动结束后，应该提供后续的支持和反馈，如设立咨询热线、提供在线资源等，以便参与者可以随时获取帮助和建议。

2. 实施策略

在实施策略的过程中，首先要明确活动的目标和主题，确保活动内容与目标相符合，同时让参与者能够清晰地理解活动的主题和目的。在选择活动时间和地点时，需要考虑参与者是否方便参与及安全因素。如果活动涉及敏感或危机性质的内容，应该选择在安全可靠的环境中进行。在选择参与者时，需要选择有相关经验和知识的人，以便更好地理解和应对家庭教育的危机。同时，也需要考虑参与者的年龄、文化背景等因素，以便更好地满足参与者的需求。由于活动本身的敏感性，在组织活动时应该特别注重安全措施，确保参与者和自身的安全。例如，可以预先进行风险评估、制定应急预案等，以便在紧急情况下能够迅速采取有效的措施。

主题15 家庭教育指导的研究方法

我国家庭教育研究尚处于起步阶段，研究内容聚焦于家校合作，主要探讨学校在开展家庭教育指导过程中的现状、问题与对策。家庭教育研究滞后，不能适应家长日益增长的个性化需求，这对家庭教育指导者的专业知识和能力提出了更高的要求。

一、活动目的

家庭教育指导实践离不开家庭教育指导理论的指引。高校是家庭教育指导研究的主体，承担着家庭教育指导理论体系的构建，为家庭教育指导实践提供政策咨询、理论指引。现阶段，学校是开展家庭教育指导的主体，中小学教师的实践活动将反推研究发展，研究的具体化将为解决家庭教育指导实际问题服务。

二、活动内容

研究方法包括理论研究与实证研究、质性研究与量化研究。常用的教育研究方法有文献法、内容分析法、试验法、观察法、问卷调查法、访谈法、个案研究法、教育叙事法、行动研究法。结合家庭教育指导的特点，下面重点介绍文献法、教育调查研究法和教育行动研究法。

（一）文献法

文献法也称历史文献法，是指通过阅读、分析、整理有关文献材料，全面、正确地研究某一问题的方法。它是最基础和用途最广泛的搜集资料的方法，也是过去三十年我国家庭教育指导研究运用较广泛的方法。其基本步骤包括文献搜集、摘录信息、文献分析三个环节。

1. 文献搜集

首先明确自己要寻找什么主题的资料，带着问题有目的地查找文献。选定主题后，教师根据需要结合学校图书馆和网络等条件进行检索，确定查找文献的范围和深度。文献类型有书籍、报刊、学位论文、档案等书面印刷品，也包括文物、影片、录音等实物形式的资料等。以下为其中的三类：

（1）书籍。我国历来重视家庭教育，历史上积累了大量的家庭教育著作，如《诫子书》《朱子家训》《颜氏家训》等。随着全社会对家庭教育的重视，古今中外的家庭教育相关书籍更是琳琅满目。教师可以结合主题阅读相关书籍，包括名著要籍、教育专著、教科书、教育年鉴、教育辞书等，获取理论支持和间接经验。例如，有研究者对梁启超家庭教育思想中的学习方法进行研究，就阅读了《梁启超教子满门俊秀》《饮冰室合集》《梁启超年谱长编》等专著。

（2）期刊。相比图书馆查阅实物期刊、手工检索目录、索引和文摘，期刊数据库搜索更有效率。有研究者基于1990—2020年文献回顾和展望了我国家庭教育指导研究30年的成就和不足。作者在知网数据库搜索关键词"家庭教育指导"，截至2020年3月24日，共检索文献3 009篇。除相关度不高的文献外，如会议通知、机构介绍、外文文献等，手动筛选出2 004篇文献，这2 004篇文献就是研究的样本。如果某个关键词搜索的文献过多，可以通过中国知网的"被引""下载"排序，获取别人引用最多或下载最多的该主题文献。如果某个主题搜索的文献过少，则要重新设定关键词，用寻找同义词、反义词、简称或全称的方法扩大搜索范围，还可以根据已有的文献指引，如参考文献、注释、附录等，进一步回溯查阅，这种方法称为追踪法。

（3）网络。通过百度等搜索引擎、微信公众号、App、电子书等搜索相关主题的图文资源，获取最新资料。

2. 摘录信息

详细阅读有关文献，边读边摘录，逐渐形成和完善大纲，并分项分条加以组织。基本步骤是：

（1）浏览。通过"走马观花"式的阅读，确定有关题目、部分（篇、章、节、段）；

（2）精读。通过"下马观花"式的阅读，确定自己需要的有关内容；

（3）记录。对有价值的文献篇、章、节或段做好记录工作，以备后用。

3. 文献分析

分析研究材料，写成报告或文献综述。文献分析的作用主要是为研究提供依据，明白这个主题的研究"别人已经做了什么，正在做什么，达到了什么目标，还没解决什么问题，他们争论的焦点是什么"，也就是反映这个主题的研究历史、现状、最新动态，从而证明自己研究的科学性，为提出新的设想、预测和判断提供理论支撑和经验事实。同时，也可以避免重复劳动，站在别人的肩膀上开始自己的研究。

（二）教育调查研究法

教育调查研究主要是以现实存在的教育问题及表现形式作为研究对象进行一系列的研究。它有两层含义：一是调查，即运用观察、询问、测量等方式收集事实和数据，属于感性认识活动；二是研究，即通过对事实资料的思维加工，将感性认识提升为理性认识。它是一种描述性研究，分析收集到的事实材料，而不对其做任何的干预教育；它属于经验性方法，是以获取的经验材料为基础所做的研究。这一研究的目的始终是为解释教育现象的本质特征，正确、合理地解释教育现象的发生和变化的过程，并由此获得教育经验和教训，从而概括教育规律，预测教育发展趋势。

调查研究的核心是数据收集和分析。研究的质量取决于调查研究方法的选择和运用。教育调查研究的方法根据不同的维度有不同的分类，根据不同的调查范围，可分为全面调查、抽样调查、典型调查和个案调查；根据不同的调查目的，可分为现状调查、相关调查、历史调查和发展调查；根据不同的调查手段，可分为问卷调查、访谈调查、测量调查和观察调查。

教育调查研究是一种有目的、有计划的活动，一般可以分为准备阶段、实施阶段与总结阶段三个阶段。

1. 准备阶段——设计调查方案

调查方案通常包括以下内容：

（1）选择和确定调查课题。选定课题，一是基于当前家庭教育指导实践的需要，具有一定的价值和创新；二是课题具备调研的主客观条件，具体可操作；三是要准备表述题目，明确界定。

（2）明确调查目的。依据学校和教师掌握的理论与知识，预测可能产生的研究价值，减少调查的盲目性，明确研究的目的和意义。

（3）确定调查内容。确定并分解调查项目与指标，通过列表和写提纲的方式，清晰地表述调查的文字、数据、态度与意见等。

（4）选择调查方法。选择最有效的调查方法，设计或编制相应的调查工具和技术手段。

（5）抽取调查样本。根据课题目的和任务，从一个总体中选出一部分作为研究对象。被调查的对象要具有较强的代表性和典型性。

（6）安排调查步骤和时间。借助进度表，细致安排调查研究中各个阶段的具体内容和时间进程。

（7）进行预测性调查。为了保证调查方案的有效性，必须经过预测性调查，并根据需要修改、完善调查方法和计划。

2. 实施阶段——调查、收集资料

实施阶段是整个调查工作的中心环节。在实施调查中要注意以下三点。

（1）严格执行指导语。要实事求是，言简意赅，不可夸大其词。

（2）细致开展调查。要采用同一标准的工具、统一格式作调查记录和分析，保证调查材料的精确性，不要流于形式。

（3）忠于调查结果。要最大限度地保证调查的客观性和可靠性，排除人为因素。

3. 总结阶段——分析、整理与呈现结果

总结阶段是教育调查最关键的一环，只有把收集到的资料和数据进行系统化地整理、统计和分析，才能撰写出有价值的调查报告，达到调查的目的。在总结阶段，要注意以下几点：

（1）检查。认真检查材料的完整性、一致性、可靠性，必须进行补充调查或重新调查。

（2）汇总。归类、分组或综合分散的原始材料，汇总统计出条理清楚、便于分析的材料。

（3）分析。定性分析和定量分析相结合，精确具体地计算和分析调查对象的本质特征、变化规律。

（4）撰写。撰写调查报告，提出改进意见、建议和措施。调查报告的基本结构包括标题、引言、主体、结尾几个部分。

教育调查研究的方法主要有问卷调查法、访谈调查法、观察调查法、会议调查法、文献调查法和个案调查法等。下面着重介绍问卷调查法和访谈调查法。

1. 问卷调查法

问卷调查法是研究者通过事先设计好的问题来获取有关信息和资料的一种方法。它是教育调查研究中最基本的方法。研究者通常以书面的形式给出一系列与研究目的有关的问题，让被试者作出回应，通过对问题答案的回收、整理、分析，获取相关信息。问卷调查的关键是编制问卷。问卷的编制需要注意以下几点。

（1）问题设计。问卷结构一般包括题目、说明语、问题与答案、结束语等。设计之前可以思考两个问题：为何必须使用问卷？试图通过问卷发现什么？从而明确问卷的目的。整份问卷应当始终围绕研究的总目标设计问题。为了防止出现无关问题或遗漏一些重要问题，可以使用其他研究者针对这个关键概念设计的一组问题，或他人已有的研究、理论和经验。当然，在研究之初所做的文献综述是更为理想的资源。

（2）问题的顺序。问卷要具有一定的逻辑性，可以根据相关的主题进行分类。问卷最初的一些问题应当容易一些，适合每一位被试者，让被试者有一个暖身的过程，之后再设置比较敏感的题目。

（3）问题的开放度。可以分为封闭式问题和开放式问题。封闭式问题有明确的应答选项，反之称为开放式问题。开放式问题适用于大范围无法事先预测完全的问题，或设计者对相关的问题了解得不多，并且尽可能让被试者自由作答。

（4）问题改进。问题的清晰性是问题设计中的根本，其质量的高低是调查研究的重中之重。为了确保被试者能够读懂每个问题的含义，可以和同行一起讨论问卷，或邀请专家审核这些问题的科学性。同时，教师也可以组织一些预试者提前进行测试，之后通过观察和讨论验证问卷是否恰当。

2. 访谈调查法

访谈调查法是研究者通过与研究对象面对面进行口头交谈的形式来获得调查资料的一种方法。通过访谈调查，学校和教师可以了解访谈对象的态度、情感、思想观念，从而对他们的各种心理与行为特征进行多方面分析。

访谈调查的基本步骤包括拟订访谈方案、约见访谈对象、实施访谈计划、告别访谈对象。

（1）拟订访谈方案。访谈方案的内容包括访谈目的、访谈对象、访谈顺序、访谈问题等。

（2）约见访谈对象。事先与所确定的访谈对象进行联系，让访谈对象有心理准备，在时间上提前做好安排。

（3）实施访谈计划。教师可从被访者关心的话题入手，进入正题后要耐心听取对方的谈话，离题时可在恰当的时候导回正题。教师要做好记录，有疑问的地方要请被访者指正。

（4）告别访谈对象。访谈结束后，应该对被访者表示谢意，要给被访者留下良好的印象。访谈有时不能一次完成，或在访谈内容整理之中发现有所欠缺，需要补充，可在告别时向被访者提前说明。

（三）教育行动研究法

教育行动研究法是由教育情境的参与者即教师（学校），为提高对所从事的教育实践的理性认识、为加深对实践活动及活动背景的理解所进行的反思研究，是一种应用性研究方法。它具有如下特点：解决真实问题，干预带来改变，反思循环过程，实践与研究相结合，可以实现能力迁移。问题的解决在不断地家校反馈和评价中得到优化，从而有计划、有步骤、有反馈地解决家庭教育问题。

行动研究包括研究（归因）、行动和评估三个循环往复的阶段，实际上也是一个不断证伪的过程。它的基本流程可以概括为"四步法"。

第一步，问题基线描述，包括具体问题、行为描述、基线频率。

第二步，可能原因分析，从学生行为、教师行为、家长行为等三个角度对研究问题的成因进行诊断。

第三步，制订计划并实施行动。要求计划具体可操作，从学生、教师和家长三方开展联合干预，并通过教育日志、教育叙事、活动案例等方式对研究对象的变化做好观察记录和资料收集。

第四步：效果评价及反思。做好资料汇集和数据分析后，邀请教师、家长和学生等多主体开展评价，再根据信息反馈修正行动计划，然后实施新一轮行动研究，直到实现研究目标。

三、活动形式

针对一个具体的学生、一个班级或年级中的一类学生、一个学校或一个区县的某个家庭教育共性问题，我们可以结合多种研究方法灵活地开展个体研究、小组研究和群体研究。

1. 个体研究

教师个人（如班主任）针对某一家庭教育问题进行研究。教师在选择研究主题时，要结合自己的工作、学校的研究、自己的研究基础、自己在教学中碰到的实际问题，找到既有价值又具体可行的内容，要"小题大做"。改变一个孩子、一个家长、一个学校都是有价值的研究。

2. 小组研究

若干工作内容密切相关的教师组成研究小组，针对某一家庭教育问题进行研究。可以以班级为单位，围绕某个学生的问题联合任课教师开展干预；或以年级组为单位，研究本年级如注意力缺陷等共性问题。小组研究依靠集体智慧，容易开展和深入。

3. 群体研究

由学校行政干部、外聘专家和教师组成研究团队，形成"三结合"的研究队伍，对某个深有感触的家庭教育实际问题进行合作研究。包括同事之间的合作、实践者与专业研究者的合作。合作的主要目的是融合多方视界，激活个人思维，通过碰撞达成共识。

四、活动组织

苏霍姆林斯基说过："如果你想让教师的劳动能够给教师带来乐趣，使天天上课不至于变成一种单调乏味的义务，那你就应当引导每一位教师走上从事研究这条幸福的道路上来。"研究的组织方式有很多种，这里主要介绍头脑风暴、学术沙龙及个案研究报告会三种。

1. 头脑风暴

一群人围绕一个主题开展自由联想和讨论，目的是开阔思路，集思广益，激发创造性，发现现实可行的方法，从而更加高效地解决家庭教育中的难题。一般以8～12人为宜，可推定一名主持人，主要在会议中启发引导，归纳内容，活跃气氛；1～2名记录员最好在黑板等醒目处简要记录与会者的设想。参与者积极投入，针对议题直截了当发表意见，彼此尊重，自由畅谈，不对任何设想作出评价。

2. 学术沙龙

学术沙龙是一种小范围的学术研讨。学术沙龙一般由学校、研究机构发起，邀请一些志同道合的人围绕某个主题进行学术讨论。负责学术交流的一个或多个主讲人，事先认真准备内容，其他参与人员也要就议题积极讨论和争辩质疑，最终由主持人做总结发言。学术沙龙可以营造自由探究、勇于创新的校园学术氛围，为激发个人学术灵感提供宽松、自由、平等的交流平台。中小学可结合班主任例会、德育经验交流会开展家庭教育的主题探讨。

3. 个案研究报告会

个案研究是对某个特定个体、单位、现象或主题的研究。在家庭教育指导中，可以是对一个学生、一个家庭、一个班级、一个学校或某个具体问题的研究。个案研究报告会可由教师、学校行政领导或外聘专家共同参加。教师通过观察、访谈和测验等方法收集、整理和分析研究对象产生和发展的过程、内外因素及相互关系，从而对问题进行全面的认识和分析。如已经开展了行动研究，可就操作性策略、阶段性成果或研究成效进行自我评估。在个案研究报告会中，听取其他人的中肯意见，以期尽快达成研究目标。

主题 16　家庭教育指导研究成果的提炼

总结与提炼家庭教育指导研究成果是教师家庭教育指导工作中不可或缺的组成部分，也是以家庭教育指导为内容开展教育科研的过程之一。通过总结与提炼，可以将家庭教育指导日常工作上升到经验层面、品牌层面，甚至是理论层面，从而推广至全市，使更多的教师受益。同时，也能促进教师家庭教育指导能力和专业水平的提升。

一、活动目的

促进教师学会提炼家庭教育指导工作经验的基本方法，及时反思家庭教育指导工作实施的现状、需求和问题，掌握用研究论文的方法表达研究成果。

二、活动内容

家庭教育指导研究成果的提炼，应符合教育科研的基本要求。教师可以使用资料准备、提炼方法、内容结构与文本格式这四个方法，来提炼家庭教育指导研究成果。

（一）资料准备

提炼需要有资料，资料包含工作资料与研究资料，一般在工作或研究过程中收集，收集前最好对工作或研究资料进行预设。预设的资料一般包含案例、做法、观点与文献。

1. 案例

案例是研究过程中最为重要的研究资料。一节课、一次活动、一次辅导，都可以做成案例。案例收集有两种方法：一是有目的指向的案例收集，如收集家庭教育指导方法的案例，有了这样的需求，再去寻找案例，这种方法针对性强，效率高，难点在于事先"目的指向"的预设；二是无目的指向的案例收集，这类收集更像是"流水帐"式收集，例如，家庭教育指导热线的接线记录，每一位辅导员都会将接线内容稍作记录，这一记录就可以转化为一份案例，这类收集由于事先没有目的，后续的重复阅读会费时费力，但这种记录更为完整。

2. 做法

做法是对教师家庭教育指导工作的操作性提炼。如家长会怎么开？家长学校的课程如何建设？热线接线员的操作步骤是什么？如何组织家长培训等，都是一些做法的提炼。做法提炼强调程序性。教师可以这样思考：家长会可以分几步开？热线接线员的操作可以分几步？第一步是什么？第二步是什么？通过这样的思考，可以将日常工作转化为操作步骤图，以结构图的形式描述日常工作的做法，是比较合适的资料收集方法。画好结构图之后，还需要对结构图中每一步进行简单的解释。

3. 观点

观点是比做法更为浓缩的看法。通过实践，教师对家庭教育指导的内涵、方式及具体的做法等形成一种概括性的看法，具有一般性价值。这也是树立教师家庭教育指导专业发展的起点。观点基本是以判断句式呈现，或是因果关系的句式。每一位从事家庭教育指导的教师，都应该形成独有的家庭教育指导看法，并为之实践与努力。

4. 文献

从实践的角度，文献可以分为三种类型：一是发表的论文及专著类文献，这是常规意义上的文献，多数教师使用的文献来源于此；二是实践研究中形成的研究成果，这些成果还没有发表，但已获得相应级别的成果奖；三是一所学校辑集的草根论文，一般刊发在校刊上，这些文献教师更易获取。文献查找可以按照一个主题、一本期刊、一位作者的线索展开，也可以按照研究题目中的关键词为线索展开。总之，每位教师均可以按照已有资源选择适合自己的某种方式收集文献。

（二）提炼方法

对于中小学教师的教育科研而言，行动研究法、经验总结法是最为理想的。然而，面对具体的研究方法，许多教师依旧"束手无措"，依旧凭着经验开展工作，开展研究。针对教师的这种现状，分析、比较与演绎等相对宽泛的方式更为合适。

1. 分析

分析是一种思辨性的思考方式。遇到问题，教师经常会问："老师，这件事你帮我分析分析？"这就是一种思考方式，对某一种现象、某一个问题展开讨论。再通过讨论形成看法或"观点"，这就是分析的结果。因此，提问题是分析的一种辅助手段。教师可以自问自答，他问我答，我问他答，集思广益，寻找问题解决的方法与措施。

2. 比较

比较就是在一组或若干组研究资料中寻找相同点与不同点。比较的前提是对研究资料的分类，这种分类一开始可以是强制的，不一定符合逻辑，随着比较的深入，可以再进行调整，使这种分类趋向于符合逻辑。分类之后，就是比较，同组资料寻找共同点，异组资料寻找不同点，并将这些相同点与不同点记录下来，就形成了文字。这里所说的资料可以包含前文所提及的案例、做法及观点等内容。

3. 演绎

比较中的寻找相同点，也是一种归纳的方法。与归纳相对的是演绎。如果说，归纳是将"多"变成"少"，那么演绎就是将"少"变成"多"。将一个观点用于家庭教育指导的工作实践中去，寻找观点在不同适用场景中的不同体现，然后，再进行前后比较，分析归纳出新的内容。如此反复，即精益求精，可以将教师工作层面的经验上升至规律层面，进行推广。

(三)内容结构

家庭教育指导成果有多种形式,如视频、著作、论文等,还有一种就是研究报告。这是相对课题研究而言的主要成果形式,这种成果以文本为主,主要包含研究缘起、操作定义、实践操作、研究成效和研究结论五部分内容。

1. 研究缘起

研究缘起简单来说,就是论述研究的问题。一个课题解决一个问题。"研究缘起"主要论述问题分析、价值意义与解决方法等内容。家庭教育指导研究的问题主要来自工作开展过程中遇到的具体问题,如家长会、家访、亲子沟通、家校协同等,也包括教师的专业发展。问题分析,首先要讲清楚"问题"的背景,其次应关注问题的针对性。价值与意义包括理论角度与实践角度。解决方法是以过程为主线来论述,不是简单的教育科研方法介绍,而应讲清楚研究人员、研究举措、研究过程及研究结果等,这些内容整合起来就是一种问题的综合解决方法。上述三个方面的内容,可以不用标题,使用"承上启下"的语句来联结各段落的内容就可以了。

2. 操作定义

操作定义就是对成果的"核心概念"进行界定。操作定义可以从内涵描述、结构设计与操作特征三个维度来写。

(1)内涵描述:即给核心概念下一个定义。

(2)结构设计:是"内涵描述"的结构化,需要教师对核心概念做进一步的思考,并将这种思考"可视化",可以按照"观点论述+结构图+要素分析"的方式来叙述。

(3)操作特征:是对核心概念进行"外延"界定或者是特性分析。使教师对核心概念理解得更为准确,同时,也可以让读者更为精确地掌握本研究的创新点。一般来说,可以归纳总结3~4个核心概念的操作特征。

3. 实践操作

实践操作是研究结果的具体体现,也就是对研究方案中的"研究内容"做一个回应与具体化。不同的课题研究有不同的研究内容,也就有不同的呈现方式。例如,题目是"……的设计与实施研究"的内容,可以将这部分一分为二,变成"……的设计"和"……的实施"两部分,无须墨守成规。不过,无论如何变化,标题、做法、案例的结构化,依然可以成为实践操作部分撰写的共性要求。

4. 研究成效

研究成效可以分为直接成效与间接成效两个方面。

(1)直接成效:就是通过研究产生的一种物化的结果,如一套课程、一个经验、一类方法或一种机制等,与研究结果有关;

(2)间接成效:是这种"物化的结果"通过实践对研究对象产生的作用,一般指向学生或教师的发展。因此在实际撰写中,"研究成效"可以分为三个方面:指向研究结果的成效、指向研究对象的成效与指向研究方法的成效。

5. 研究结论

研究结论即对全文进行主要内容的概括，着重提炼研究中的创新点或亮点。创新点可以从研究内容、研究框架与研究方法进行分析。

（1）研究内容：偏重于解决问题的具体做法，强调与其他同类问题解决方法的不同之处，概括论述，不作具体展开，以免与前文重复。

（2）研究框架：需要教师转换分析角度，重新梳理问题解决的思路与架构，形成一套解决模型。

（3）研究方法：是一般教师在写"研究成效"时不太关注的内容，教育科学研究的方法，应该具有独特性，从具体问题解决的过程中提炼研究方法，也是中小学教育科研实践者应有的职责。

以上三个方面，在一个文本中无须兼顾，择其一方面着重论述即可。

呈现文本时，"操作定义"之后还可以补充"研究设计"内容。"研究设计"撰写的内容可以包含研究目的、研究内容与研究过程三部分。这些内容一般会出现在研究方案中。因此，教师撰写时不能原封不动地将方案中的这些内容搬过来，而是需要根据当前的研究现状进行实际调整，确保"研究设计"与其他部分的内容保持逻辑一致。

（四）文本格式

家庭教育指导成果的呈现方式以文本为主。文本格式讲究规范，对标题、图表与案例及整个文本的排版格式等，均有相应的要求。

1. 标题

标题分为标号与题目两部分。标号一般用"一、""（一）""1.""（1）"这四级标号；题目就是对所要论述的内容进行分类概括，一般同一级标题的格式保持一致。标题是全文的逻辑框架，标题与标题可以是并列关系，也可以递进关系，根据内容材料的组织需要来确定；下一级别标题的整合，应该解释上一级标题；同一层面的标题至少有两个，标题末尾不带标点符号，所有标题需要空两个字符。

2. 图表与案例

行文过程中，图文结合是常用的呈现方式。图表与案例的使用需要注意三点：

（1）需要有出处，如行文中会出现"见图1"等字样，表示这张图用在这个位置；

（2）需要有标题，这是图表案例的标题，不是上文中的框架标题，标号应该连续编排，图的标题在图的下方，表的标题在表的上方，案例的标题是在开始，标题均需要单独一行；

（3）需要有观点与分析，图表案例在出现之前，应该有基本观点的描述，之后应该有补充说明，或者是解释。

3. 排版

排版讲究美观即可。一般可以设置如下：题目可以用三号黑体加粗；单位姓名用四号楷体加粗;"内容摘要"四个字用五号黑体加粗,具体内容用五号楷体;关键词用五号黑体加粗,关键词之间用分号间隔,末尾不加标点符号;一级标题采用小三号黑体加粗;二级标题采用四号黑体加粗;三级标题采用小四号黑体加粗;四级标题采用五号楷体加粗;正文为五号宋体;案例为五号楷体;全文行距1.5倍。

三、活动形式

家庭教育指导研究成果的提炼,是以实践为前提,反思为手段,再以一定的形式表达出来。因此,培训活动形式按从易到难来分,主要有专题讲座、阶段论证与亲历文本三种。

1. 专题讲座

专题讲座是大众化的一种培训形式,虽然效果与预期的会有比较大的落差,但依旧为广大学校在教师培训中使用,在提升教师对家庭教育指导研究方面也依然起着重要的作用。提高专题讲座的质量,主要在于两个方面:一是请对合适的主讲人,贴近教师研究实际,具有一定的家庭教育指导研究实际经验,经历过家庭教育指导工作,并且能说会道,教师爱听;二是尊重教师意愿,发挥教师主观能动性,许多教师"被迫学习",于是也就"应付学习",如学校组织教师时,可以分层分类,根据意愿学习不同内容,变被动为主动,培训的效果就会提升。

2. 阶段论证

阶段论证是一种论证会形式,如在总结提炼之前,可以召开"研究成果提炼的咨询会",邀请专家对即将展开的总结与提炼进行论证与把关,以免过多地走弯路。又如在形成总结材料之后,可以召开"研究成果的论证会",将形成的研究材料展现给专家,请专家提出建议。这种论证活动可以包括开始、介绍专家与课题组成员、负责人汇报成果、专家对文本提出建议、学校代表表示感谢、结束留影等步骤。在这一过程中,最为重要的是约请专家,一般约请3～5人,且需要支付专家劳务费用等。当然,专家也可以是学校里有经验的教师,这样可以免除一些经费的约束,组织更为灵活。

3. 亲历文本

亲历文本是一种一对一的指导培训形式。这种形式针对性强,对教师的能力提升效果明显,只是成本过大,覆盖面不大。这种形式需要教师首先提交家庭教育指导研究成果的初稿,提交给专家(或是有经验的教师)审阅之后,与教师进行意见交换。在这一过程中,教师与专家可以互动,即时提出疑问,并进行讨论,这样可以更为准确地把握调整的建议,为进一步提炼成果奠定基础。这种形式比较适用于家庭教育指导这项工作的管理者,或是骨干教师。实际操作中,还可以采用折中的形式,就是"一对多"的形式,这样"性价比"相对高些。

四、活动组织

家庭教育指导成果的提炼相比教师教育科研成果的提炼，最大的不同在于内容，方法大同小异。因此，实施培训时，这部分内容不一定独立存在，可以与教师教育科研的常规性培训整合。

1. 内容组织

在活动内容中提到四个模块的培训内容——资料准备、提炼方法、内容结构与文本格式，在培训的过程中可以整合在一起也可以分解，即便是同一种活动形式也是如此。例如，专题讲座，上述四部分内容可以在一次（2 h）讲座中全部涉及，也可以分为三次专题讲座：《家庭教育指导研究资料的收集与整理》《家庭教育指导研究成果的提炼方法》《家庭教育指导研究成果报告的撰写》。是合在一起还是分开来，需要组织者根据实际情况确定。

2. 活动流程

在遵循"准备、实施与总结"三步活动流程的基础上，重点要强调"提前准备研究材料"的工作，例如研究报告初稿、研究报告提纲之类的材料，需提前交给主讲者，这是提升培训质量的关键所在。因为这样主讲者能够事先阅读相关材料，并能够将材料审阅的意见与建议，结合到专题培训中去，就会使培训活动具有很强的针对性。这一过程应该注意三点：一是需要足够的时间给主讲者审阅材料，切忌临时性递交；二是需要递交与培训内容相一致的材料，如培训内容指向"家庭教育指导成果的提炼"，结果递交给主讲者的却是一份"课题研究方案"，这样就缺乏针对性；三是递交的材料依旧需要按照文本格式要求进行排版规范处理，不能因为是指导材料就可以粗糙，出现一些"低级"错误，也就降低了指导的起点。

3. 实施策略

想要提升教师的家庭教育指导研究能力，就得让教师置身于家庭教育指导研究之中，只有在持续的研究与实践中，才能够真正提升家庭教育指导研究能力。因此，通过专题讲座、阶段论证、亲历文本等培训形式之后，需要引导教师开展家庭教育指导研究。建议教师参加区、市、省课题立项，对于一线教师，以项目驱动家庭教育指导研究会相对容易些，因为任务导向远比目标导向、问题导向来得轻松些，被动研究远比主动研究来得轻松些。一开始的研究，教师得从被动研究开始，然后逐渐向目标、问题过渡，然后发展成主动研究，最终形成专业能力。

第六章 管理

目前,杭州市教师家庭教育指导能力普遍较低,而且群体数量较大,这给家庭教育指导培训工作带来巨大挑战。因此,必须建立符合教师群体特点和家庭教育指导工作性质的管理机制,才能保障培训工作的顺利开展并取得显著成效。

第一节 等级认定

2022年,杭州市研制全国首个《教师家庭教育指导能力评定规范》(以下简称《评定规范》),不仅规范了全市教师家庭教育指导能力的基本内容,同时也提出了"等级划分和权重"等专业发展思路,为教师提升家庭教育指导能力明确了方向。杭州市教育局家长学校总校在此基础上,建立了教师家庭教育指导等级认定管理制度,便于分层分类推进培训工作,促进我市教师家庭教育指导能力的全面提升。

一、划分依据

《评定规范》明确指出,教师家庭教育指导专业能力主要包括"认知与诊断""沟通与干预""策划与组织""研究与发展"四项主要能力,教师家庭教育指导能力的等级划分就是以这四项主要能力的不同权重为依据,从低到高依次划分为三个等级:初级、中级和高级。初级,以"认知与诊断""沟通与干预"能力为核心,权重占比70%;中级,重在提升"认知与诊断""沟通与干预""策划与组织"能力,权重占比85%;高级,重在提升"沟通与干预""策划与组织""研究与发展"三项能力,权重占比85%。

三级水平都应发展四项主要能力,只是各有侧重,逐级递升。

二、认定对象

根据教师的工作年限、专业基础及有关家庭教育工作经验等实际条件,教师家庭教育指导三个等级所面向的教师对象各有侧重，初级水平主要面向0～3年教龄的教师，并要求全体教师都要获得相应证书认定；中级水平主要面向4～10年教龄的教师，并要求全体班主任都要获得相应证书认定；高级水平主要面向11年以上教龄的教师，并要求区、县（市）家庭教育指导工作负责人、学校家庭教育指导站站长等管理人员都要获得相应证书认定。

三、认定要求

教师要获得家庭教育指导能力各类等级证书，必须参加各级家庭教育学校组织的相应培训和考核。

高级水平培训由杭州市教育局家长学校总校组织，部分区域在培训条件充分的情况下，可以向总校提出申请，经同意后也可以组织高级水平的培训；要求每年至少组织一次满48课时的培训，内容以《培训指南》高级水平相应的主题为主，可以结合实际情况做增减。教师通过培训和考核后可直接获得杭州市家庭教育指导能力高级证书。

中级水平培训主要由各区、县（市）教育局家长学校分校负责，直属学校由总校负责；要求每学年至少组织2次满48课时的培训，内容以《培训指南》中级水平相应的主题为主，可以结合实际情况做增减。教师通过培训和完成作业后可获得杭州市家庭教育指导能力中级证书。

初级水平培训由各学校负责，每5年可以采用集中与分散的方式对教师进行一次24课时的培训；初级培训不设证书，要求全体教师都要参加。

等级认定遵循循序发展的原则，高级证书需在取得中级证书的基础上才能认定。

四、组织机构

杭州市教师家庭教育指导能力等级认定制度管理，主要由我市家庭教育指导工作的三级部门进行管理与操作，各部门职责明确，各司其职。

杭州市教育局总校负责全市教师家庭教育指导能力提升工作的全面事宜，包括证书认定发放、培训绩效考核、证书备案审核和部分高级水平培训和直属学校中级水平培训等；区县市家长学校分校负责该区域教师家庭教育指导能力提升工作的相关事宜，包括所有中级培训和部分高级培训、证书备案、学校培训绩效考核等；学校相关负责人和家庭教育指导站站长负责全体教师的初级水平培训、教师中高级水平培训教师推荐和管理等。

第二节 证书备案

我市教师群体数量较多，他们来自中小学幼儿园各个不同学段的工作环境，加上年龄、专业基础等都存在着差异，参加培训的条件也各不相同，因而杭州市教育局家长学校总校建立了教师家庭教育指导能力证书备案制度，便于区域因地制宜地开展教师家庭教育指导能力培训，加快提升教师家庭教育指导能力。

一、制度概述

与一般的学科培训相比，目前教师家庭教育指导能力培训还缺乏相对成熟的配套资源，如培训平台、培训课程和师资队伍等，因此发挥区、县（市）教育局家长学校分校的枢纽作用显得尤为重要。因为区域家长学校分校一般设置在区域教育学院下面，兼具行政和专业的功能职责，既能通过行政化指令来完成整合教育资源、建设师资队伍、组织评估检测等管理事项，又能凭借人才、信息和专业化的优势满足教师家庭教育指导能力培训的专业化需求。

凭借这些培训优势，区、县（市）教育局家长学校分校可以向杭州市教育局家长学校总校申请开展教师家庭教育指导培训备案，获得通过后便可以对本区域教师进行家庭教育指导能力培训，在完成一定培训要求后，递交相关资料向家长学校总校申请证书认定，获得通过后便可以申领证书。

二、运行程序

为了保障教师获得家庭教育能力等级证书的可行性、专业性和公正性，杭州市教育局家长学校总校构建起一套主要包括申请备案——审核通过——培训学习——申领证书——递交资料——审核公示——发放证书七个环节的运行机制，将于2024年1月开始施行。下文将对部分环节进行介绍。

（一）申请备案

区、县（市）教育局家长学校分校在开展教师家庭教育指导培训前，需要填写《杭州市中小学教师家庭教育指导培训项目备案表》，并递交给杭州市教育局家长学校总校教务处审核，经同意后方可办理等级证书申领。

《杭州市中小学教师家庭教育指导培训项目备案表》内容主要包括培训负责人、项目名称、课程内容、组织形式、学员名单及人数、授课教师、培训课时和申领等级等多项内容（详见表6-1）。中级培训所有区、县（市）教育局家长学校分校都可以申请备案，高级培训由杭州市教育局家长学校总校先选择部分培训资源丰富、培训力量充实、培训经验丰富的区、县（市）教育局家长学校分校进行试点，然后逐步推广。

表 6-1　杭州市中小学教师家庭教育指导培训项目备案表

区、县（市）(章)		负责人		联系电话	
项目名称				培训时间	
项目承办					
申领等级	中级（　　） 高级（　　）	总课时		申领人数 （学员名单附后）	
培训内容设计					
时间 （以半天单位）					

（二）培训学习

1. 培训时间

各区县市家长学校分校每学年至少完成两个满 48 课时的教师家庭教育指导能力中级培训项目，有高级培训资质的区县市分校每年至少完成一个满 48 课时的高级培训项目；具体的教学计划、教学时间则可以根据实际情况自主安排。

2. 学习内容

三个等级的培训内容主要包括专业伦理、专业知识和专业能力三大领域，重点落实专业能力的提升，各级权重可以参考《评定规范》相关要求。培训项目中应设置相应的作业或者考核。

3. 学习形式

家庭教育指导属于成人教育范畴，与学校教育存在较大差别，需要更注重体验和实践，因而对教师进行培训的形式也可相应地多采用实践性和合作性较强的活动形式，如讨论圈谈、沉浸体验、工作坊、督导活动等，便于教师在实践体验和交流碰撞中提升指导能力。另外，考虑到教师所处学校距离、工作任务较多等实际情况，可以采用线上线下相结合的形式，保证学员教师的学习灵活性和完成度。

（三）申领证书和递交材料

各区县市家长学校分校在完成相应的教师家庭教育能力等级培训项目后，可以向杭州市家长学校总校提出申领证书的申请，并递交相应的申领资料，主要包括以下几项。

（1）教师家庭教育指导培训项目备案表（具体要求详见"申请备案"部分）。

（2）培训活动信息链接或活动照片：将材料整合成一个文件，以"信息链接（照片）"命名。

（3）杭州市中小学教师家庭教育指导培训签到表：将签到表盖章后扫描，以 PDF 格式保存。

（4）杭州市中小学教师家庭教育指导能力等级证书申领人员的汇总表：包括序号、申领人员的姓名和身份证号码。

（5）杭州市中小学教师家庭教育指导能力等级证书申领人员 2 寸电子免冠照：格式为"jpg"图片格式，照片名称为"序号+姓名"，其中"序号"务必与"杭州市中小学教师家庭教育指导能力等级证书申领人员汇总表"中的序号保持一致。需要将所有的照片归集到一个文件夹，以"照片+等级"命名。

（四）审核公示和发放证书

杭州市教育局家长学校总校负责对申领材料的审核工作，并将审核结果在"杭州市教育科学研究院网站"上公示 5 个工作日，通过后公布获得等级证书教师名单，最后制作等级证书并发放。

三、组织机制

证书备案组织机制主要包括我市教师家庭教育指导能力培训证书备案过程中参与力量的组织整合、过程运作、质量评估和经费保障等，旨在建立一个推进证书备案制度运行的长效机制，可以克服因为观念、人事变动、经费等其他事物的影响而带来的干扰，保障教师家庭教育指导能力的全面提升。基于此，杭州市教育局家长学校总校设计了由组织领导、评估督促等机制构成的管理机制体系。

（一）组织领导

证书备案制度的组织领导仍然采用三级工作机制方式：市级层面由杭州市教育局和教育局家长学校总校统一领导，建立制度；区级层面由相应的区、县（市）教育局和家长学校分校统筹工作；学校层面由德育校长和学校家庭教育指导站长负责推进。三级层面的工作领导负责协调统筹各类力量和资源、推进培训工作的开展、监督评估培训的过程和质量、保障工作开展的经费需求等工作，确保证书备案制度的顺利推进。

（二）督查评估

要顺利推进证书备案制度，区县市家长学校分校和学校家庭教育指导站必须发挥重要的统筹组织功能。为此，杭州市教育局家长学校总校完善了家长学校分校评估标准和学校家庭教育指导站工作的督查方案（具体详见表6-2）。

杭州市区、县（市）教育局家长学校分校评估标准

一级指标及分值	二级指标及分值	评估方法	得分
组织领导（15分）	分校有校牌（3）	查看分校组织名单，看会议记录和计划、总结	
	有分管领导，且分工明确（3）		
	每年至少召开两次研究工作会议（6）		
	有独立的工作场所（3）		
规章制度（10分）	有年度工作计划和总结（5）	查看各项制度	
	有学校家长学校评估考核方法（5）		
师资队伍（10分）	成立家庭教育讲师团（5）	查看家教讲师团成员名单及上课记录	
	讲师团成员每年至少两次到学校指导家长（5）		
课题研究（15分）	区、县（市）有家庭教育指导方面的市级立项课题（5）	查阅资料	
	区、县（市）有家庭教育指导工作的文章在市级以上书面交流或在学术刊物发表（5）		
	区、县（市）有市级以上家庭教育指导工作成果获奖（5）		
教育活动（15分）	每年至少两次全区、县（市）活动（5）	查看各种活动记录	
	定期举行家庭教育指导培训（5）		
	定期向学校、家长提供学习资料（5）		
档案资料（10分）	有相关文件、计划、总结（3）	查阅资料	
	有相关活动照片、音像报道等资料（4）		
	有相关学习书籍（3）		
活动经费（10分）	每年有活动经费保障（10）	查阅经费使用账目	
实际效果（15分）	家庭教育指导工作成绩显著，有特色（5）	调研、查阅有关文件、资料	
	积极参加总校活动，认真落实完成总校布置的各项工作（5）		
	学校对分校工作基本认可（5）		
总体评价	优秀：86～100分 良好：76～85分 合格：60～75分 不合格：59分以下		

表 6-2 学校家庭教育指导站工作评估标准

评估项目	评估内容	自评	汇评
（一）建立组织管理	1. 指导站已挂牌； 2. 有具体分管领导； 3. 有确认的指导站站长； 4. 指导工作列入学校学年工作计划； 5. 指导站每学期有工作计划； 6. 指导站每年有工作总结		
（二）完善支持系统	1. 指导站有例会制度； 2. 学校有明确的专（兼）职指导教师； 3. 指导站开展家庭教育指导业务培训； 4. 指导站站长按时参加各级各类业务培训、交流活动； 5. 指导工作有经费保证； 6. 学校使用专门的指导教材； 7. 学校自编面向家庭教育的书面指导读物		
（三）建立工作档案	1. 各年级指导活动、课程安排； 2. 指导活动教案、课件； 3. 指导活动反馈记录； 4. 指导个案记录； 5. 指导活动照片		
（四）开拓指导途径	1. "家长学校"有系列课程； 2. "家长会"指导有计划、能落实； 3. 定期的家访； 4. 定期的"家长开放日"； 5. 开通家长热线； 6. 建立家校联系网络		
（五）研究指导工作	1. 指导站有关于家庭教育指导方面的书刊； 2. 学校有家庭教育指导方面的课题研究； 3. 学校有家庭教育指导方面的专题论文； 4. 学校每年有家庭教育指导工作研讨活动		
（六）注重特色建设	1. 学校有家庭教育指导工作特长的教师； 2. 学校分管干部能承担第一线的指导任务； 3. 承担市总校和各区、县（市）分校交给示范工作任务； 4. 学校家庭教育指导工作已形成特色		
（七）积极开发资源	1. 参与社区组织的家庭教育指导活动； 2. 每年有学校、家庭、社区的沟通活动		
总体评价：			

说明：1. 督查指导思想：了解学校家庭教育指导工作，促进指导工作的规范化
　　　2. 按四类状态评估：A 完善；B 相对完善；C 不完善；D 很不完善

第三节 政策保障

杭州市教师家庭教育指导能力培训工作的开展是建立在国家、省、市等各级政府出台的相关政策基础上，有着强大的政策支持和保障。

本节摘录相关政策法规中关于学校家庭教育指导的规定，旨在引导学校教师确立正确的家庭教育指导理念和责任观，也助力教师家庭教育指导能力培训工作依法开展。

一、《家庭教育促进法》（2022年1月1日施行）中有关学校家庭教育指导规定

（一）社会协同

第三十九条　中小学校、幼儿园应当将家庭教育指导服务纳入工作计划，作为教师业务培训的内容。

第四十条　中小学校、幼儿园可以采取建立家长学校等方式，针对不同年龄段未成年人的特点，定期组织公益性家庭教育指导服务和实践活动，并及时联系、督促未成年人的父母或者其他监护人参加。

第四十一条　中小学校、幼儿园应当根据家长的需求，邀请有关人员传授家庭教育理念、知识和方法，组织开展家庭教育指导服务和实践活动，促进家庭与学校共同教育。

第四十二条　具备条件的中小学校、幼儿园应当在教育行政部门的指导下，为家庭教育指导服务站点开展公益性家庭教育指导服务活动提供支持。

第四十三条　中小学校发现未成年学生严重违反校规校纪的，应当及时制止、管教，告知其父母或者其他监护人，并为其父母或者其他监护人提供有针对性的家庭教育指导服务；发现未成年学生有不良行为或者严重不良行为的，按照有关法律规定处理。

（二）法律责任

第五十一条　家庭教育指导机构、中小学校、幼儿园、婴幼儿照护服务机构、早期教育服务机构违反本法规定，不履行或者不正确履行家庭教育指导服务职责的，由主管部门责令限期改正；情节严重的，对直接负责的主管人员和其他直接责任人员依法予以处分。

二、教育部等十三部门联合印发的《关于健全学校家庭社会协同育人机制的意见》（教基〔2022〕7号）中有关学校家庭教育指导规定

（一）总体要求

1. 指导思想

坚持以习近平新时代中国特色社会主义思想为指导，认真贯彻落实习近平总书记关于

教育和注重家庭家教家风建设的重要论述，全面贯彻党的教育方针，落实立德树人根本任务，弘扬中华优秀传统文化，坚持科学教育观念，增强协同育人共识，积极构建学校家庭社会协同育人新格局，着力培养德智体美劳全面发展的社会主义建设者和接班人。

2. 工作原则

——坚持育人为本。用新时代党的创新理论铸魂育人，广泛践行社会主义核心价值观，遵循学生成长规律和教育规律，深入落实"双减"政策，大力发展素质教育。

——坚持政府统筹。充分发挥政府统筹协调作用，加强系统谋划，推动部门联动，强化条件保障，促进资源共享和协同育人有效实施。

——坚持协同共育。明确学校家庭社会协同育人责任，完善工作机制，促进各展优势、密切配合、相互支持，切实增强育人合力，共同担负起学生成长成才的重要责任。

——坚持问题导向。强化专业指导，鼓励实践探索，着力解决制度建设、指导服务、条件保障等方面存在的突出问题，不断增强协同育人的科学性、针对性和实效性。

3. 主要目标

到"十四五"时期末，政府对学校家庭社会协同育人工作的统筹领导更加有力，制度体系基本建立健全。学校积极主导、家庭主动尽责、社会有效支持的协同育人机制更加完善，促进学生全面发展健康成长的良好氛围更加浓厚。学校教育主阵地作用进一步强化，家庭教育指导服务更加专业；家长科学育儿观念基本树立，履行家庭教育主体责任更加到位；城乡社区家庭教育指导服务站点普遍建立，社会育人资源利用更加充分。到2035年，形成定位清晰、机制健全、联动紧密、科学高效的学校家庭社会协同育人机制。

（二）学校充分发挥协同育人主导作用

学校要把做好家庭教育指导服务作为职责，纳入学校工作计划，充分发挥学校专业指导优势；切实加强教师家庭教育指导能力建设，将教师家庭教育指导水平与绩效纳入教师考评体系。建立健全学校家庭教育指导委员会、家长学校和家长委员会，落实家长会、学校开放日、家长接待日等制度。鼓励有条件的学校建立网上家长学校，积极开发提供家庭教育指导资源，并指导家长提升网络素养，帮助孩子养成良好用网习惯。每学期至少组织2次家庭教育指导活动，积极宣传科学教育理念、重大教育政策和家庭教育知识，介绍学校教育教学情况，回应家长普遍关心的问题；同时针对不同家庭的个性化需要提供具体指导，特别关注农村留守儿童、残疾儿童、孤儿和特殊家庭儿童等困境儿童。充分发挥家长委员会的桥梁纽带作用，以多种形式听取家长对学校工作的意见建议；加强家长委员会工作指导，明晰工作职责，完善工作制度，规范工作行为，严格家长通讯群组信息发布管理，严禁以家长委员会名义违规收费。

（三）强化实施保障

推动有关高等院校、科研机构、专业团体开展学校家庭社会协同育人理论与实践研究，加强理论建设与专业人才培养，积极推进家庭教育指导专家队伍建设。完善师范生培养课程体系，将家庭教育指导纳入师范生培养和教师业务培训重要内容，加强城乡社区家庭教育指导服务站点工作人员培训，切实提高教师和社区家庭教育指导服务水平。鼓励高等院校面向大学生开设家庭教育选修课。支持有关研究机构和各级各类学校积极开展家庭教育指导课程体系建设，开发汇聚优质家庭教育资源，不断拓展国家中小学智慧教育平台和全国网上家长学校服务功能，面向广大家长开设家庭教育网络公益公开课，促进优质家庭教育资源共建共享和推广应用。

三、《浙江省家庭教育促进条例》（2020年1月1日开始实施）中有关学校家庭教育指导规定

第四章　学校

第二十条　学校应当建立健全家庭教育指导工作制度，将家庭教育指导工作纳入学校工作计划，建立家庭教育指导教师队伍，将家庭教育指导工作纳入师资培训内容。

第二十一条　学校应当建立家长学校，按照规定组织开展家庭教育指导活动，对父母进行家庭教育培训、咨询和辅导，指导父母掌握科学的家庭教育方法。

父母未按照要求参加学校家庭教育指导活动的，学校应当及时与其联系和沟通。

第二十二条　学校应当发挥家长委员会作用，沟通学校教育与家庭教育，推进家校合作。

学生在学校有违纪、违法或者其他严重不良行为的，学校应当及时告知其父母，并对父母进行有针对性的家庭教育指导。

第二十三条　学校应当关注残疾、单亲、情绪行为障碍、经历重大变故、遭受侵害以及有其他特殊情况的学生，与其父母共同研究并指导开展家庭教育。

第六章　法律责任

第三十三条　学校有下列情形之一的，教育行政部门应当责令改正：

（一）未设立家长学校，或者家长学校未按照要求开展家庭教育指导工作；

（二）违反有关规定收取家庭教育指导费用；

（三）其他不履行或者不当履行家庭教育指导工作职责的行为。

四、《教育部关于加强家庭教育工作的指导意见》（教基一〔2015〕10号）中有关学校家庭教育指导规定

（一）充分发挥学校在家庭教育中的重要作用

1. 强化学校家庭教育工作指导

各地教育部门要切实加强对行政区域内中小学幼儿园家庭教育工作的指导，推动形成政府主导、部门协作、家长参与、学校组织、社会支持的家庭教育工作格局。中小学幼儿

园要建立健全家庭教育工作机制，统筹家长委员会、家长学校、家长会、家访、家长开放日、家长接待日等各种家校沟通渠道，逐步建成以分管德育工作的校长、幼儿园园长、中小学德育主任、年级长、班主任、德育课老师为主体，专家学者和优秀家长共同参与，专兼职相结合的家庭教育骨干力量。将家庭教育工作纳入教育行政干部和中小学校长培训内容，将学校安排的家庭教育指导服务计入工作量。

2. 丰富学校指导服务内容

各地教育部门和中小学幼儿园要坚持立德树人根本任务，将社会主义核心价值观融入家庭教育工作实践，将中华民族优秀传统家庭美德发扬光大。要举办家长培训讲座和咨询服务，开展先进教育理念和科学育人知识指导；举办经验交流会，通过优秀家长现身说法、案例教学发挥优秀家庭示范带动作用。组织社会实践活动，定期开展家长和学生共同参与的参观体验、专题调查、研学旅行、红色旅游、志愿服务和社会公益活动。以重大纪念日、民族传统节日为契机，通过丰富多彩、生动活泼的文艺、体育等活动增进亲子沟通和交流。及时了解、沟通和反馈学生思想状况和行为表现，营造良好家校关系和共同育人氛围。

3. 发挥好家长委员会作用

各地教育部门要采取有效措施加快推进中小学幼儿园普遍建立家长委员会，推动建立年级、班级家长委员会。中小学幼儿园要将家长委员会纳入学校日常管理，制订家长委员会章程，将家庭教育指导服务作为重要任务。家长委员会要邀请有关专家、学校校长和相关教师、优秀父母组成家庭教育讲师团，面向广大家长定期宣传党的教育方针、相关法律法规和政策，传播科学的家庭教育理念、知识和方法，组织开展形式多样的家庭教育指导服务和实践活动。

4. 共同办好家长学校

各地教育部门和中小学幼儿园要配合妇联、关工委等相关组织，在队伍、场所、教学计划、活动开展等方面给予协助，共同办好家长学校。中小学幼儿园要把家长学校纳入学校工作的总体部署，帮助和支持家长学校组织专家团队，聘请专业人士和志愿者，设计较为具体的家庭教育纲目和课程，开发家庭教育教材和活动指导手册。中小学家长学校每学期至少组织1次家庭教育指导和1次家庭教育实践活动。幼儿园家长学校每学期至少组织1次家庭教育指导和2次亲子实践活动。

（二）完善家庭教育工作保障措施

1. 加强组织领导

各地教育部门要在当地党委、政府的统一领导下，把家庭教育工作列入重要议事日程，建立家庭教育工作协调领导机制，制订实施办法。积极争取政府统筹安排相关经费，中小学幼儿园要为家庭教育工作提供必要的经费保障。把家庭教育工作作为中小学幼儿园综合督导评估的重要内容，开展督导工作。中小学幼儿园要结合实际制定推进家庭教育工作的具体方案，做到责任到人，措施到生。

2. 加强科学研究

各地教育部门要坚持问题导向，通过设立一批家庭教育研究课题，形成一批高质量家庭教育研究成果。依托有相关基础的高等学校或其他机构推动成立家庭教育研究基地，发挥各级教育学会家庭教育专业委员会和家庭教育学会（研究会）等社会组织、学术团体的作用，重视家庭教育理论研究和家庭教育学科建设，探索建立具有中国特色的家庭教育理论体系。

3. 加强宣传引导

各地教育部门要开展家庭教育工作实验区和示范校创建工作，充分培育、挖掘和提炼先进典型经验，以点带面，整体推进。教育部将遴选确定部分地区为全国家庭教育实验区，部分学校为全国家庭教育示范校。各地教育部门和中小学幼儿园要树立先进家庭典型，宣传优秀家庭教育案例，引导全社会重视和支持家庭教育工作，为家庭教育工作营造良好的社会环境和舆论氛围。

五、《关于指导推进家庭教育的五年规划（2021—2025年）》中有关学校家庭教育指导规定

巩固发展学校家庭教育指导。各级教育行政部门切实加强对中小学、幼儿园的家庭教育工作管理，将家庭教育指导作为推进家校、家园共育的重要方式，纳入中小学、幼儿园工作计划和教师业务培训。推动中小学、幼儿园普遍建立家长学校，每学期至少组织2次家庭教育指导服务活动，做到有制度、有计划、有师资、有活动、有评估。

六、《中小学德育工作指南》（教基〔2017〕8号）中有关学校家庭教育指导规定

要积极争取家庭、社会共同参与和支持学校德育工作，引导家长注重家庭、注重家教、注重家风，营造积极向上的良好社会氛围。

加强家庭教育指导。要建立健全家庭教育工作机制，统筹家长委员会、家长学校、家长会、家访、家长开放日、家长接待日等各种家校沟通渠道，丰富学校指导服务内容，及时了解、沟通和反馈学生思想状况和行为表现，认真听取家长对学校的意见和建议，促进家长了解学校办学理念、教育教学改进措施，帮助家长提高家教水平。

后 记

记得2019年，杭州市教育局家长学校总校主编《家庭教育指导100问》的时候，时任杭州市教育科学研究所书记韩似萍提出要求：编一本面向老师的家庭教育指导手册。韩老师这一说，就记在了我们心底。2022年《中华人民共和国家庭教育促进法》正式实施，时任杭州市教育科学研究院院长俞晓东高瞻远瞩地提出"制定家庭教育指导标准"的工作任务。总校即刻展开研究，经过6个多月的努力，终于发布了全国首个《教师家庭教育指导能力评定规范》，并受到中央电视台等多家媒体的关注与报道。于是，编一本面向教师家庭教育指导的培训材料正式提上了工作日程。

2023年8月，我们架构了《教师家庭教育指导培训指南》撰写框架，以杭州市教育局家长学校总校讲师团的种子讲师为基础，组建了撰写团队，同时举行了"书稿撰写专题研讨会议"。在会上我们确定了书稿的总体框架，提出书稿的三个面向：

面向培训者。为中小学、幼儿园全面提升教师家庭教育指导能力提供一份培训指南，指导学校开展教师家庭教育指导培训，包括培训内容、形式、组织与评价。

面向一线教师。为教师提供一份家庭教育指导的参考资料，通过这份参考资料，教师能够快速适应家庭教育指导工作，知道如何开展家长会、组建家委会，掌握一些与家长沟通的技巧，知晓该向家长传递哪些家庭教育的知识、方法与理念。

面向家长。为家长提供一份家庭教育的参考资料，虽然，这些主要是面向教师培训的，但其中所罗列的一些培训内容，是以家庭教育为基础设计的，这对家长实施正确的家庭教育同样起着指导作用。

万事起头难。幸好我们得到了浙江省新思维教育科学研究院及蒋莉院长的大力支持，根据杭州市《教师家庭教育指导能力评定规范》，蒋莉院长带领团队为我们设计了第一个中级水平和高级水平的培训课程，并进行了课程实践，为书稿撰写积累了实践经验。

在此基础上，按照120课时的培训时长设计培训内容，以案例实践为主要形式，共分六章，各章编写人员为：第一章、第二章的第三节和第六章由王红娟编写；第二章的第一节、第三章的主题7和第五章的主题16由金卫国编写；第二章的第二节由杨明菲编写；第三章的主题1、2、6、8由陈燕编写；第三章的主题3、4、5由韩志凤编写；第四章的主题1、4、5、12由徐杭君编写；第四章的主题2、8、10、16由徐大有编写；第四章的主题3、6、7、13由赵纪华编写；第四章的主题9、11、14、15由方丽兰编写；第五章的主题1、2、14由刘颖红编写；第五章的主题3、4、9由牛娟编写；第五章的主题5、8、15由陈剑琦编写；第五章的主题6、7、12由周李萍编写；第五章的主题10、11、13由边玉臣编写。

  这些编写人员，具有丰富的实践经验，在撰写过程中，我们开展了同步培训，采用导师制，邀请了北京师范大学边玉芳、丽水市教育局原副局长蓝献华、浙江外国语学院高亚兵、屠筱青、浙江大学徐青为导师，在实践中探索，在探索中思考，在思考中总结，在总结中积累经验。

  终于，历时一年多，历经书稿定位研讨、框架确立、主题探讨、任务分工、样稿示范、稿件撰写、反复修改、专家团队定稿等多个环节，可谓集众人之智慧，才得以出版成册，在此对上述提及的单位、老师、专家深表感谢！同时感谢北京理工大学出版社，从一开始就介入书稿的策划，为书稿顺利出版提供了保障。

  由于各方面的局限，书稿的不足在所难免，恳请读者朋友批评指正。我们衷心希望这本书能真正成为一份指南，加快促进教师家庭教育指导能力的整体提升，从而有效服务家长，助力学生健康成长。

编者

2024 年春

参考文献

[1] 吕静. 教师在幼儿家庭教育中的角色定位 [J]. 小学教学参考，2020（21）：94-95.

[2] 卢玲. 小学教师家庭教育指导能力评价指标体系研究 [D]. 南京：南京师范大学，2021.

[3] 郭瑶. 我是好老师，却不是好妈妈——小学优秀女教师家庭角色偏差及其影响研究 [D]. 石家庄：河北师范大学，2019.

[4] 朱乐怡. 初中学校"家庭教育指导"的现状调查与管理对策思考 [D]. 上海：华东师范大学，2010.

[5] 王永祥. 儒家家庭教育思想研究 [D]. 兰州：兰州大学，2017.

[6] Lizza Pin，黄磊. 中美家庭教育比较 [J]. 中华文化论坛，2008（S1）：233-237.

[7] 黄河清. 家庭教育与学校教育的比较研究 [J]. 华东师范大学学报（教育科学版），2002（02）：28-34+58.

[8] 邵晓枫，郑少飞. 新形势下的家校社协同育人：特点、价值与机制 [J]. 现代远程教育研究，2022，34（05）：82-90.

[9] 袁霞. 家庭教育对未成年人价值观形成的影响 [D]. 湖南师范大学，2013.

[10] 卡罗尔·德韦克. 终身成长 [M]. 楚祎南，后浪，译. 南昌：江西人民出版社，2017.

[11] 牛宝荣. 成长型思维培育的主要成果、价值意蕴及发展路径 [J]. 教育评论，2023（03）：21-29.

[12] 本刊编辑部，张春艳，唐远琼. 我能不断进步——如何培养成长型思维？ [J]. 中学生博览，2023（06）：8.

[13] 黄子容. 做"成长型"父母，让亲子沟通更有效——初中生家长亲子沟通团体辅导 [J]. 中小学心理健康教育，2023（22）：33-38.

[14] 戴志容. 如何培养孩子的成长型思维 [J]. 教育科学论坛，2022（13）：10-12.

[15] 苏彦捷. 发展心理学 [M]. 2版. 北京：高等教育出版社，2023.

[16] 边玉芳. 读懂孩子：心理学家实用教子宝典 [M]. 北京：北京师范大学出版社，2018.

[17] 李菲，查云帆，张爱华.《全国家庭教育指导大纲》颁布明确各年龄段家庭教育指导要点 [J]. 教育导刊（下半月），2010（04）：96.

[18] 陈秋珠，向璐瑶.陕西省0～18岁儿童家庭教育现状调查——基于13094份问卷的分析[J].渭南师范学院学报，2020，35（08）：45-54.

[19] 程海云，姚本先.儿童心理发展的连续性、阶段性与教育启示[J].中小学心理健康教育，2008（02）：10-12.

[20] 白秀杰，雷丽.埃里克森人格发展理论对0～3岁儿童家庭教育的启示[J].白城师范学院学报，2022，36（04）：82-86.

[21] 邢昊，李雅丽，李慧霞.《家庭教育促进法》的解读及落地思考[J].法制博览，2023（26）：27-29.

[22] 宗利娟.义务教育阶段家庭教育指导问题分析与对策建议——以上海市松江区为例[J].现代教学，2023（12）：53-57.

[23] 李楠，郝春东.《家庭教育促进法》背景下家校合作的问题与对策研究[J].中华活页文选（教师版），2023（04）：190-192.

[24] 陈雅娟，王操."双减"政策背景下家庭教育存在的主要问题及对策研究[J].黑河学刊，2022（06）：123-128.

[25] 吕子燕.新时代我国家庭教育存在的问题与对策探析[J].黑龙江教师发展学院学报，2022，41（07）：82-84.

[26] 管媛媛.小学教师家校共育胜任力评价指标体系建构研究[D].重庆：西南大学，2022.

[27] 张惠敏.亲师关系与儿童社会适应的相关研究[D].上海：上海师范大学，2015.

[28] 汪娟.亲子教育中亲师互动研究[D].重庆：西南大学，2012.

[29] 秦旭芳，黄瀚莹.亲师关系中心理安全的缺失与重塑[J].教育观察，2020，9（12）：82-84.

[30] 李芳，薛和平.真情访万家 用心解难题——略谈班主任家访的形式与方法[J].辽宁教育，2013（02）：80-81.

[31] 周俊.家访：不拘形式，注重实效——中小学家访制度与方法案例研究[J].教书育人，2005（27）：47-50.

[32] [美]丹尼尔·P.哈拉汉，[美]詹姆士·M.考夫曼，[美]佩吉·C.普伦.特殊教育导论[M].11版.肖非，译.北京：中国人民大学出版社，2010.

[33] 刘秀英.智慧父母 成就孩子美好未来[M].北京现代出版社，2018.

[34] 钟志农.中小学心育16讲[M].南昌：江西教育出版社，2022.

[35] 卡罗尔.德韦克.终身成长[M].南昌：江西人民出版社，2017.

[36] 威廉.斯蒂克斯鲁，奈德.约翰逊.自驱型成长：如何科学有效地培养孩子的自律[M].北京：机械工业出版社，2020.

[37] 王晓春.问题学生诊疗手册[M].上海：华东师范大学出版社，2013.

[38] 简·尼尔森.正面管教[M].北京：北京联合出版公司，2016.

[39]《全国家庭教育指导大纲》(全国妇联办公厅2019年5月)．

[40]《中华人民共和国家庭教育促进法》（2021年10月23日第十三届全国人民代表大会常务委员会第三十一次会议通过，2022年1月1日起施行）.

[41] 何彩平，赵芳，曾凡林. 儿童友好家庭指标体系构建——基于儿童和专家的双重反馈视角[J]. 社会建设，2023，10（03）：26-38.

[42] 何彩平. 在家庭建设中赋予儿童话语权—儿童友好家庭自评量表的研制[J]. 少年儿童研究院，2022（04）：14-25.

[43] 中国儿童中心课题组，苑立新，王萍，等. 在中国式现代化新征程上促进儿童健康成长、全面发展——2022年中国儿童发展现状、问题与展望[J]. 中国校外教育，2023（03）：5-17.

[44] 丛中笑. 倡导建设儿童友好的家庭教育生态[J]. 中华家教，2019（09）：46.

[45] 范一斐. 做"儿童友好型"家庭里的"智慧型家长"——"双减"政策下的家庭教育[J]. 杭州，2021（18）：66-67.

[46] 倪牟双. 家长开放日的活动设计与组织[M]. 北京：中国轻工业出版社，2012.

[47] 李生兰. 幼儿园家长开放日活动的研究[M]. 上海：上海师范大学，2012.

[48] 黄常清. 交互式家校课程的开发和实施——浙江省兰溪市兰花小学"家长开放日2.0版本"案例分析[J]. 教书育人（中旬刊）.2023（11）.37-39.

[49] 夏循藻. 如何使"家长开放日"受欢迎?[J]. 中小学管理，2006（08）：33.

[50] 商夏青，魏绍友. "因为有你，所以幸福"——家长工作坊：让学生的世界更加完整和谐[J]. 中小学管理，2015（11）.54-55；

[51] 王婷婷. 父亲成长工作坊陪伴孩子幸福成长[J]. 现代教学，2020（19）：54-55.

[52] 刘洁. 积极心理学视角下家校联手开展初中心理健康教育的实践探索[J]. 中小学心理健康教育，2020（15）：62-63.

[53] 曹瑞. 萨提亚模式在家庭自我成长工作坊中的运用[J]. 教育家，2020（36）：27-28.

[54] 苏巧妙. 序列化专题式工作坊在家庭心理健康教育中的应用[J]. 中小学心理健康教育，2019（13）：61-63.

[55] 占丽娜，倪微，赵晶. 支架式工作坊：家庭教育指导模式的创新实践[J]. 中小学德育，2022（07）：27-30.

[56] 回顾与展望：国内家庭教育指导研究30年——基于1990—2020年文献的可视化分析[J]. 西北成人教育学院学报，2020（06）：47-51+87.

[57] 边玉芳，张馨宇. 新时代我国家庭教育指导服务体系：内涵、特征与构建策略[J]. 中国电化教育，2021（01）：20-25.

[58] 中国儿童中心. 我国家庭教育指导服务体系状况调查研究[M]. 北京：中国人民大学出版社，2014.

[59] 朱雁. 调查研究法之问卷调查法（1）[J]. 中学数学月刊，2013（07）：1-5.

[60] 朱雁.调查研究法之问卷调查法（2）——如何设问[J].中学数学月刊，2013（08）：1-4.

[61] 朱雁.调查研究法之问卷调查法（3）——问卷的基本结构[J].中学数学月刊，2013（09）：1-4.

[62] 张涛，卢艳萍.以实践为核心的本科《家庭教育指导》课程教学模式与方法改革[J].课程教育研究，2015（28）：241-242.

[63] 岳亮萍.中小学教师怎样进行课题研究（三）——教育科研方法之教育调配研究法[J].教育理论与实践，2008（08）：46-48.